EDUCATION FOR A HAPPY SOCIETY

행복한
사회를 만드는

고선주 지음

(주)교 문 사

Preface
들어가며

    대학에서 강의하고 연구하며 지낸 지 10여 년이다. 그 사이 가르치며 배운 것을 글로 옮겨 한 권으로 내놓는다. 각 장의 제목을 이으면 '우리는 지금, 그리고 쓰고'로 시작하여 '행복하기'로 끝나는 한 문장이다. 나의 이야기를 찾는 것, 나를 둘러싼 가족, 이웃, 그리고 학교라는 배경을 무대로 펼쳐지는 이야기를 듣고 알아주는 것, 필요하다면 바꾸는 방법을 같이 찾는 노력이야 말로 교육학이 이루어야 할 목표라고 생각해서 그렇게 설정하였다. 각 장의 내용은 다음과 같이 독립적으로 구성하였다.

- 1장은 지금과 여기라는 시간과 장소, 즉 이야기의 배경이다. 진화론적 관점에서 사람의 모습을 갖추고 거기서 문화가 싹트고 서로에게 아이디어를 전달하기까지의 모습을 서술하였다.
- 2장은 그리고 쓰는 행위, 본다는 것의 경이에서 출발하여 이미지에 대한 학문적 접근을 요약하고, '어떻게 보게 할까'라는 고민의 결과물로 그림책을 소개하였다.
- 3장은 듣기와 말하기에 관한 내용이다. 전래동요와 동화, 그리고 다문화 시대에 요구되는 이야기 나누기에 대해서 서술했다.
- 4장은 읽기이다. 읽기 과정에 포함되는 요인과 난독증, 우리나라를 비롯한 다른 여섯 나라에서 벌어지는 아동의 책 읽기 북돋우기 운동에 관해 기술했다.
- 5장은 나를 찾고, 자유 의지를 찾고, 아동권리를 찾는 부단한 노력에 관해서 적었다.
- 6장은 포스트모더니즘과 인간보편성, 이민자와 여자로 산다는 것에 관한 내용과 인간이 사회의 일원으로 물드는 과정에 대해 썼다.

- 7장은 이성과 감정, 그리고 죽음에 관한 내용이다.
- 8장은 '학교 다니기'라는 과업에 관해서 썼다.
- 9장은 친구를 사귀고, 이성을 사귀고, 가족을 이루어 공동체가 되는 과정과 그 의미를 짚어 보았다.
- 10장은 키우기에 관한 내용이다. 만지고 느끼며 사랑하고 집착하지만 때로는 유기하고 학대하는 다양한 부모-자식에 관해서 썼다.
- 11장은 지능검사 등 측정에 관한 내용이다. 즉, 무언가를 잰다는 것에 관해 서술했다.
- 12장 행복에 관한 내용이다. '우리는 과연 행복할까?'라는 질문에서 시작하여 '그리고 쓰기, 듣고 말하기, 읽기, 찾기, 물들기, 들여다보기, 다니기, 사귀기, 키우기, 재기'라는 모든 행위가 행복하도록 의도적으로 노력하라는 메시지를 담았다.

이 책에는 나 자신이 실행한 연구 결과도 실었지만 많은 부분에서 선학의 지혜와 동료 연구가의 최근 조사를 소개하였다. 사실로 규범화된 내용과 그 배경을 인지했으면 하는 바람, 학생들이 스스로 생각하는 힘을 길러 가능성을 펼치는 데 도움이 되었으면 하는 바람을 실어, 우주로부터 시작해 신경가닥으로 자리 잡는 과정인 '성장'과 '발달'에 관해 적었다.

읽기와 걷기는 내가 가장 좋아하는 활동이다. 하지만 이 책을 쓰는 동안에는 두 활동에 당겨지는 맛만큼 쓰기가 재미났다. 아직 삶의 지혜를 나누기에는 한참 모자라지만, 교육학 입문서로 한 학기 강의에 쓸 요량은 생긴다. 이 책의 독자들도 내가 집필하는 동안 즐긴 것만큼 재미나게 즐기시길……

2014년을 함께 나누는 꿈을 실어
저자 고선주

Contents
차 례

Education
for
a Happy Society

Chapter **1**

우리는
지금

- 진화론적 관점에서
- 문화가 싹트고
- 아이디어를 전달하며

우리는
지금

■ 진화론적 관점에서

지구의 나이는 어림잡아 46억 년이다. 이 늙은 지구 표면을 바다가 덮고 있으며 그 위로 대륙이 간간이 솟아올라 있다. 35억 년 전 이 바다에서 단세포 생물이 출현하여 비로소 6억 년 전에서야 다세포 생물로 발전했다. 그 사이 29억 년의 세월 동안 아메바나 플랑크톤의 모습으로 내가 홀로 떠다녔을 바다. 짭조름한 향기로 발길이 닿기 전 바다가 먼저 내게 온다. 귀향을 축하하며 찰싹거린다. 그 오랜 시간의 헛헛함이 무료함을 달랜다. 찰나로 지나갈 것이라고. 우리는 낱낱으로 시작하여 지금에 이르렀다고.

2억 년 전에는 공룡이 지구를 지배하였다. 날씨의 급격한 변화였는지, 아니면 너무 비대해져서 더 이상 자손을 생산하지 못하게 되었는지는 모르겠지만 그들은 멸종을 맞이한다. 6천만 년 전 유인원, 1천만 년 전 고릴라, 그리고 6백만 년 전에는 뇌용량이 500cc인 침팬지가 지구상에 모습을 내비치기 시작한다.

4백 2십만 년 전, 오스트랄로 아나메니시스 Australo anamenisis 는 나무에서 내려와 두 발로 걷기 시작했다. 인간은 인류학자 오웬 러브조이 Owen Lovejoy 는 직립이 우리를 넘어뜨리고 때려 눕히기 쉬운 동물로 만들었다고 지적한다(1981). 네 발로 움직이는 동물들보다 걷는 속도도 느리고 걸음도 불안정하다. 이런 위험을 감수하고 직립보행을 시작한 이유는 무엇일까?

러브조이는 처음에 수컷 오스트랄로 아나메니시스가 암컷들에게 식량을 가져다주기 위해 손을 쓸 수 있는 웅크린 자세로 일어섰을 것이라고 가정한다. 로버트 아드레이 Robert Ardrey는 직립 자세를 취한 주된 이유가 곤봉으로 무장할 필요가 있었기 때문이라고 가정한다. 리오 래포티 Leo Laporte와 에이드리엔 질먼 Adrienne Zihlman은 아프리카의 메마른 초원을 가로질러 서식지까지 식량과 물을 나를 필요가 있었다고 주장한다(1983). 또는 영장류의 시야를 수직으로 확장시켜 감시행동 sentinel behavior이라는 것을 가능케 했다는 것이다. 아니면 직립이 뜨거운 태양에 노출되는 피부면적을 줄이는 효과를 가져오기 때문이었다고 한다.

이와는 다르게, 인류가 물속에 들어가 수백만 년 동안 수상생활을 하다 영장류에서 갈라져 나왔다는 수상 유인원 이론도 있다. 1천 2백만 년 전에 아프리카에 큰 가뭄이 들어 수목이 시들고 풀이 마르자 한 영장류 집단이 해안과 강가로 갔다는 것이다. 원래 육지 포유류였다가 물에서 생활하게 된 동물로는 바다표범, 돌고래, 수달, 그리고 비버가 있으니 가히 억지스러운 가정은 아니다. 마침내 인류가 물에서 육지로 나왔을 때 인류의 몸에는 이미 털이 없어지고, 피하지방이라는 두꺼운 지방층이 생겼으며, 콧구멍은 혜엄을 치기 위해 유선형의 형태로 아래쪽을 향해 있었고, 사람이 된 인어공주처럼 직립을 한 상태였다는 것이다(Hardy, 1960).

오스트랄로피테쿠스 아파렌시스 Austalopithecus afarensis 반 원숭이 반 호미니드[1] 화석은 수없이 발견된다. 이들은 탄자니아 라에톨리 Laetoli의 단단하게 굳은 화산재 위를 두 발로 걸어 발자국을 남겼다 그림 1.1 참조. 이들보다는 조금 젊고, 가장 완전한 형태의 화석으로 에디오피아에서 발견된 오스

그림 1.1 라에톨리 발자국

---

1 직립보행을 하는 대형 유인원류(great apes)

트랄로의 한 멤버에게 '루시 Lucy'라는 이름이 붙었다. 루시의 나이는 318만 살이다.

2백만 년 전, 루시에 비해 뇌가 50% 정도 커진 호모 하빌리스 Homo habilis [2]는 돌도끼와 돌화살촉 등의 도구를 사용하기 시작했다. 얼마 후 호모 에렉투스 Homo erectus [3]는 아프리카를 떠나 아시아로 갔다. 이들은 불을 다룰 줄 알게 되면서 음식을 익혀 먹었다. 화식은 우리 창자의 지름과 길이를 급격히 줄어들게 만들었으며, 이 변화로 인해 여분의 대사에너지가 뇌를 확장하는 데 충당되었다.

드디어 호모 사피엔스 Homo sapiens [4]에 이르러서는 말을 하기 위해 숨을 조절할 수 있는 신체기관이 생겼다. 루시에 비해 뇌 크기가 거의 세 배나 증가한 이 현명한 이들은 기호를 사용했으며, 지성을 갖출 준비가 되어 있었다. 하지만 급속도로 팽창하는 뇌와 달리 '골반의 팽창'이 그 속도를 따라가지 못했다. 모성사망 maternal death [5]은 100여 년 전까지도 여성의 주요 사망 원인이었다(Shlain, 2005).

생물학자들은 오늘날 지구상에 1천만에서 3천만여 종의 생명체가 존재한다고 추정한다. 이들 중에서 45,000여 종이 척추동물이다. 어류, 조류, 파충류, 포유류 등이 모두 이에 속한다. 척추동물의 발생 초기 모습은 종에 관계없이 물고기 모양이다.

인간도 마찬가지다. 인간은 수정 후 48시간 이내에 세포분열이 시작된다. 분열 후 2~3일 사이의 초기 세포는 신체의 어느 부분으로도 발전할 수 있는 잠재력이 있다. 이 줄기세포는 덩어리로 나누어져 각기 다른 기관으로 발달한다. 수정 후 23일이 되면 심장이 뛰기 시작한다. 심장은 주인이 숨을 거둘 때까지 뛰기를 멈추지 않는다. 허파는 아이가 엄마의 몸 밖으로 나와 독립할 때 최초로 공기를 들이킨다. 자궁 안에서 태아가 자라는 모습을 보면 꼬리가 나타났다 없어지는 것을 알 수 있다.

---

2 손재주 있는 사람
3 걷는 사람
4 현명한 사람
5 임신 중 또는 유산 및 출산 등으로 임신이 끝난 뒤 42일 이내에 발생하는 여성의 사망

표 1.1 언제 무엇이 생겨났을까?

년 도	주요 사건과 등장
46억	지구의 탄생
35억	생명체
6억	다세포 생명체
2억	공룡
6천만	유인원
1천만	고릴라
6백만	침팬지(뇌용량 500cc)
4백 2십만	오스트랄로피테쿠스 아나메니시스 직립보행
3백 18만	에디오피아에서 루시 할머니 발견(침팬지와 같은 뇌용량)
2백만	호모 하빌리스(루시보다 뇌용량이 50% 크다.)
1백 8십만	호모 에렉투스 아시아로 가다.
4십만	호모 사피엔스(뇌용량 1,100~1,400cc)
1십~2십만	현생 인류(뇌용량 1,200~1,700cc)

지구의 역사에서 현생 인류의 등장은 아주 최근에 일어난 사건이다. 이를 요약하면 다음과 같다 표 1.1 참조.

지구의 나이를 24시간에 대입하여 하루 중 언제부터 최신종 인류가 우리의 모습을 갖기 시작했는지 계산해보자. 오후 11시 57분. 저녁을 넘어서 자정이 가까워지는 시각이다. 이제 좀 겸손해지시겠는가.

사춘기에 헤르만 헤세의 《데미안》을 읽으며 나는 처음으로 밤에 신비한 세상이 깨어나는 걸 느꼈다. 낮과는 다른 리듬의 정적이 흐르는 시간에 누군가를 초대하듯, 특별한 한 사람이 아닌 우주 전체에게 마음을 열었다. 물론 호르몬 과다분비가 불러온 사춘기의 환상이라고 치부할 수도 있겠지만……

물리학자들이 내세운 초끈 이론 String Theory **6**을 확장하면 꼬리를 물고 순환하는 우주가 펼쳐진다. 아인슈타인은 "인간은 우주라 불리는 전체의 한 부분이며 (중략) 일체의 다른 존재들과 분리된 것처럼 경험하고 생각하고 느끼

---

6 만물의 최소 단위가 입자가 아니라 진동하는 끈이라는 물리학 이론. 입자의 성질과 자연의 기본적인 힘이 끈의 모양과 진동에 따라 결정된다고 한다.

는데, 이는 의식이 만들어낸 일종의 시각적 환상"이라고 하였다(Harra, 2013, p.85 재인용). 그는 우리를 제약하는 시간과 공간의 이동이 가능하다고 주장하지 않았던가.

지구가 하나의 유기체 **7**라는 시각이 있다. 이 시각은 지구의 모든 동식물을 살아 숨 쉬는 신체의 일부분으로 이해한다. 자연주의자 윌슨 Wilson은 태어날 때부터 다른 생명체를 가깝게 느끼는 감정에 생명사랑 biophilia이라는 이름을 붙여주기도 했다(Wilson, 1984). 하지만 이러한 감정이 늘 긍정적인 것만은 아니다. 우리는 뱀을 보면 본능적으로 움츠러든다. 오랜 진화의 시간 동안 '물리면 죽는다'는 것을 배워 원시적인 뇌에 저장해놓은 것이다. 실제로 뱀에 물려 죽는 경우보다는 자동차나 다른 사람에 의해 죽는 경우가 월등하게 많지만, 아직도 우리는 뱀이 두렵다.

높은 곳에 서서 아무도 우리를 해할 수 없는 상태로 세상을 내려다보면 가슴에 만족감이 차오른다. 자연이 보이는 병실에 입원한 환자가 벽이 보이는 병실에 입원한 환자보다 진통제가 덜 필요하고 자신의 상태에 대한 불평이 덜하며 회복도 빠르다는 사실을 아는가(Weiner, 2008).

문화가 싹트고

집단을 이루어 생활하는 것의 가장 큰 이점은 협업이다. 협업을 하기 위해서는 의사소통이 필요하다. 꿀벌을 생각해보자. 꿀벌은 식량원을 발견하면 8자를 그려 다른 꿀벌에게 어느 방향의 얼마나 먼 거리에 어떤 것이 있는지를 알린다. 사람하고 가까운 일족인 침팬지는 지금까지 알려진 바에 의하면 35가지의 외침과 몸짓으로 의사를 전달한다고 한다. 물론 몇 가지 몸짓이 더 있다고 하더라도 사람처럼 질문하고 그에 반박할 만큼 정교한 의사소통 도구를 갖지는 못했으리라.

---

7 가이아(Gaia) 이론

고고 해부학자들이 척추에서 빠져나오는 상부 흉추강 화석조각을 비교한 결과, 호모 사피엔스는 그 지름이 넉넉하고 이전의 것들은 미비했다고 한다. 호모 사피엔스에 와서야 말을 하는 데 필요한 호흡 제어장치가 준비되었다는 것이다. 그렇다면 무엇이 인간으로 하여금 복잡한 말을 하게 만들었을까?

언어 발달의 동인에 대한 수많은 이론 중 몇 가지를 살펴보자. 첫째, 언어는 성 선택을 위한 수단이었다. 다윈은 언어가 새소리의 기능과 마찬가지라고 보았다. 성 선택에서 우위를 점하기 위해 언어능력이 서서히 진화해왔다고 생각한 것이다. 이 이론의 열렬한 지지자 레너드 쉴레인 Leonard Shlain에 의하면 여성은 남성의 야성적인 힘에 끌리기도 하지만 다정다감한 면에 감동을 받는다. 남성의 말을 통해 그가 자신과 2세에게 얼마나 헌신적일지를 가늠한다는 것이다(Shlain, 2005). 이 이론은 말을 잘하는 남성이 여성에게 선택받아 말을 잘하는 유전자가 퍼지게 되었다는 내용을 담고 있다. 쉴레인은 이 주장을 뒷받침하기 위하여 여성이 달콤한 말, 청각에 민감하다는 사실을 제시한다.

둘째, 언어는 사냥을 위해 발달했다. 맘모스처럼 거대한 동물을 사냥하기 위해서 긴밀한 협동이 필요했다는 것이다. 지구상에는 6천여 개의 언어가 있지만 범세계적 몸짓언어 중 하나는 다문 입에 검지를 세로로 가져다대는 것이다. '쉿, 아무 말 마라.'라는 뜻이 담긴 이 몸짓이 언어가 사냥을 위해 발달했다는 증거라는 것이다. 돌을 던지는 복잡한 연속동작은 통사적으로나 문법적으로 올바른 문장을 순차적으로 조합하는 데 필요한 운동기능 motor skills [8]과 비견할 수 있다. 하지만 집단 포식자인 사자나 침팬지가 가장 기본적 문법인 주어나 동사에 의존하지 않고 사냥을 수행한다는 점에서 이 이론은 설득력이 떨어진다.

셋째, 구성원들의 필요와 욕구를 전달하기 위해 좀 더 나은 방법이 필요했다. 인간은 혈족, 친구, 사기꾼, 적, 대등관계 등이 언제, 어디서, 누구와 무엇을 하고 있는가를 추적할 필요가 있었다. 영장류들이 서로 이를 잡아주고

---

8 피아노를 치는 것, 글씨를 쓰는 것, 공을 차는 것 등

털을 골라주는 사회적 유대강화를 대신하여 잡담이 서로를 설득하는 수단이 된 것이다.

넷째, 언어는 원시 제식행위에서 비롯되었다. 붉은 황토로 몸을 치장하는 등의 제식용 표시가 존재하려면, 특정 기호나 소리가 특정 사물을 상징한다는 개인 간 동의가 이루어져 있어야 한다. 이는 언어의 필요조건을 충족하므로 이 주장은 설득력이 있다.

다섯째, 언어는 미술과 마찬가지로 미메시스mimesis에서 진화했다. 미메시스, 즉 모사 과정은 구어나 그림 묘사를 3차원적 공간을 재구성하는 인간의 능력이라고 정의한다.

마지막으로, 언어는 추상적 사고의 파생물이다. 세계가 어떤 모습인가를 생각하고 표현하기 위해 거기에 상응하는 언어가 필요했다. 언어를 갖게 되면서 사람은 자신이 생각한 것을 다른 사람에게 전달하기 시작했을 것이다. 그 시절 사람들은 어떤 생각을 아이들에게 전수하였을까?

아이디어를 전달하며

한 세대가 다음 세대에게 지혜와 문화를 전수하기 위해 노력한 최초의 기록은 기원전 3000년 수메르 지방에서 출토된 한 점토판에서 찾아볼 수 있다. 현재 유펜박물관Museum of University of Pennsylvania에 보관 중인 그 점토판에는 자식의 공부를 위해 선생님께 매를 들 것을 부탁하며 물건을 가져다준다고 쓰여 있다.

중국처럼 자체적으로 생산과 소비가 이루어지는 곳에서는 정치적 체재를 보존하기 위한 공부가 이루어졌다. 개인을 억압하고, 가족을 공경하고, 조상을 받들며, 기존 사회질서를 유지하며, 공자를 받드는 것이 공부의 주된 내용으로 이는 실질적 생활과 무관했다. 창의성, 독특성, 독립성과는 거리가 면, 집중과 암송을 통해서 그들은 진보적이지 않은 안정 위주의 교육을 추구했다. 개인은 이미 주어진 사회적 자리에 자신을 맞추어나갔다. 이러한 문화적 분위기에서 나침반, 화약, 그리고 종이 같은 세계 최초의 발명품이 나왔다는 것이 아이러니하다.

　반대로 그리스는 아이들이 지식을 사랑하고 이성에 맞추어 살도록 가르쳤다. 그리스에서는 지속적이며 의식적으로 환경에 개인을 적응시키는 교육이 이루어졌다. 헥터, 아가멤논, 오디세이, 앤드로마치, 페넬로페 등 역사적 인물들이 보여주는 용기와 친절, 그리고 충성과 같은 미덕도 칭송되었다. 그들은 훌륭한 습관을 형성하면 배움이 습관을 합리적이고 영구적으로 만든다고 여겼다. 스파르타에서는 남녀공동교육이 이루어졌다. 비록 여성교육의 내용이란 것이 병사의 어머니가 되는 방법에 한해서였지만 말이다. 아테네의 교육목표는 힘과 아름다움이 깃든 완벽한 신체, 지혜와 용맹, 의분과 정의가 살아있는 온전한 마음의 개인을 기르는 것이었다. 교육 내용은 신체를 위한 체육, 정신을 위한 음악과 문학으로 크게 나눌 수 있었다. 그리스인들은 효율적인 교육을 통해 오직 수학, 문학, 음악 그리고 체육만으로 위대한 인간을 배출하였다(MacIntyre, 1913).

　그리스의 철학자 소크라테스와 그의 제자들은 진실이 개인에게 달려있다고 생각했다. 만약 각자가 참과 거짓을 판단한다면, 객관적인 기준은 더 이상 존재하지 않는다. 만약 "인간이 모든 것의 기준"이라면, 인간의 첫 번째 임무는 "너 자신을 알라."이며 자연히 내부로 시선이 옮겨간다. 사람이 참과 거짓의 판단을 위해 의논하는 것 자체가 이미 그들이 어떤 공동의 기준을 가지고 있다는 것을 증명한다.

　소크라테스는 사람들로 하여금 개념을 좀 더 분명하게 갖게 하려고 애썼다. 그는 얇은 감각 밑에는 개념 또는 원형이 놓여 있으며, 그것이 바로 진정한 실체라고 생각했고, 진실이 모든 의식에 공통된다고 믿었다. 소크라테스는 삶의 목표를 결정할 새로운 도덕적 기

그림 1.2　소크라테스와 제자

준은 개인의 의식에서만 찾을 수 있다고 가르쳤다. 진정한 지식은 우주적인 타당성을 소유하며 오로지 개인이 선한 삶을 살 때만 이런 앎이 가능하다고 주장한 것이다. 따라서 교육의 목표는 사람 안에 있는 사고의 힘을 발달시켜 지식을 얻도록 하는 데 있으며, 사고력은 논리적인 토론과 논의 과정에서 발달한다고 하였다.

지식 안에 미덕이 있다고 생각한 플라톤은 모든 사람에게 지식을 추구할 능력이 있다고 믿었다. 플라톤이 추구한 이상적인 공화국에서 철학자나 통치자는 지식을 추구하며 지혜를 덕으로 삼고, 군인은 전쟁을 치르고 명예를 덕으로 삼으며, 노동계급은 장사를 하고 돈 버는 것을 덕으로 삼는다. 학생에 적합하며, 직업을 결정하고, 젊음을 이에 바치도록 하는 의무교육을 시작한 것도 바로 그리스인들이다. 도덕적 성향, 정치적 자유, 그리고 미적 즐거움 등 그들은 삶의 목표와 원칙을 규정하여 문화를 전수하였다.

아리스토텔레스는 알렉산더 대왕의 스승으로 오전에는 토론, 물리, 철학의 심오한 원리에 대해 가르치고, 오후에는 정치, 도덕, 웅변술을 주제로 해서 학생을 가르쳤다. 아리스토텔레스에 따르면, 인간은 하늘이나 사후가 아닌 바로 지금 여기서 삶의 목적을 찾아야 한다. 어떤 것도 그 자체로 좋거나 나쁘지 않으며, 우리가 어디에 사용하느냐에 따라 삶의 훌륭함과 비천함이 달렸다고 했다. 잡아야 하는 것과 놓아야 하는 것을 아는 것, 경시해야 하는 것과 강조해야 하는 것을 아는 것, 즉 균형을 어떻게 잡는가가 그 사람의 성격을 결정한다고 보았다.

그로부터 한 세기 후 그리스 전체가 로마에 함락당했다. 그 과정에서 그리스의 생각이 로마에 고스란히 전파되었다. 그 이전 로마에는 정복할 수 없는 정신, 자유에 대한 사랑, 무언가를 지속해서 밀고 나가는 에너지가 있었다.

그들은 가족을 매우 중요시했고 삶을 항상 의무와 관련지었다. 시저 Caesar 도 학교를 다녔으며, 학교에서는 읽기, 쓰기, 셈하기를 가르쳤다. 로마인들은 법을 숭상했다. 하지만 로마제국은 아프리카와 유럽, 그리고 아시아까지 세력을 확장하는 과정에서 많은 한계를 드러냈다. 이민족을 야만으로 취급하였고, 교육의 혜택을 전체에게 열어 놓지 않았으며, 여성에게 친절하게 대하면서도 남성보다 아래에 있는 존재로 취급했다.

중세의 서양 교육은 개인의 발전을 통한 사회복지 향상이 목적이었다. 그들은 종교와 도덕을 최상으로 받들고, 도덕적 훈련과 책임감을 강조하였다. 이 시기에 진실에 대한 사랑과 숭배, 인간 평등과 삶의 순결 개념(지적 열정을 가진 히브리 민족이 발전시켜 온)이 역사에 등장하게 되었다. 평민은 교회에 소속되어 상식적이고 쉽게 알아들을 수 있는 내용을 학습했다. 가톨릭 학교에서 교사는 학생에게 예수교 철학이 깃든 이야기를 들려주었고 이전의 철학을 종교적 질문과 함께 토론하였다.

예수교 교육에는 이상한 점도 있다. 현실보다는 앞으로 다가올 세계에 대한 강조가 바로 그것이다. 예수교 교육의 목표는 죽음 후 가게 되는 세상을 준비하는 것이었다. 토머스 무어 Thomas Moore 는 이러한 견해에 대해 "이 세상은 모두 한 편의 지나가는 연극이다."라고 표현했다. 수도사가 바깥세상과 격리되어 내세에 집중할 수 있도록, 서기 543년에 최초의 수도원이 설립되었다. 성 베네딕트 Saint Benedict 에 의해 설립된 이 수도원은 청빈, 금욕, 그리고 복종을 원칙으로 운영되었다. 머지않아 이 실천정신은 유럽 전체로 뻗어나갔다.

예수교 학교 교사들은 어떻게 하면 그리스어와 라틴어를 잘 가르칠 수 있는지에 대해서만 궁리했다. 하지만 르네상스를 거치면서 '인간 동기와 자연에서의 삶에 대한 지식의 재발견'이라는 리얼리즘이 대두되었다. 리얼리즘의 영향을 받은 코메니우스 Comenius 는 우리가 흔하게 접하는 백여 개의 사물과 그 사물의 이름을 적은 최초의 그림책 《세계도회 *The Orbis Seneualium Pictus*》(1658)를 펴냈다. 거의 두 세기 동안 교재로 사용된 이 그림책은 다음의 교육원칙에 따라 제작되었다.

- 자연의 질서와 감각으로 수용할 수 있는 것만 제시한다.
- 쉬운 것에서 어려운 것 순으로 수록한다.
- 일반적인 것에서 특수한 것 순으로 수록한다.
- 알 만한 것에서 비교적 모를 만한 것 순으로 수록한다.

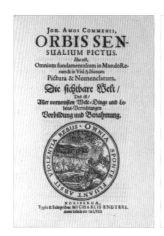  

그림 1.3 세계도회

- 오늘 배운 것이 내일 배울 것의 준비가 되게 한다.
- 확실히 이해할 때까지 계속한다.

영국의 존 로크John Locke, 1632~1704는 처음으로 정규적인 훈육의 중요성을 강조했다. 그는 '건전한 신체에 깃드는 건전한 마음'을 신조로 하여 아이들을 일찍 잠자리에 들고 일찍 일어나도록 가르쳤다. 또한 아이들의 침대가 푹신하지 않아야 하며 어른이 아이를 안아주어서도 안 된다고 했다.

이와 반대로 아이다운 마음이 무엇보다도 중요하다는 것을 처음으로 강조한 사람은 프랑스의 장 자크 루소Jean Jacques Rousseau, 1712~1778이다. 그는 교사들이 아이들을 이해하지 못하고 있으며, 아이들의 본성에 대해 알아야 한다고 했다. 스위스의 존 헨리 페스탈로치John Henry Pestalozzi, 1746~1827는 실용교육을 접목하였고, 독일의 프레더릭 프뢰벨Friedrich Froebel, 1782~1852은 1840년에 처음으로 유치원을 설립하여 놀이와 노래, 게임과 동작을 통한 교육을 시작했다.

19세기 후반 유럽에서는 모든 아이들을 위한 근대적 초등학교가 설립되었다. 재미있는 사실은 독일에는 여자 교사가 없었던 반면, 프랑스에서는 같은 성의 교사가 학생을 가르치는 것이 일반적이었다는 점이다. 또한 계급에 따라 학교가 지정되어 부잣집 아이와 가난한 집 아이가 같은 학교를 다니지 않았다. 무엇이 좋은 교육인지 모르거나, 그것을 알더라도 이를 자녀들에게 제공할 수 없는 이들을 위해 직업교육이 이루어졌다(MacIntyre, 1913, 2010).

지금까지 지구의 탄생을 시작으로 해서 대대로 다음 세대에게 전해진 여러 가지 아이디어를 살펴보았다. 지금 우리는 어떻게 살고 있는가? 무엇을 믿고 어떤 경향을 보이는가? 이 질문에 대한 답을 다음 장부터 심도 있게 논의해보려 한다.

Education
for
a Happy Society

Chapter 2

그리고
쓰고

그리고
쓰고

그리기

스페인 알타미라 동굴벽화는 이제까지 발굴된 것 중에서 가장 오래된 그림이다. 1만 8500년 전에서 1만 4000년 전의 작품으로 추정되는 이 벽화는 뻘건 소가 고삐 풀린 모습으로 날뛰는 모습을 담고 있다. 그 소 한번 접견하겠다는 관광객들로 몸살을 앓아 동굴 자체를 폐쇄했다가 한시적으로 개장한다는데 조금 퇴색한 모습이나마 볼 수 있으려나?

나는 대학생 때까지 월간 〈보물섬〉을 보물처럼 끼고 살았다. 만화책이 나오는 날에 맞추어 문방구에 가서 한 권 옆구리에 끼고 나올 때의 흐뭇함이란……. 박사 후 과정까지 문제해결력을 연구하고 귀국 후 그림책이라는 매체를

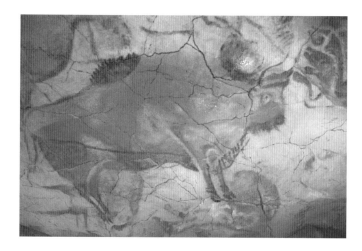

그림 2.1 알타미라 동굴벽화

연구 대상으로 다시 접했을 때의 기분은 아마 알타미라 동굴 발굴자들이 벽화를 발견했을 당시 느꼈을 고고학적인 그 무엇에 대한 경의와 열광에 비견할 만한 것이었다.

이미지가 형태가 없는 사람들의 생각에 선명하고 확실한 형태를 심어준다는 것을 우리는 날마다 광고를 접하며 분명히 깨닫는다. 여기에서 중요한 것은 우리가 인식하는 이미지는 신이 만든 것이 아니라는 점이다(Boorstin, 2004).

신플라톤 주의자들에 따르면 인간 경험을 구성하는 것은 우리 마음속에 있는 이미지이다. 18세기에 인식론자 조지 버클리 George Berkeley는 우리가 보는 것은 단순히 외형적인 대상의 특징이 아니라고 설파했다. 조각조각 나누어진 시각적 신호가 우리 마음에 들어오면 그것을 마음이 이해할 수 있는 이미지로 재구성한다는 것이다. 즉, 세상의 모든 사물은 우리가 마음으로 경험하여 이미지로 구성하는 것이다. 버클리가 이론화한 이미지는 사람이 자연의 사물을 경험하는 방식이다.

이미지 접근 방식

이미지 연구는 다양한 학술영역에서 다루어져 왔다. 연구의 학술영역을 크게 진화생물학·정신분석학·인지심리학·문화사회학적 접근으로 나누어 이미지가 이해되는 방식을 살펴보자.

진화생물학적 접근　　인간의 시각적 뇌는 우리 앞에 존재하는 것을 읽을 수 있도록 진화의 작인들이 인간에게 설계해준 복잡한 체계이다(Pinker, 2004). 우리는 세상을 바라볼 때 특정한 종류의 대상이나 상황에 주의를 기울이거나, 이에 대해 일정한 방식으로 반응하게끔 하는 태도를 미리 지니고 있다(Damasio, 1994; Grodal, 1994).

비탈리 코마와 알렉산더 멜라미드는 미국을 비롯하여 우크라이나, 터키, 중국, 케냐 등 아홉 개 국가 시민의 색, 주제, 구성, 양식에 대한 미술 기호에서 공통점을 발견했다(Komar, Malamid & Wypijewski, 1997).

사람들은 녹색과 파란색으로 부드럽게 그려진 사실주의적 풍경에 동물, 여자, 어린이, 영웅적 인물이 담긴, 흔히 달력에서 자주 볼 수 있는 이상화된 풍경을 좋아했다. 사슴이 하마로 대치되는 등 부수적인 내용만 나라마다 조금씩 달랐을 뿐이다. 흥미로운 점이 있다면 이런 화풍은 인간 진화 미학 연구자들이 인간생활에 최적이라고 확인했던 풍경의 전형적인 예라는 점이다(Dissanayake, 1998). 넓은 자연 풍광을 보고 기분이 좋아지는 이유는 우리가 진화적으로 자신에게 이로운 것에서 안락함을 느끼기 때문이라는 것이다. 이것이 바로 진화생물학적 입장이다.

사람은 호기심이 발동할 때 시선이 한곳에 오래 머문다. 말로 자기 의사를 표현하는 것이 불가능한 신생아가 어느 한곳에 초점을 맞추는 시간을 측정하면 관심의 정도를 짐작할 수 있다. 로버트 판츠 Robert Fantz는 생후 10일 이내 아기들이 밋밋한 것보다는 무늬가 있는 것을 더 오래 응시하는 것을 발견했다(Fantz, 1965). 또한 모서리가 다 같은 것보다는 다른 것들을, 흩어진 것보다는 중앙으로 모아지는 패턴을, 네모진 것보다는 세모를, 멈추어 선 것보다는 움직이는 것을 더 좋아한다는 사실을 알게 되었다.

디로치 DeLoache와 동료들은 1세 반, 2세, 2세 반 연령의 아이들에게 트럭, 고양이, 우유병 등의 사진을 바로 보여주거나 거꾸로 제시하였는데 아이들은 별다른 반응을 보이지 않았다(Pierroutsakos, DeLoache, Gound et al., 2005). 세 연령 그룹 아이들 모두 사진 방향과 상관없이 사진 속 물체를 알아보는 데 정확하고 재빨랐다. 연구자들은 아이들이 서서히 제대로 선 방향을 선호하게 되지만 제대로 선 것을 택하는 것 adoption은 거꾸로 또는 제대로 선 이미지를 진행 process하는 능력의 변화와는 상관없다고 결론짓는다. 이 실험 결과는 우리가 태어나면서 이미 기본 이미지 인식 능력을 가지고 있음을 증명한다.

실재 세계에 대한 우리의 시각은 이미 형성된 일련의 반응경향을 수반한다. 이는 특정 이미지로 선유경향 predisposition [9]을 이끌어낼 수 있다는 점을 시사한다. 예를 들어, 시각의 수직적 차원과 힘의 관계를 보자. 이미지 안에 위치한 사람이나 대상이 아래에서 위로 보이는지 low angle 아니면 위에서 아래로 보이는지 high angle에 따라 대상이 강력하게 보이는가 아니면 약해 보이는가가 결정된다(Kepplinger, 1991; Meyer-Levy & Peracchio, 1992).

등장인물이 권위 있는 사람으로 인식될 경우(교육적 상황에서는 교사) 수용자는 아래에서 위로 올려다보기 low angle에 더 효과적으로 반응한다(McCain, Chilberg & Wakshlag, 1977). 이를 상업적으로 이용한 것이 광고이다. 광고에서 표정으로 우월감을 나타낼 때는 은유적인 차원에서 수용자를 내려다보는 방식으로 표현하는 것이 보편적이다. 요약하자면, 진화생물학에서는 우리 시각의 구성 원리를 생존을 위해 터득한 일정 방식으로 설명한다.

정신분석학적 접근　　　정신분석학자 칼 융 Carl Jung, 1875~1961은 오래되고 원형적인 archetypal 이미지가 우리의 집단적 잠재의식에 공유되어 있다고 주장했다. 이런 원형적인 이미지는 수없이 많지만 간략하게 몇 가지로 간추리면 다음과 같다. 외적 인격을 가리키는 페르소나 persona, 부정적 내적 인격을 뜻하는 그림자 shadow, 내면의 자기 의심과 불안을 상징하면서 동시에 외적으로 불확실한 상황에서 꾀를 내기도 하고 남의 성공을 가로채기도 하고 잔혹한 경쟁을 벌이기도 하며 기존 질서에 반항하는 변장술사 trickster, 남성의 여성적 측면을 일컫는 아니마 anima, 여성의 남성적 측면인 아니무스 animus 등이 원형적인 이미지의 대표적인 예다.

각자는 자기 안에 있는 반대의 성, 즉 남자는 그의 아니마에 의해 여자는 그녀의 아니무스에 의해 이상적 인물이 된다. 하지만 아니마 또는 아니무스에 지배당하기 시작하면 자아의 균형이 깨진다. 융에 의하면 아니마가 지배하는 남성은 지나치게 감정적이며 분위기를 타고, 아니무스가 강한 여성은 지나치게 자기주장이 세고 활동적이다. 원형은 이상화되어 밖으로 투사된다. 남성을 아니마를 투사하여 평생 이상적으로 아름다운 여성을 사랑의 대상으로 찾아다니게 된다. 여성은 아니무스를 투사하여 자신을 보호하고 돌봐줄

9　선입견

남성적 미덕을 무의식적으로 찾게 된다.

전설이나 전래동화에서 아니마는 종종 갇혀 지내는 공주나 신비롭고 젊은 여인으로 분하여 영웅이 길을 잃거나 위험에 처했을 때 그가 난관을 극복하도록 돕거나 길을 인도한다. 아니무스는 용감한 부자 젊은이로 본래의 강한 의지 때문에 간혹 위험에 처한다. 영웅은 우리 안에 있는 높은 이상, 자기희생, 명예로운 기상 등 가장 좋은 것들을 표상한다. 남성이나 여성은 모두 우리의 한 측면, 훌륭함의 상징이다. 원형적인 이미지가 의도적으로 담긴 것, 즉 무의식의 표상화가 이루어진 것이 바로 이런 상징물이다. 일정한 상징물은 문화 속에서 공유되므로 사회 구성원이라면 누구나 쉽게 이해할 수 있다. 즉, 상징물은 의도적으로 일정 이미지를 떠올리게 하는 장치가 된다.

사자는 용맹스러움을, 독수리는 비상을 상징한다. 역대 서양 왕조들이 이를 그들의 문양이나 깃발에 그려넣은 이유는 왕조와 용맹스러움 또는 비상을 연관시키기 위해서이다(Fontana, 2010; Ronnberg & Martin, 2010). 건축 상징물을 생각해보자. 엠파이어 스테이트 빌딩과 에펠탑이 표상하는 도시, 뉴욕과 파리는 도시적인 세련됨, 코스모폴리탄주의 혹은 매혹 등의 아우라를 지닌다.

종합하자면, 정신분석학에서는 사회 구성원이 공유한 이미지에 초점을 맞추어 문화현상을 설명한다. 이미 우리 안에 잠재되어 있는 이미지가 현실에 투사되어 영웅 이야기의 등장인물, 또는 회화나 건축물의 상징으로 자리 잡고 있는 것이다.

인지심리학적 접근　　　인지심리학에서는 마음의 눈으로 사물과 장면을 시각화한 정신적 이미지의 작동 방식에 주목한다. 앙리 베르그송 Henri Bergson 에 의하면 우리 뇌의 회로는 순수기억이라는 이미지들의 잠재태로 둘러싸여 있다(Bergson, 1993). 여기서 순수기억을 잠재태로, 회상된 이미지는 현실태로 구분한다. 우리가 감각-운동(뇌) 회로와 관계하는 매순간 순수기억과 이미지-기억의 계열체로부터 특정한 이미지가 선택된다. 현재의 지각(이미지)과 유사한 기억 속의 이미지들이 '선택'되어 이중화되는 것이다.

기억은 감각-운동의 과정에서 의식적인 정신보다는 무의식의 심연과도 같아 현재의 순간에 분출한다. 기억으로부터의 선택, 즉 재현 과정은 우리에게 익숙한 형태로 현상을 보려는 경향으로 여러 착시현상을 통해서도 입증된다. 어느 순간 머릿속에 스친 하나의 이미지는 한순간의 것으로 지나치기도 하고, 몇 달이나 몇 년 동안 마음에 남아 지속적인 것이 되기도 한다.

다니엘 카네먼 Daniel Kahneman은 이미지에 의존하는 빠른 직관과, 시간과 의도적인 노력을 수반하여 논리를 좇는 느린 판단을 나누어 인간의 사고를 설명한다(Kahneman, 2011). 가령, 여기 스티브라는 사람이 있다고 하자. 그는 매우 부끄러움을 타고 내성적이며 다른 사람에게 늘 도움을 주지만 사실 사람이나 세상에는 별로 관심이 없다. 그는 온순하고 정리정돈이 잘된 사람으로 질서나 체계를 잡거나 세세한 것에 신경을 쓴다. 스티브의 직업은 사서일까, 농부일까?

온순함과 정리정돈의 이미지와 연결되는 사서에 대한 고정관념은 훨씬 많은 인구가 농업에 종사함에도 불구하고 대부분의 사람에게 농부보다 사서를 위에서 묘사한 인물에 적합한 직종으로 선택하게 한다. 이와 유사한 실험 결과를 종합하면, 수학적인 통계에 의거하여 내리는 판단과 달리 개성과 버릇, 어떤 능력을 가진 능동적인 사람에 관한 이야기를 짓고 해석하는 경향이 인간의 직관에 있다. 카네먼에 의하면, 이미지는 의도적이지 않으며 애쓸 필요 없이 자동적이다.

영화이론가 루돌프 아른하임 Rudolf Arnheim, 1904~2007은 감상자가 어떤 특정한 해석을 내리도록 설득, 또는 강제하도록 이미지가 작동하는 방식에 주목한다(Arnheim, 1969). 한편의 그림에 실린 이야기를 핵심 서사라 한다면 그다음 그림은 이전 그림의 이야기를 진행시키는 성질의 서사 내적 diegitic인 것일 수도 있고 아니면 스토리의 흐름을 방해하는 비교·유추 혹은 다른 구문상의 비서사적 nondiegetic인 것일 수도 있다(Barthes, 1964). 일정 이미지는 일련의 개념을 유추하거나 작동하게 한다.

회화와 마찬가지로 문학에서도 이미지를 생산하는 여러 방식을 연구한다.

가스통 바슐라르Gaston Bachelard, 1884~1962는 이미지를 움직이는 힘으로 상상력을 언급하며, 이미지를 이루고 있는 단어(몽상을 포함하는)에 대한 독자의 문학적 상상력에 주목한다(Bachelard, 1958). 그에 따르면 신체적 지각에 의해 산출된 감각을 마음속에 다시금 재생시킨 것이 지각 이미지이며, 지각 이미지의 경험 이후의 차원에서 관념 이미지가 형성된다. 이 정신적 이미지 덕분에 우리의 경험(대중매체에 관한 이미지 경험을 포함한)은 원래의 사물이 사라진 후에도 오랫동안 생각과 태도에 영향을 미친다.

영국의 학자 폴 라이트Paul Light는 유아의 그림을 연구하면서 "그림은 메시지다."라고 했다(Light & McEwen, 1987). 그는 5세 유아 앞에 빨간 상자, 노란 상자, 그리고 파란 상자를 세로로 놓았다. 그런 다음 아이들에게 백지를 하나씩 나누어주고 그 위에 이름을 쓴 다음 자기가 보고 있는 것을 그리라고 했다. 아이들은 가로로 가지런히 빨간 네모, 노란 네모, 파란 네모를 그렸다. 아이들은 보통 그림에 자기가 아는 것 전부를 그려넣는 경향이 있다. 엄마 손에도 손가락 다섯 개, 자기 손에도 손가락 다섯 개를 그리는 것처럼 말이다 그림 2.2 참조.

그림 2.2 5세 유아의 가족 그림

라이트의 실험에서 또 다른 그룹의 5세 유아는 자기가 그린 그림을 보고 다음 아이가 와서 상자를 배열해야 한다는 상황 설명을 듣는다. 아이들은 버젓하게 세로 방향으로 색색의 네모를 그려넣었다. 방향이 중요하다는 것을 인지했기 때문이다. '어떻게 표현할까?'라는 인류 고민의 첫 단계 산물인 것이다.

피아제는 6세 유아 앞에 장난감 지형을 펼쳐놓고 그 위에 물건들을 놓았다(Piaget & Inhelder, 1956). 그리고 이와 똑같은 지형을 아이 앞에 90도 틀어 펼쳐놓고 이전 물건의 위치를 가늠하게 하면 아이들은 어려워했다. 피아제는 자기 몸을 중심으로 물건의 위치를 이미지화하기 때문이라고 설명한다. 하지만 숨바꼭질을 하는 6세 아이는 상대의 입장 point of view에서 보이는지 보이지 않는지 형상화한다(Donaldson, 1980).

인지심리학에서는 이미지가 실물 그대로 마음속에 다운로드되어 우리의 정신을 구성하지는 않는다는 점을 강조한다. 예술가는 세상 그대로의 모습이 아닌 자신의 경험을 녹여내 이미지를 구성하며, 감상자는 자신의 경험을 통해 회화와 문학작품을 해석한다는 것이다.

문화사회학적 접근   문화연구, 그리고 관련 학문에서 이미지는 사물이나 사건을 마음속에 그린 정신적 또는 시각적 표현물, 그림, 사진 또는 필름으로 정의할 수 있다. 문화연구가들은 객관적으로 존재하는 이미지(가령 회화)와 마음속의 이미지를 모아 이미지가 사고에서 자리매김하는 과정을 살펴보았다.

이들은 인종차별을 풍자한 만화처럼, 이미지가 현실을 부정확하게 표현할 수 있고 따라서 특정 이데올로기의 이익에 봉사할 수 있다는 점에 주목한다. 문화 간 충돌이 일어났을 때 한 문화가 다른 문화를 그리는 이미지는 대개 정형화 stereotype될 가능성이 있다. 심리적 이미지가 시각적 이미지에 투영되는 것이다. 물론 정형을 전적으로 틀린 것이라고 할 수는 없다. 그러나 현실의 어느 한 측면을 부풀리고 이외 다른 측면을 빠뜨리는 일이 종종 일어난다. 나와 남의 간격을 극명하게 밝히는 타자화가 바로 그것이다.

이미지는 사회에 바로 접근하게 하기보다 그 시대를 살던 사람들이 세계를 바라보는 관점을 보여준다(Burke, 2001). 여성에 대한 남성의 관점, 농부에 대한 중산층의 관점, 전쟁에 대한 민간인의 관점 등이 대표적인 예다. 이미지 해석에서 중요한 점은 이미지를 제작하는 사람이 자기가 묘사하는 세계를 이상화하거나 반대로 풍자한다는 사실을 염두에 두어야 한다는 것이다.

이미지 해석에 있어서 중요한 또 다른 하나는 이미지도 텍스트를 읽을 때처럼 행간을 읽어야 한다는 점이다. 작지만 중요한 세부 사항, 묘사되지 않은 것, 즉 의미 있는 부재에 주의를 기울일 필요가 있다.

필리프 아리에스 Philippe Ariès, 1914~1984는 아동의 이미지를 사료로 택한 문화사 연구의 시조이다. 그는 《아동의 역사》(1973)에서 26점의 아동 초상화와 풍속화를 시각 사료로 삼아, 과거에는 나이에 따른 구별이 없었음을 지적하였다. 선술집에서 어린아이들이 어른과 거리낌 없이 어울리는 모습을 담은 이미지가 그 증거였다. 하지만 아리에스의 이런 주장은 큰 비판을 받게 된다. 예를 들어, 어린아이들이 어른의 옷을 줄인 듯한 옷을 입고 있는 이미지를 근거로 하는 "어린아이를 작은 어른으로 여겼다."는 주장은 초상화를 그릴 때에는 어린아이나 어른 모두 일상복을 입지 않았다는 점을 간과하고 있다. 이미지를 둘러싸고 있는 상황을 고려하지 않는 실수를 범한 것이다. 나아가 아동이 그림의 주제가 되기 시작한 점에 크게 의미를 부여하지 않았다는 점에서 표현관습의 변천사를 무시했다는 비판을 받는다.

미셸 푸코 Michel Foucault에 따르면 이미지, 즉 재현은 특정한 일련의 경험에 따른다(Foucault, 1970). 이미지 형성에 중요한 것은 관습이다. 다이어그램이나 지도와 같은 유형의 시각적 표상은 자의적 관습에 기초하여 만들어진다. 중세에 제작된 이미지에 어린이가 빠져 있다거나 매케언 McCahon의 뉴질랜드 풍경화에서 원주민을 볼 수 없다거나 하는 점이 바로 이미지가 사회와 시대의 관습에 따르고 있다는 증거다.

문자의 기원을 연구하는 미국 인류학자 드니스 슈만 베세라 Denise Schmandt –Besserat는 인장에 새겨진 사람들의 시선에 방향이 생겨나고, 도자기에 문양

그림 2.3 원통 인장

을 층으로 나누어 표현하기 시작한 때를 인류가 글을 쓰기 시작한 시기로 추정한다(Schmandt-Besserat, 1992) 그림 2.3 참조. 인류가 문자로 방향과 줄을 맞추기 시작하면서 의식적이든 무의식적이든 그림의 표현양식이 변하였다. 사고에서 위아래와 좌우가 중요해진 것이다.

　요약하자면, 문화사회학에서는 일정 시점에서 생산된 이미지를 통해 그 이미지가 생산된 사회를 분석할 수 있음을 보여준다. 이미지에서 다루어진 관점을 통해 그 사회의 물적·정신적 구성을 읽는 방식을 채택한다.

쓰기

　문자의 발명은 서로 떨어진 세상 곳곳에서, 여러 시대에 걸쳐 각각 이루어졌다. 그림에서 서서히 진화한 것은 아니라는 게 학자들의 의견이다(Fischer, 2001). 중동에서 발견된 단단하게 굳은 진흙 용기에 들어있던 작은 물표 token, 잉카 문명의 색색으로 염색된 매듭 모양의 키푸 khipu, 중국에서 발견된 거북 등 껍질에 새겨진 우아한 문양, 남아프리카공화국의 블로모스 동굴 지층에서 발견

그림 2.4 블리스 "나는 극장에 가고 싶어."

된 빗살무늬가 새겨진 돌 등은 과거 1만 년 동안 발견된 기원 문자들이다.

블리스 bliss **10**처럼 현대에 창안된 문자도 있다 그림 2.4 참조. 이 모든 문자 시스템은 단어 쓰기 logography, 음절 쓰기 syllabography, 그리고 자음, 모음의 알파벳 alphabet 쓰기로 나눌 수 있다. 고대 이집트어나 중국어처럼 모양을 본뜬 문자에도 발음을 돕는 부분이 있다.

프랑스 철학자 볼테르 Voltaire는 쓰기를 인간 목소리의 그림으로 정의했다. 글쓰기는 인본주의의 중심에 있으며, 문자는 인간을 인간이게 하는 도구이다. 문자의 발명은 인류가 이루어낸 지적인 업적 가운데 최고의 자리에 올려놓을 만한 것이다.

우리는 매일 움직이고 무언가를 상상하고 언어를 사용한다. 자극을 받아들이는 감각 프로세스는 나중에 사용하기 위해 마음속에 정보를 표상화하는 기억의 작업으로 연결된다.

하버드의 교육학자 제롬 브루너 Jerome Bruner는 표상을 세 가지로 구분하였다(Bruner, Oliver & Greenfield, 1966).

- 동작 표상 enactive representation : 움직임
- 이미지 표상 iconic representation : 그림, 상
- 상징적 표상 symbolic representation : 언어 및 기호체계

위 세 가지 표상은 우리 삶의 각기 다른 인지발달 시기를 대표하기도 하지만, 성인기에도 서로 영향을 미치며 지적활동을 돕는다. 행동과 감각, 반성 reflective 작용을 통해 문화를 확대하고 전달하는 것이다.

---

10 찰스 블리스(Charles Bliss, 1897~1985)가 고안한 문자

단어나 아이디어의 상징이 다른 이미지와 많이 닮은 글자를 그림문자 pictogram라고 하며 그렇지 않은 글자를 표의문자 logogram라고 한다. 상징 symbol 을 넓게 정의하면, 그 자체가 아닌 다른 어떤 것으로, 표상하고자 의도하는 어떤 것(DeLoache, 2004)이다. 이것에는 일반적이고 의도적인 성질이 있다.

우리는 상징과 상징물의 관계를 배워야 한다. 아기가 태어나 9개월이 되면 그림의 우유병을 손으로 잡으려 하고 입에 가져다 댄다. 사물과 그림(사물의 상징물)의 차이를 모르는 것이다. 하지만 세 살이 되면 아이들은 인형 방(모델)에 어떤 물건을 감춘 것을 보고는 실제 방에서 그 물건을 찾는다. 인형 방을 실제의 축소로, 실제 방을 상징하는 것으로 알고 다룬다(DeLoache, 2004).

일반적으로 아이들의 단어는 작은 그림으로 그릴 수 있는 카테고리에서 시작해서 점점 넓어져 그림으로 그릴 수 없는 더 확실한 것으로 확장된다. 아이들은 처음에 단어를 물건의 어떤 한 측면인 기호 symbol가 아닌 자기 앞에 있는 물건의 부호 sign로 인지한다(Bruner, et al, 1966).

브루너는 이미지 표상과 상징적 표상의 차이를 범주 category의 유무로 구분한다. 다이아몬드를 유리 같은(범주) 것이라고 개념화하던 네덜란드와 최고급으로 세공한 것이라고 개념화하는 상징적 표상에는 범주가 있다는 것이다. 반면, 디로치 DeLoache는 표준 criteria이 있고 없음으로 그림과 글을 구분한다. 글에는 표준으로 삼을 수 있는 형태가 있다는 것이다.

미래의 언어는 어떤 모습일까? 현재 영어를 필두로 4,000여 종의 언어가 사용 중이며, 앞으로 100년 후에는 오직 1,000여 종의 언어만이 남을 것이라고 한다. 세계의 대도시에서 쓰이는 언어가 그렇지 않은 곳의 언어를 급격하게 침식해나갈 것이다.

독일의 철학자이자 수학자인 고트프리트 라이프니츠 Gottfried Leibniz, 1646~1716는 수학이나 음악처럼 세상에 존재하는 모든 자연발생적 언어와 다른, 공동의 문자를 만들 수 있을 거라고 생각했다. 이미지는 여러 문화와 통용된다. 버스, 택시, 여자, 남자처럼 쉽게 알아볼 수 있는 효율적인 상징도 있지만 티켓 판매자, 세관 신고자, 또는 출입국 관리자처럼 활동을 가리키는 상징은 분별하기에 조금 더 까다롭다. 포스트모던 학자들은 발화언어는 의사소통의 주요 양식으로 남을 것이고, 문자언어는 점차적으로 다양한 공적 소통 영역에서 이미지로 대치될 것이라 전망한다. 지배적 이미지 양식과 화면매체 양식이 쓰기에 미친 결합 신호는 쓰기 형식과 기능에 심각한 변화를 초래할 것이다. 바꾸어 말하면, 인간의 인지적·정서적·문화적·신체적인 세상 참여에, 그리고 지식의 형태와 형성에 엄청난 영향을 미칠 것이다(Kress, 2003).

그림책

영아의 인지체계가 이미지 표상에서 상징적 표상으로 발달할 때, 이들을 위한 가장 훌륭한 매체는 그림책이다. 그림책은 이미지와 문자가 어우러진 매체다.

아동을 위한 그림책이 등장하게 된 것은 근래의 일이다. 물론 근대 이전에도 아동을 위한 책은 존재해왔다. 하지만 이는 특정 계층의 소수 아동을 가르치기 위한 책으로, 그림 없이 글로만 이루어진 것이 대부분이었다.

다수의 아동을 독자로 삼은 책, 아동을 위한 도서에 그림을 삽입하는 것은 아동에 대한 인식의 변화를 의미한다. 모든 아동이 보호받고 교육받아야 하며 이들의 심리를 이해하고 흥미에 맞게 가르쳐야 한다는 생각, 즉 근대적 인식으로의 전환을 뜻한다.

바로 50여 년 전까지만 해도 우리에게 그림책은 그 용어조차 낯설고 생소했다(조은숙, 2006). '애기그림책', '그림동산', '그림이야기책'은 지금의 그림책 기준으로 보면 내용과 형식이 크게 다르다. 초창기의 그림책은 미군부대의 서구만화나 일본도서, 잡지를 번역·각색한 것이 많다. 해적판이 번역 그림책의 주종이었고, 역자는 물론 글 저자와 그림 저자의 이름이 생략된 채로 책이 생산되었다(류재수, 1985).

가장 대중적인 상품을 다루는 TV홈쇼핑에서도 그림책을 전집으로 묶어서 판매 중이다. 2011년 3월, 우리나라 최대 서점인 교보문고에서는 유아 번역 그림책을 약 4,908종 유통하고 있으며 국립어린이청소년도서관은 아동문학과 과학서적 중 번역서를 20,211종 보유하고 있는 것으로 집계됐다. 교보문고의 2010년 유아 분야 판매량 상위권 20종 중 10권이 번역 그림책이었다.

아동 분야에서는 판매량 상위권 20종 중 5종이 번역서였다. 번역할 그림책을 선택해서 우리말로 바꾸는 것은 우리 시대에 유통될 문화상품을 만들어내는 일이고 따라서 우리 사회의 필요와 심미적 기준에 따르는 작업이다. 그림책의 독자는 대부분 어린이와 이를 키우는 부모이고, 이러한 점에서 그림책은 어린이 도서산업, 교육정책과도 밀접한 관계가 있다. 그렇다면 과연 어떤 그림책들이 들어왔을까?

그림책의 발달 과정을 그림책 정착기, 그림책 번성기, 그림책 세계화 시대의 세 부분으로 나누어 살펴보자.

그림책 정착기: 1990년 이전　1960~1970년대 우리나라 정책의 최고 목표는 '잘살기 운동'으로 대표되는 경제 성장이다. 교육 풍토 역시 성실과 근면이 우선이었다. 부모가 어떤 희생을 감수하고라도 자식을 상위 학교에 입학시키는 것이 당연하게 여겨졌으며, 80년대 전후로는 유아교육에도 그 열의가 확산되었다.

1977년 말, 도서정가제(당시는 정찰제)의 전격 시행으로 유통 질서가 확립되고 전국에 갑자기 서점이 많아졌다(백원근, 2011). 하지만 당시 많이 팔린 책이라 해도 10만 부 안팎이 대부분이었다. 어린이 책이 처음으로 통계 처리된 1969년에는 아동도서가 전체 도서 발행 부수에서 11.5%를 차지했고, 1980년부터 꾸준한 성장세를 이루어 1990년에 23.5%를 차지하게 되었다(조은숙, 2006).

1970년대에는 동아출판사와 금성사, 계몽사가 아동문학과 과학, 전과 등의 어린이 책을 가장 많이 펴냈으며, 청소년 도서를 가장 많이 낸 곳은 학원사이다. 1976년 동아출판사에서 나온 〈어린이 세계 명작 선집〉은 펼침면 한 장에 그림이 1컷 이상 들어가 있다. 1집이 20권으로 구성되어 있고 크기는 신국판과 46배판, 두 가지로 나왔다. 1983년에는 2집이 총 20권으로 구성되어 추가로 발행됐다. 신국판은 앞표지를 제외하고 단색 그림으로 된 내용이 182쪽으로 구성되어 있으며, 46배판은 컬러 그림이 그려져 있고 총 188쪽이다. 지금의 32쪽짜리 그림책에 비하면 방대한 분량이다.

글 내용은 두 판형 모두 동일하다. 제목을 살펴보면《행복한 왕자》,《거울 나라의 앨리스》,《이상한 나라의 앨리스》등 지금도 친숙한 제목으로 구성되어 있다. 신국판의 표지는 하드바운드이고, 46배판은 두꺼운 종이로 만들어져 더스트 dust 커버가 붙어있다. 그림 저자에 대한 언급은 어디에서도 찾아볼 수 없다. 번역된 문학작품에서 글만 발췌한 것으로 번역 그림책의 전 단계라고 할 수 있다.

이후 1990년대 초반까지 15여 년 동안은 이러한 전 단계 그림책이 대거 등장했다. 아동문학사의 〈소년 소녀 세계문학〉(1986), 경미사의 〈컬러판 세계 명작 동화〉(1981), 여원의 〈세상에서 제일 재미있는 전래동화〉(1991) 등이 그 예이다. 이들 그림책은 외국 문학작품이나 전래동화의 내용을 담고 있으며, 출판사에서 작가에게 그림을 의뢰하여 실었다.

1980년을 전후로 분도출판사에서 50쪽 안팎의 소프트바운드 그림책 시리즈 〈분도그림우화〉가 출판되었다. 글과 그림이 동일 작가의 작품으로 된 이 시리즈는 레오 리오니 Leo Lionni, 1910~1999, 쉘 실버스타인 Shel Silverstei, 1930~1999, 트리나 폴러스 Trina Paulus 같이 지금까지도 사랑받는 고전 작가의 작품을 소개한다.

레오 리오니의 작품으로는《작은 조각》,《세상에서 제일 큰 집》,《티코와 황금 날개》와《잠잠이》가 있다.《잠잠이》는 1980년 초판 이후 1999년까지 11쇄를 찍었다. 크기는 177×220mm이며 표지는 소프트 커버로 되어 있다. 영어 원문이 4쪽 포함된 구성으로 총 35쪽이며 가격은 4,000원이다. 역자 이영희의 이름은 앞표지에 나오지 않고 앞표제지에 명시되어 있다. 저자와 역자 소개는 없다. 쉘 실버스타인의 작품은《아낌없이 주는 나무》,《어디로 갔을까 나의 한쪽은》그리고《떨어진 한쪽 큰 동그라미를 만나》이다. 트리나 폴러스의 작품《꽃들에게 희망을》도 선을 보였다.

1982년 소년생활사의 〈세계 위인전〉 중 《나이팅게일》은 그림 작가를 쟈니 레나 Gianni Renna라고 서지 정보에 명시하고 있다. 1985년 표동출판사에서 발행된 산투치 글, 가비올라 그림의 《천국의 서커스 소년 Un Giocoliere in Paradiso》은 크기가 가로·세로 260mm, 내용은 63쪽이며 컬러로 되어 있다. 1987년 지경사에서 출판된 《마야 붕붕》은 본젤스 글, 김정림 그림으로 내용이 37쪽이다.

1988년에 웅진출판사는 〈애니메이션 세계 명작 그림책〉 시리즈를 출간한다. 이 시리즈는 크기가 200×200mm이고, 내용은 28쪽, 전 50권으로 구성되어 있다. 《황야는 부른다》, 《톰아저씨의 오두막집》, 《사랑의 가족》, 《보물섬》, 《톰소여의 모험》, 《피노키오》, 《손오공》, 《신데렐라》 등 유명한 세계 동화를 바탕으로 구성한 그림책이다.

1988년 한림출판사에서 나온 〈세계 우수 유아 그림책〉 시리즈는 일본의 우수 그림책을 번역하여 소개한다. 나가나 히로다카 글·그림의 《빨간 사과》와 《이제 다 컸어요》, 야브우치 마사우키의 《저 누구의 아기일까요?》, 《무서운 적이 오면 어떻게 하지?》, 《어떻게 잠을 잘까요?》와 《이상한 발자국 누구 것일까요?》, 마도 미치오 글과 마지마 세스코 그림의 《엄마가 좋아》, 수에요시 아키코 글과 하야시 아키코 그림의 《숲속의 숨바꼭질》 등이 바로 그것이다.

1989년 출판사 보림에서는 유아 그림책 〈위대한 탄생〉 시리즈를 총 140권에 걸쳐 내놓았다. 브라이언 와일드 스미스 Brian Wildsmith의 작품 《서커스가 왔어요 Circus》, 《개에게 뼈를 주세요 Give a Dog a Bone》, 《폴과 펠리컨 Pelican》, 《하늘을 나는 데이지 Daisy》, 레이먼드 브릭스 Raymond Briggs의 《산타할아버지 Father Christmas》, 에릭 칼 Eric Carle(1929~)의 《1, 2, 3 동물원》, 《뒤죽박죽 카멜레온》, 《이상한 생일 편지》, 안노 미쯔마사의 《난쟁이들의 즐거운 놀이》, 《한밤중의 서커스》, 《즐거운 이사 놀이》, 고미 타로의 《창문으로 넣은 선물》, 다다 히로시의 《커다란 사과》등 해외 유명 작가들의 작품을 한국 독자에게 대거 선보였다.

1990년 성한출판사에서 〈생각하며 보는 그림우화〉 시리즈가 나온다. 이 시리즈에서 단연 돋보이는 저자는 쉘 실버스타인이다. 《무엇이든 주는 나무》, 《큰 동그라미를 만나다》, 《기린이 한 마리 반》, 《보물찾기》, 《행복의 나라》, 《총잡이가 된 사자》, 《숙제 기계》, 《잃어버린 나의 조각》이 모두 실버스타인 작품이며 이외 레오 리오니의 《작은 조각 페체티노》와 트리나 폴러스의 《가난한 꽃들에게 희망을》 등도 눈에 띈다.

실버스타인의 《The Giving Tree》는 이에 앞서 《아낌없이 주는 나무》로 1995년 분도출판사에서 김영무 역, 1989년 덕유출판사에서 이다미 역으로 출판되었다. 덕유출판사의 《아낌없이 주는 나무》는 크기가 100×167mm이며 흑백으로 인쇄되었다. 구성을 살펴보면 마지막에 포함된 두 쪽의 영문 페이지를 포함하여 61쪽이고 가격은 2,000원이다.

트리나 폴러스의 《Hope for the Flowers》는 분도출판사에서 《꽃들에게 희망을》이란 제목으로 김영무의 번역을 통해 나왔고, 레오 리오니의 《Pezzettino》는 《작은 조각》이라는 제목으로 이미림의 번역을 통해 나온 바 있다.

1990년 견지사에서는 〈영재아기 그림책〉 시리즈를 영아를 위한 책으로 선보였다. 와라베 기미까 원작인 이 그림책은 18~23쪽으로 이루어져 있다. 《과일과일 맛있다》, 《장난감 놀이 인사해요》, 《반짝반짝 예쁜 손》, 《안녕, 인사해요》로 구성되어 있다.

1980년대 중반부터 컬러 사진이 인쇄된 백과사전과 자연과학 시리즈물이 번역 그림책의 주종으로 출판되었다. 1987년 동아출판사에서 〈동아 컬러 과학 학습 대도감〉을 내놓았는데 이 도감의 원산국은 일본이다. 각 권의 구성은 《채소와 과일》, 《들새의 관찰》, 《달의 관찰》, 《별의 관찰》 등으로 이루어져 있다. 같은 해 1987년 〈브리태니커 어린이 백과사전 *Young Children's Encyclopedia*〉이 한국브리태니커에서 출판되었다. 가로·세로 240mm, 각 권 159쪽의 방대한 분량의 책은 1990년에 개정판이 나왔다.

1987년에는 교육문화사에서 〈우리의 몸〉 시리즈가 출간되었다. 이 시리즈는 조이 리처드슨 글, 콜린 맥클린과 모이라 맥클린 그림으로 《숨쉰다는 것은 무엇일까요》,《듣는다는 것은 무엇일까요》,《본다는 것은 무엇일까요》,《잠이란 무엇일까요》로 구성되어 있으며, 각 권 24쪽이다.

1988년에는 금성출판사에서 〈실험·발견·과학놀이〉 시리즈가 출간되었다. 이 시리즈는 《만들어보셔요》,《관찰하셔요》,《놀아보셔요》 등으로 구성되어 있다. 1989년 계몽사에서는 가로·세로 270mm, 각 권 39쪽, 총 32권으로 구성된 〈컬러판 자연과 과학〉 시리즈를 출간했다. 《파리 지옥》,《송사리의 탄생》,《나팔꽃》,《하늘을 나는 새》,《태양계 이야기》 등이 나왔다.

같은 해 웅진에서도 〈과학 앨범〉 시리즈를 총 70권으로 출간했다. 각 권이 53쪽으로 되어 있는 이 시리즈는 가로·세로 230mm이다. 《집게》,《도토리》,《유성과 운석》,《꽃의 색깔과 곤충》 등이 나왔다. 1989년 한국브리태니커에서 나온 〈배움 동산 _Britannica Discovery Library_〉 시리즈는 45쪽 분량에 크기는 가로·세로 240mm이다. 《낱말이란?》,《시간이란?》,《숫자란?》,《동물이란?》,《소리란?》,《모양이란?》,《색깔이란?》,《우리란 누구일까요?》,《나란 누구일까요?》가 나왔다. 위 시리즈물은 모두 외국 서적을 수입하여 출판사에서 번역·출간한 것이다.

간략히 정리하면, 1980년 전후 청소년을 선교의 대상이자 그림책의 독자로 파악한 분도출판사는 자아정체감, 공동체 정신, 신앙, 문제해결 등의 주제를 담은 그림책을 발간하였다. 이 출판사는 영어학습을 위한 서비스의 의미로 그림책 말미에 영어 원문을 포함시켜 질 좋은 번역 그림책의 선구자적 역할을 했다. 이후 〈분도그림우화〉같이 손에 들고 휴대하기 좋은 소프트 바운드의 4색 또는 흑백 그림책이 성한출판사와 덕유출판사 등에서 여러 종 생산되었다.

쉘 실버스타인의 규제를 넘어선 자유로움, 레오 리오니와 트리나 폴러스의 현실의 한계를 극복하라는 메시지, 이들이 가져오는 깊은 울림을 나누기 위해 청소년과 더불어 성인도 그림책의 독자가 되었다. 이 시기는 저작권의 제약을 받지 않던 때라 새롭게 등장하기 시작한 작가의 동일 작품이 여러 출판사에서 같은 제목 혹은 다른 제목으로 나왔다.

80년대 중반, 인쇄 기술의 발달은 사진과 그림 위주의 출판을 가능하게 만들었다. 경제 개발로 중산층이 등장했고, 이들은 2세 교육에 필요한 비싼 책을 소비할 만한 여유를 갖고 있었다. 이들의 등장은 동아출판사, 한국브리태니커, 교육문화사, 금성출판사, 계몽사, 웅진출판사가 경쟁적으로 자연과학 전집류를 번역·생산하게 하였다.

문학작품을 엮은 전집류도 나왔다. 각 나라의 동화를 각색하여 한국 작가가 그림을 그리는 방식으로 전집이 만들어졌다. 문화공보부(현재의 문화체육관광부)의 추천도서와 국립중앙도서관의 '계층(연령)별 권장도서', 출판계에서 선정하는 '이달의 청소년도서'를 통해 독자들은 독서 안내 서비스를 제공받았다.

80년대 후반 한림과 보림출판사의 〈유아 그림책〉 시리즈는 안노 미츠마사, 다다 히로시, 에릭 칼, 브라이언 와일드 스미스, 레이몬드 브릭스 등 해외 유명 작가의 그림책을 대거 소개했다. 1990년 견지사가 출간한 일본 작가의 작품으로 구성된 이 책은 그림책의 타겟 target을 영아로 확산하였다. 이와 더불어 해적 출판물의 번역 불충분과 부적절, 그림의 선명도가 떨어지는 데서 오는 조잡함 등이 독자의 불만으로 떠올랐다.

1987년에 우리나라가 국제지적저작권협약에 가입함에 따라 번역에 대한 연구와 논의가 활발해졌다. 이로 인해 번역 그림책에 대한 새로운 기준과 기대가 생겨났다. 또한 1989년 10월부터는 컴퓨터를 이용한 도서 정보 제공 및 도서 주문 시스템이 시작되었다. 이 시스템을 한마디로 정의하면 '컴퓨터로 책을 사는 홈쇼핑 시스템'이라고 할 수 있다.

그림책 번성기: 1991~2000년　1990년대 세계문화사에서는 냉전의 종식에 따라 이데올로기의 쇠퇴가 두드러졌다. 독일 통일과 소련 붕괴로 새로운 세계질서가 확립되었다. 1991년에 우리나라는 남북한이 UN에 동시에 가입했다. 그해 12월에 '남북 화해와 불가침 및 교류협력에 관한 합의서'가 채택되었다. 이와 같은 흐름에 따라 이념도서가 급격히 퇴조하였고 1980년대에 사회과학에 집중하던 출판사 중 많은 곳이 청소년 교양서 및 아동서 등으

로 분야를 확장하게 되었다. 문학과 지성사, 문학동네, 문학사상사, 창작과 비평 등이 그 예이다.

1990년대에는 그림책 시장에 우호적인 정책이 몇 가지 펼쳐졌다. 첫째는 1991년 4월부터 시작된 도서상품권의 발행이다. 상품권은 처음에 5,000원권의 단일 권종으로 발행되어 그해 연말까지 40만 장, 다음 해 9월까지 100만 장이 판매되었다. 도서상품권은 명절선물이나 생일선물, 시상용품 등으로 사용되면서 새로운 선물문화를 등장시켰다. 도서상품권이 최초로 발행된 시기는 1975년이지만 대중들 사이에 자리 잡기도 전에 군사정부에 의해 금지되었던 전력이 있다. 당시 도서상품권은 오로지 서점에서 책을 구입하는 데에만 쓰였기 때문에 출판계 발전에 크게 기여하였다(백원근, 2011).

두 번째 정책은 1993년을 '책의 해'로 지정하고 여러 가지 캠페인을 벌인 것이다. 이러한 캠페인이 발전하여 1994년에 '도서관 및 독서진흥법'이 제정되었다. 반마다 학급문고를 마련했고 방송국이 가세하여 독서를 권장했다.

1990년대에 출판되기 시작한 그림책 시리즈 중 지금까지 이어져 아주 큰 모음집이 된 시리즈가 몇 가지 있다. 시공사의 〈네버랜드 세계의 걸작 그림책〉, 〈비룡소의 그림동화〉, 〈몬테소리 그림책〉, 웅진주니어의 〈세계 그림책〉 등은 각기 한 해 동안 하드바운드로 된 10여 권의 번역 그림책을 시장에 내놓았다. 이보다 규모가 작기는 하지만 지경사, 사계절, 한국프뢰벨, 마루벌, 중앙출판사, 한림출판사, 크레용하우스, 다섯수레, 아가월드, 초록개구리 등에서도 훌륭한 번역 그림책을 만들고 있다. 위 출판사의 번역 그림책들은 원서의 사항, 판권 등을 소상히 명시하고 있다. 대부분 36쪽 내외로 구성되어 있고 가격은 만 원을 넘지 않는다.

사계절의 〈친구와 함께 보는 그림 동화〉 시리즈는 영어와 일본어 위주의 번역 그림책 시장에 총 12권의 프랑스 그림책을 내놓았다. 앙토냉 루시르의 《누가 내 코 못 봤니?》(1993), 디디에 레비 글, 코랄리 갈라부르 그림의 《친구가 된 악어와 두꺼비》(1997), 쟈크 뒤케누아의 《꼬마 유령들의 저녁 식사》(1997) 등이 바로 그것이다. 이외에도 1993년 독일의 베르너 홀츠바르트

글, 볼프 예르블르흐 그림의 《누가 내 머리에 똥 쌌어?》가 같은 해에 번역되어 지금까지 많은 사랑을 받고 있다.

시공사의 〈네버랜드 세계의 걸작 그림책〉 시리즈는 1993년에 첫 권이 발행된 후 현재까지 총 200여 권에 이르는 방대한 분량이 출판되었다. 시공사는 오랜 기간 서양에서 고전으로 자리한 유명 그림책을 한국 독자에게 소개하였다.

완다 가그 Wanda Gag의 1928년 작품 《백만 마리 고양이 Millions of Cats》(강무환 역, 1994), 버지니아 리 버튼 Virginia Lee Burton의 1937년 작품 《말괄량이 기관차 치치 Choo Choo》(홍미연 역, 1993), 러시아 태생 미국 이주민 작가 에스퍼 슬로보드키나 Esphyr Slobodkina, 1908~2002의 1940년 작품 《모자 사세요 Caps For Sale》(박주향 역, 1999) 등 미국에서 그림책의 고전이 된 그림책을 필두로 존 버닝햄 John Burningham(1937~)의 1970년 작품 《검피 아저씨의 뱃놀이 Mr. Gumpy's Outing》(이주령 역, 1996), 모리스 샌닥 Maurice Sendak, 1928~의 1963년 작품 《괴물들이 사는 나라》(강무홍 역, 1999)와 1970년 작품 《깊은 밤 부엌에서 In the Night Kitchen》(강무홍 역, 1994), 마거릿 와이즈 브라운 글, 클레먼트 허드 그림의 1947년 작품 《잘 자요, 달님 Good Night Moon》(이연선 역, 1996), 토미 웅게러 Tomi Ungerer, 1931~의 1958년 작품 《크릭터 Crictor》(장미란 역, 1996)와 1961년 작품 《세 강도 The Three Robbers》(양희전 역, 1995) 등이 바로 그것이다.

또한 2006년에 이 중 34권의 칼데콧 수상작을 모아 《칼데콧 수상작 모음집》을 출간할 만큼 다량의 수상작들을 모으기도 했다. 마르쿠스 피스터 Marcus Pfister의 1992년도 작품 《무지개 물고기 The Rainbow Fish》(공경희 역, 1994)와 이후 4권이 더 나온 〈무지개 물고기〉 시리즈도 〈네버랜드 세계의 걸작 그림책〉 시리즈에 속한다.

〈비룡소의 그림동화〉 시리즈는 1995년 레이먼드 브릭스, 존 버닝햄, 윌리엄 스타이그의 작품을 시작으로 현재까지 160여 권의 번역 그림책으로 구성되어 있다. 처음 몇 년 동안 출간된 그림책은 주로 브라이언 와일드 스미스,

고미 타로 등 이전 보림의 〈위대한 탄생〉 시리즈에서 만났던 작가의 작품이 40~50%를 차지한다. 기존에 한국 독자에게 소개된 작품을 재번역하여 새롭게 선보이는 것이다.

존 버닝햄의 작품은 1960~1970년대의 초창기 작품을 포함해서 열 작품이다. 《우리 할아버지 *Granpa*》(박상희 역, 1995), 《검피아저씨의 뱃놀이 *Gumpy's Outing*》(이주령 역, 1996), 《지각대장 존 *John Patrick Norman McHenessy, the Boy Who Always Late*》(박상희 역, 1996), 《야! 우리 기차에서 내려 *Oi! Get Off Our Train*》(박상희 역, 1996), 《깃털 없는 기러기 보르카 *Borka*》(이진수 역, 1996), 《내 친구 커트니 *Courtney*》(고승희 역, 1996), 《구름 나라》(고승희 역, 1997) 등이 바로 그것이다.

브라이언 와일드 스미스의 작품으로는 《산양을 따라 갔어요 *Goat's Trail*》(김정하 역, 1996), 《팔려가는 당나귀》(조은수 역, 1996), 《개에게 뼈다귀를 주세요》(박숙희 역, 1996)가 있다. 레이먼드 브릭스의 작품으로는 《곰 *The Bear*》(박상희 역, 1995), 《산타 할아버지》(박상희 역, 1995), 《산타 할아버지의 휴가》(김정하 역, 1995)가 있다. 윌리엄 스타이그의 《부루퉁한 스펑키 *Spinky sulks*》(조은수 역, 1995), 《멋진 뼈다귀 *The Amazing Bone*》(조은수 역, 1995), 《치과의사 드소토 선생님 *Doctor De Soto*》(조은수 역, 1995)도 있다. 고미 타로의 《저런, 벌거숭이네!》(이종화 역, 1996), 《악어도 깜짝, 치과의사도 깜짝》(이종화 역, 2000), 《창문으로 넘어 온 선물》(이종화 역, 2000)도 있다. 토미 웅게러의 《눈오는 날 *The Snowy Day*》(김소희 역, 1995)과 《제랄다와 거인 *Le g'eant de Z'eralda*》(김경연 역, 1996)도 찾아볼 수 있다. 이 시리즈는 각 권 모두 하드바운드로 제작되었고 크기는 약간씩 차이가 있지만 243×305mm 정도로 큰 편이다. 가격은 낱권이 7,500~9,000원 정도다.

한국프뢰벨의 〈프뢰벨 인성교육〉 시리즈 중 샘 맥브래트니 글, 아니타 제람 그림의 《내가 아빠를 얼마나 사랑하는지 아세요?》(김서정 역, 1996)는 가족의 사랑을 표현하여 오랜 인기를 누렸다. 이후 이와 유사한 유형의 그림책, 캐롤라인 제인 처칠 그림의 《사랑해 사랑해 사랑해 *I Love You Through and Through*》(신형건 역, 2006)와 《사랑해 모두모두 사랑해》(신형건 역, 2009) 등이 출간되어 계속해서 베스트셀러로 인기를 누리고 있다.

마루벌의 〈마루벌 좋은 그림책〉 시리즈는 《아주 신기한 알 *An Extraordinary Egg*》과 《으뜸 헤엄이 *Swimmy*》를 시작으로 최근까지 10여 권의 레오 리오니 작품을 출간하고 있다.

이 시기 그림책에 반영된 시대문화의 특징은 금지와 권면에서 허용과 다름에 대한 관용으로의 전환을 이루었다는 것이다. 이에 대한 첫 번째 근거는 유아와 함께 이야기하는 주제에 한계가 사라졌다는 것이다. 존 버닝햄의 《지각대장 존 *John Patric Norman Mchennessu*》에서 보여주는 성인의 권력 뒤집기, 윌리엄 스타이그의 《부루퉁한 스펑키 *Spinky Sulks*》와 데이빗 새넌 《안돼, 데이빗 *No, David!*》에서 등장하는 심술과 말썽부리기, 《괴물들이 사는 나라》와 야큐 마치코의 《집 나가자 꿀꿀꿀》(고향옥 역, 1999)에서 등장하는 가출, 《암소 로자의 살빼기 작전 *Rosa Veut Maigrir*》(유정림 역, 2000)에서 다루는 비만, 브렌다 기버슨 *Brenda Z. Guiberson*의 생태 그림책 《선인장 호텔 *Cactus Hotel*》과 출판사 초록개구리에서 나온 〈환경 그림책〉 등 주제가 다양해졌다.

이제까지 내용의 다양성을 살펴보았다면 다음으로 눈여겨볼 것은 형태의 다양화이다. 그림책은 여러 형태로 출판되어 왔다. 《코끼리 왕 바바》(김미경 역, 1993)나 《곰》(박상희 역, 1995)과 같이 크기가 266×367mm인 큰 책, 그림에 구멍이 나 있는 《산양을 따라 갔어요》(김정하 역, 1996)와 만화 그림책 《못말리는 종이괴물》(김미선 역, 2000) 등 다양한 형태의 그림책이 시장에 선을 보였다.

나아가 1990년 초반에는 〈세계 유아그림 동화대전〉(선진여성, 1993) 등 구연동화 테이프가 등장하고, 1990년대 중반에는 〈레오 리오니 동물 우화 5편〉(베네딕도미디어, 1996)과 《배고픈 애벌레》(인 피니스, 1997)처럼 유명한 그림책이 애니메이션으로 만들어졌다. 그림책을 비디오로 감상하는 시청각 시대가 열린 것이다.

그림책의 전성기인 90년대에 국제적인 수상도서를 활발히 접하면서 우리나라 사람들에게 그림책에 대한 감각과 안목이 생겼다. 이 시기에 소개된 수상작을 살펴보면, 미국 칼데콧상 수상작인 윌리엄 스타이그의 《당나귀 실베스터와 요술 조약돌》(이상경 역, 1994), 《멋진 뼈다귀》(조은수 역, 1995), 레오 리오니의 《으뜸 헤엄이》(이명희 역, 1997), 《프레드릭》(최순희 역, 1999), 《새앙쥐와 태엽쥐》(이명희 역, 1999), 심스 태백 Simms Taback의 《요셉의 작고 낡은 오버코트가》(김정희 역, 2000), 미국 뉴베리상 수상작인 윌리엄 스타이그의 《치과의사 드소토 선생님》(조은수 역, 1995), 영국 케이트 그린어웨이상 수상작인 존 버닝햄의 《보르카》(이진수 역, 1996), 《검피아저씨의 뱃놀이》(이주령 역, 1996) 등이 번역되어 나왔다. 각 출판사는 홍보를 위해 앞표지에 금·은색의 상 마크를 붙여넣었다.

이 시기 그림책은 디자인·번역·교육 연구의 대상으로 발전했다. 《산양을 따라 갔어요》(김정하 역, 1996)처럼 영어 원문의 대문자를 큰 글씨로 바꾸는 시각효과도 번역에서 고려되었다. 자발적으로 그림책 동호회가 생겨나고 추천 그림책 목록과 더불어 그림책 비평이 활발히 이루어지기 시작했다.

대표적인 그림책 추천 목록은 어린이도서연구회(www.childbook.org)의 것으로 지금까지도 어린이 도서 분야에서 권위를 지니고 있다. 나아가 그림책 연구회도 결성되었는데 1999년에 결성된 한국어린이문학교육학회(www.childrenbook.org) 등이 대표적이다. 한국어린이문학교육학회는 그림책을 연구하는 교수, 저자, 전문가들의 모임으로 연구 논문집인 〈어린이 문학교육〉과 더불어 매달 2권의 추천 도서를 서평과 함께 싣고 있다.

1990년 후반의 경기 침체와 IMF 사태는 출판계의 대공황을 가져왔다. 계몽사와 같은 유명 출판사가 부도를 내고 정상적인 영업을 못하는 출판사와 서점이 속출하였다. 1999년의 출판 발행 부수는 전년 대비 41%나 감소하였다. 외국어 고유명사에 대한 표기법 또한 정착되지 않아 저자명이 출판사마다 다르게 표기되기도 했다. 레이몬드 브릭스 또는 레이먼드 브릭스, 윌리엄 스테이그 또는 윌리엄 스타이그 등이 혼용되었다. 이후 2000년에 로마자표기법이 개정되었다.

그림책 세계화 시대: 2001년 이후　　　2003년에 시행된 '북스타트 bookstart' 운동은 영유아 독서운동의 시작을 알렸다. 이 운동은 '아기에게 책을'이라는 문구를 모토로 삼아 영아기부터 아기와 보호자가 책을 매개로 즐겁게 활동한다는 취지를 갖는다. 이 해 10월에 시작된 '한 도시 한 책 읽기' 운동 또한 전국으로 퍼졌다. '출판 및 인쇄진흥법'이 시행되면서 등록제이던 출판사 설립이 신고제로 바뀌는 등 규제가 완화되고 도서정가제 규정이 신설되기도 했다.

2002년 12월에는 '어린이 책을 보는 새로운 눈'을 표방하며 어린이책 전문 잡지 〈열린어린이〉가 창간되어 신간 그림책 비평을 실었다. 2005년 10월에는 프랑크푸르트 도서전, 2009년 3월에는 볼로냐 아동도서전에서 한국이 주빈국으로 행사를 개최하였다.

2010년 우리나라에서 발행된 학습참고서와 만화를 제외한 어린이책 신간은 7,352종으로 집계됐다(대한출판문화협회, 2011). 이 중 번역서는 2,137종으로, 어린이 책에서 번역서가 차지하는 비중이 29.1%에 달했다. 번역의 비중이 높은 나라는 미국(642종), 일본(374종), 프랑스(320종), 영국(291종) 순이다. 이렇게 많은 그림책은 과연 어떤 경로로 우리 손에 닿게 될까?

김진희와 이경화 등의 출판사 편집인들은 번역할 그림책을 선정할 때 일러스트의 개성과 완성도, 내용이 전하는 메시지를 우선하여 본다고 한다. 때로는 수상작의 그림이 너무 튀거나 난해한 경우가 있는데 이럴 땐 우리 정서에 안 맞을 거라 판단해서 번역하지 않는다. 또한 그림책의 맛을 낼 수 있는 검증된 작가나 외서를 기획·번역해본 작가를 번역자로 선정한다. 이런 과정을 거쳐 생산된 번역 그림책의 특징을 몇 가지로 정리하면 다음과 같다.

첫째, 글에서 그림으로 문화의 무게중심이 변동하고 있다. 이 주장은 글 없는 그림책이 등장하면서 더 이상 논쟁거리를 남겨놓지 않는다. 글 없는 그림책의 대표적인 작가 데이비드 위즈너 David Wizner는 《이상한 화요일 Tuesday》, 《구름 공항 Sector 7》, 《시간 상자 Flotsam》, 《자유 낙하 Free Fall》 등의 작품을 내놓았다. 《이상한 화요일》과 《시간 상자》는 칼데콧 메달을, 《구름 공항》과 《자유 낙하》는 아너상 Caldecott Honor을 수상했다.

2005년 칼데콧 아너 수상작인 바바라 리먼 Barbara Leeman의 《나의 빨간 책 The Red Book》역시 글 없는 그림책이다. 이러한 그림책에서는 글의 역할이 줄고 그림이 글과 대비되어 이야기를 비틀거나 또는 확장시키거나 이끄는 역할을 한다(Nikolajeva & Scott, 2011). 이는 글에서 말로 언어축이 변동함을 의미한다. 사계절이나 한국프뢰벨에서 출간하는 〈초등학생을 위한 철학 그림책〉 시리즈는 짧은 분량의 그림책으로 생각과 이야기를 나누기 위해 실마리를 던지는 구성으로 이루어졌다.

둘째, 패러디 parody 11가 등장하고 있다. 패러디는 작품의 소재, 구조나 알려진 줄거리의 일부를 따오는 형식이다. 미니 그레이 Mini Grey는 잘 알려진 동요 〈고양이와 바이올린 Hey Diddle Diddle The Cat and the Fiddle〉에 나오는 접시와 숟가락을 소재로 《두근두근 아슬아슬 디시와 스푼의 모험 이야기 The Adventures of the Dish and the Spoon》(김향금 역, 2008)를 집필하여 2007년에 케이트 그린어웨이상을 수상했다. 지금부터 옛이야기 '두꺼비 왕자 Frog prince'를 현대판으로 각색한 두 그림책을 살펴보자.

존 세스카 Jon Scieszka의 《개구리 왕자, 그 뒷이야기 The Frog prince, continued》(엄혜숙 역, 1996)는 개구리 왕자도 어쩔 수 없이 결혼 후 권태기를 맞는다는 설정이고, 베빗 콜 Babette Cole의 《내 멋대로 공주 Princess Smarty Pants》(노은정 역, 2005)는 공주가 입맞춤을 하여 왕자를 두꺼비로 변하게 한 뒤 혼자서 행복하게 산다는 이야기이다.

'아기돼지 삼형제 Three Little Pigs'도 여러 형태로 각색되었다. 로런 차일드 Lauren Child(1967~)의 《무시무시한 동화책으로 들어가 볼래? Who's afraid of the Big Bad Book?》(이지영 역, 2008), 데이빗 위즈너의 칼데콧상 수상작 《아기돼지 세 마리 The Three Pigs》(이옥용 역, 2002), 존 세스카의 《늑대가 들려주는 아기돼지 삼형제 이야기 The True Story of the 3 Little Pigs》(황의방 역, 2008) 등이 바로 그것이다.

---

11 패러디(parody)는 문학과 회화, 또는 연극, 영화, 드라마 등 작품 전반에서 일련의 동일한 사건이나 이미 독자에게 친숙한 에피소드, 이미지를 재생시키는 반복 기법을 지칭한다.

이외에도 '헨젤과 그레텔'과 '빨간 모자' 등 여러 전래동화에서 모티프 motif 를 가져온 앤서니 브라운의 《숲 속으로 Into the Forest》와 존 세스카의 《냄새 고약한 치즈맨과 멍청한 이야기들 The Stinky Cheese Man and Other Fairy Stupid Tales》 (이상희 역, 2010) 등이 있다. 이러한 작품을 통해 우리는 패러디물의 인기를 짐작할 수 있다.

고전이 된 회화작품이나 유명한 이미지의 패러디도 빼놓을 수 없다. 2001 년으로 들어서며 한국 그림책 시장에서 크게 부각을 나타내고 있는 앤서니 브라운 Anthony Browne, 1946~ 의 작품에서 우리는 회화와 이미지의 패러디를 흔히 볼 수 있다. 《공원에서 일어난 이야기 Voices in the Park》(김향금 역, 2002)에서 우리는 한 가지 사건을 네 명의 입장에서 재구성하는 포스트모던 한 구성을 발견할 수 있으며, 길거리에 진열된 모나리자의 그림틀 속에서 고릴라의 슬픈 미소를 볼 수 있다. 《동물원》(장미란 역, 2002), 《고릴라》(장은 수 역, 2008), 《윌리와 악당 벌렁코》(허은미 역, 2003)에서는 슈퍼맨이나 마릴린 먼로, 찰리 채플린 등 20세기의 아이콘이 고릴라의 얼굴을 하고 있다. 이러한 패러디 행진은 얼마간 계속될 것으로 보인다.

셋째, 국제시장에 한국 그림책이 등장하기 시작했다. 2008년 한국출판문화 협회 집계에 의하면 우리나라 아동도서의 저작권이 세계 27개국으로 수출되고 있다(김금희, 오연주, 2010). 그중 주요 5개국인 프랑스, 중국, 일본, 태국, 미국으로 약 40여 종의 도서가 번역 출판되었는데 이 중 그림책이 총 8종이다. 권윤덕(2005)의 《고양이는 나만 따라 해 My Cat Copies Me》, 이호백(2000)의 《도대체 그동안 무슨 일이 일어났을까? While We Were Out》, 배현주(2006)의 《설빔: 여자아이 고운 옷 New Clothes for New Year's Day》, 이억배(1995)의 《솔이 의 추석 이야기 Sori's Harvest Moon Day: A Story of Korea》 채인선(1999)의 《아기오 리 열두 마리는 너무 많아! How Do You Count a Dozen Duckling》, 정은희(2007)의 《헤어드레서 민지 Minji's Salon》 등이 바로 그것이다.

《솔이의 추석 이야기》는 1999년 미국 Kane Miller 출판사에서 번역본이 나온 후 2000년 이후 6개국에서 출판되었다. 아쉬운 점은 미국 번역판에 번역자 명시가 되어 있지 않다는 것이다.

한국 그림책의 국제시장 진입과 더불어 2004년 이후 그림책 생산양식에 변화가 일고 있다. 글은 우리나라 작가가 쓰고, 그림은 외국 작가가 그리는 그림책이 등장하기 시작했다. 외국에서 먼저 출간된 책의 판권을 사서 한국에서 번역하는 것이 아닌 한국의 출판사가 다른 나라의 예술가를 그림 작가로 섭외하여 그림책을 생산하는 방식이다. 이러한 그림책은 논장, 사계절, 창작과비평, 보림, 이지북스, 여원 등에서 기획·디자인·편집되고 있으며 앞으로 계속해서 출간될 전망이다. 이미 10여 권의 그림책을 한국 작가 곽영권, 김희경, 이지원 등의 글과 함께 출판한 폴란드의 이보나 흐미엘레프스카 Iwona Chmielewska, 1960~는《마음의 집 A House of the Mine: Maum》으로 올해 볼로냐 아동도서전 라가치상 논픽션 부문 대상을 수상했다.

다섯째, 외국 우수 그림책 수상작에 대한 한국 출판사들의 관심으로 인해 수상작을 바로 우리말 번역본으로 볼 수 있게 되었다. 우리말로 번역된 칼데콧 수상작들을 살펴보자. 2001년 수상작 데이빗 위즈너의《아기돼지 삼형제 The Three Pigs》(이옥용 역, 2002), 2003년 수상작 에릭 로만 Eric Rohman의《내 친구 깡총이 My Friend Rabbit》(이상희 역, 2003), 그해 어너수상작인 피터 맥카티 Peter McCarty의《누가 더 즐거웠을까? Hondo & Fabian》(장미란 역, 2003)와 또 다른 어너 수상작 토니 디터리지 Tony DiTerlizzi 그림, 메리 호위트 Mary Howitt 글의《거미와 파리 The Spider and the Fly》(장경렬 역, 2004), 2004년 수상작 티머시 바질 이링 Timothy Basil Ering 그림의《생쥐 기사 데스페로 The Tale of Despereaux》(김경미 역 2004), 2005년 수상작 크리스 라쉬카 Chris Raschka 그림, 노턴 저스터 Norton Juster 글의《안녕 빠이빠이 창문 The Hello, Goodbye Window》(유혜자 역, 2006), 같은 해 어너 수상작인 마조리 프라이스맨 Marjorie Priceman의《동물들은 왜 열기구를 탔을까? Hot Air》(임미경 역, 2009)가 바로 그것이다.

이어서 2006년 아너 수상작 존 무스 Jon J. Muth의《달을 줄 걸 그랬어 Zen Shorts》(이현정 역, 2006), 2007년 수상작인 데이빗 위즈너의《시간 상자

Flotsam》 2008년 수상작인 넬슨 그림, 레빈 글의 《헨리의 자유 상자 *Henry's Freedom Box: A True Story from the Underground Railroad*》(김향이 역, 2008), 2008년 아너상을 받은 로라 바카로 시거의 Laura Vaccaro Seeger 《무엇이 무엇이 먼저일까? *First the Egg*》(북극곰, 2008)와 같은 해 또 다른 아너 수상작인 존 윌렘스 John Willems의 《내 토끼 어딨어 *Knuffle Bunny Too: a Case of Mistaken Identity*》(정회성 역, 2008)가 나왔다.

2009년 칼데콧 아너상을 받은 유리 슐레비츠 Uri Shulevitz의 《내가 만난 꿈의 지도 *How I Learn Geography*》는 2008년에 김영선이 옮겼다. 2011년 수상작 에린 스테디 Erin Steady 그림, 필립 스테디 글의 《아모스 할아버지가 아픈 날 *A Sick Day for Amos McGee*》도 나왔다.

케이트 그린어웨이 수상작의 경우는 다음과 같다. 로렌 차일드 Lauren Child 의 《난 토마토 절대 안 먹어 *I Will Not Ever Never Eat A Tomato*》는 2000년 작품으로 그해 케이트 그린어웨이상을 수상하고 다음 해 2001년 국민서관에서 조은수의 번역으로 나왔다. 2005년 수상작 에밀리 그래빗 Emily Gravett의 《늑대에 관한 새로운 이야기 *Wolves*》(송순섭 역, 2007)와 2007년 수상작 미니 그레이의 《두근두근 아슬아슬 디시와 스푼의 모험이야기 *The Adventures of the Dish and the Spoon*》(김향금 역, 2008)도 출간되었다.

2008년 수상작은 에밀리 그래빗의 《겁쟁이 꼬마 생쥐 덜덜이 *Little Mouse's Big Book of Fear*》(이정주, 2007)였으며, 2010년 수상작은 프레야 블랙우드 Freya Blackwood 그림, 마거릿 와일드 Magaret Wild 글의 《이젠 안녕 *Harry &Hopper*》(천미나, 2010)이다.

2007년 볼로냐 라가치상 뉴호라이즌 부문 수상작 《눈을 감고 느끼는 색깔여행 *El libro negro de los colores*》은 메네다 코틴 글, 로사나 파리아 그림이며, 수상 후 바로 국내에 출간되었다. 이 책은 시각장애를 가진 사람을 위해 점자와 볼록잉크를 사용하고, 시각장애를 경험하려는 사람을 위해 검은색으로 되어 있다.

소수minority를 위한 그리고 소수를 이해하기 위한 책의 예로 최근 등장한

다문화 그림책을 들 수 있다. 우리 사회에 다문화 가정이 늘어나면서 다문화 이해를 위한 그림책의 요구가 높다(김정원, 남규, 이정아, 2010; 조미미, 2010). 2007년 《배고픈 외투》(유정화 역)가 속한 비룡소의 〈세계의 옛이야기〉 시리즈가 바로 이러한 다문화 요구에 부응하는 기획의 예다. 또한 오래전 수상작과 수상 작가의 작품도 최근 사회적 이슈와 연관이 있다면 번역 그림책으로 나온다.

미국 어린이책 작가·삽화가협회 American Society of Children's Book Writers and Illustrators에서 수여하는 골든 카이트상의 1992년도 수상작인 바버라 주세 글, 바버라 라발리 그림의 《엄마, 나 사랑해?》(햇살과 나무꾼, 2006)와 동일 작가의 《아빠, 나 사랑해?》(햇살과 나무꾼, 2006), 안데르센 수상작가인 오츠카 유우조 글, 아카바 수에키치 그림의 1967년 작품 《수호의 하얀말》(이영준 역, 2001) 등은 다문화를 배경으로 한 이야기책이다.

1988년 혼 북 수상작인 지니 베이커 Jeannie Baker의 작품 《숲과 바다가 만나는 곳 Where the Forest Meets the Sea》(박희라 역, 2005), 《나의 하얀 비둘기 Home in the Sky》와 《창문을 열면 Window》은 2000년대 중반부터 우리 유아교육계에 친환경과 생태문제가 다시 대두되면서 교재로 쓰이고 있다. 1990년대부터 초록개구리에서 펴내고 있는 환경과 생태에 관한 정보 그림책 역시 아이들의 생각을 키우는 데 도움을 준다.

이처럼 우리 사회의 문제점에 대해 이야기를 나누고 생각할 수 있는 그림책으로는 아동권리와 인권을 주제한 후세 야스코의 《달라서 좋아요!》(김향금 역, 2007), 이와카와 나오키 글, 키하라 치하루 그림의 《좀 다를 뿐이야》(김선숙 역, 2006) 등이 있다.

가사분담의 남녀평등을 강조하는 앤서니 브라운의 《돼지책 Piggybook》(허은미 역, 2001)은 50만 부가 팔렸다. 여성계가 가부장제의 상징으로 폐지 운동을 펼쳤던 호주제가 2006년 민법 개정과 함께 사라진 것도 이와 궤를 같이 한다.

추천 그림책 목록을 주제별로 찾아볼 수 있는 서비스도 시작되었다. 2004년 문화관광부와 한국문화예술진흥원 후원으로 만들어진 〈그림책 주제별 사

표 2.1 〈그림책 주제별 사전〉의 분야별 분류

주 제	내 용
가족	가족의 사랑, 형제애, 가족의 소중함, 가정의 의미 등
감각	오감 활용, 오감 자극, 오감의 원천적 의미 파악(소리, 시각적 감각, 촉감, 냄새, 맛) 등
고전	우리나라 옛이야기, 전래동화, 외국 명작, 우리나라 명작 등
과학	천체, 우주, 과학적 실험, 동물, 식물, 관찰, 자연법칙 등
놀이	각종 놀이, 언어 놀이, 퍼즐, 찾기 놀이, 텐트 치기 등
문제해결	사건 · 사고 해결, 해결 방식 등
사고력	죽음, 이혼, 전쟁, 평등, 삶, 정의, 생명 존중, 인간 존중 등
사회문화 이해	종교, 역사, 문화, 인물(거인, 기인 등), 사회의 특징(공생), 크리스마스 등
사회생활	친구, 가족, 인권(장애, 차별, 왕따), 결혼, 사회규범, 가치관, 규칙 등
상상력	환상의 세계, 상상의 세계, 꿈, 창의력 등
생활적응	습관, 선물, 청소, 각종 배우기, 학교 적응, 개인적인 생활적응, 노력 등
수논리력	수 세기, 덧셈, 뺄셈, 나눗셈, 숫자 개념 익히기 등
언어	한글 배우기, 바른 언어 사용하기 등
인생	예술가, 과학자, 세계 위인, 직업 등
인지	사물, 탈것, 과일, 야채, 동물, 식물 등
인체	사람의 몸, 눈, 코, 입, 귀, 발 등
자아	자아개념, 자아존중, 자아성장, 꿈을 향한 도전, 존재의 의미, 삶의 소중함 등
자연	환경, 자연친화, 자연의 아름다움, 계절, 비, 눈, 생명 탄생, 생명 성장
정서	화가 날 때, 슬플 때, 삐쳤을 때, 욕심이 생겼을 때, 기쁠 때, 속상할 때, 외톨이가 되었을 때, 즐거울 때, 불안할 때, 가을 느낌, 겁이 날 때, 버려진 인형, 베푸는 기쁨 등
지혜	우화류, 위기 극복 등
책	책을 주제로 한 것, 도서관, 작가, 책 담론 등
잠잘 때 읽는 책	잠잘 때 읽는 책
탐구	여행, 모험, 도전, 탐구, 환상의 세계, 가꾸기, 짓기, 알아보기 등
표현	예술, 시, 요리, 박물관, 음악 등

전)(www.animation3.com)이 대표적인 예다. 이 사전은 총 5,000여 권의 그림책을 가족, 상상력, 자연, 잠잘 때 읽는 책, 언어, 사고력, 탐구, 사회생활, 사회문화 이해, 수논리력, 정서, 인체, 자아 등 31개의 주제로 나누어 목록화하였다 표 2.1 참조. 또한 개별 그림책의 소개도 덧붙였다. 이는 유아교육과 치료, 놀이의 목적 등 유아 생활 전반에서 그림책이 그 필요성과 중요성을 인정받았다는 의미를 지닌다.

예를 들어, 문제 행동 수정을 위해서는 《콧구멍을 후비면》(안미영 역, 2006)을 활용하고, 평화를 이야기할 때는 《꼬마 구름 파랑이》(이현정 역, 2001)를 쓰면 된다. 서정숙과 남권(2005)의 《그림책으로 하는 유아문학》에서는 작품성, 유익성, 흥미라는 세 가지 기준을 가지고 생활 주제별로 그림책을 3등급으로 나누어 추천하고 있다.

'가족과 이웃'을 주제로 하는 그림책 리스트를 살펴보면 제일 높은 등급의 그림책 15권 중 14권이 번역 그림책이다. '건강한 몸과 마음'에는 10권 중 7권, '계절'에는 5권 중 4권, '교통기관'에는 3권 중 2권, '나와 유치원'에는 19권 중 14권, '동물'에는 25권 중 23권, '우리나라와 다른 나라'에는 7권 중 4권, '지구와 환경'에는 10권 중 8권, '특별한 날들'에는 2권 중 1권을 번역 그림책으로 추천하고 있다. 번역 그림책을 현장에서 쓰도록 추천하는 것이다. 유아문학 강의 역시 번역 그림책을 중심으로 이루어진다. 대학 강의에서 사용하는 그림책 사용에 대한 교재(박상희, 2008)를 보면 번역 그림책에 대한 높은 평가를 엿볼 수 있다.

마지막으로 그림책 말미에 작품 설명, 관련 활동, 또는 서평이 덧붙여졌다. 《뭐가 되고 싶니? *Bear and Chook*》(창작집단 바리 역, 2002)는 위 세 가지 특징을 전부 포함하고 있어 예로 살펴본다. 출판사는 이 작품에 대하여 "여러 가지 희망에 대해 이야기할 수 있는 재미있는 그림책"이란 설명을 덧붙이고 있다.

"재미있는 의성어가 가득 들어 있는 책이에요. 아이와 함께 소리 내어 읽어보세요."라며 활동 아이디어도 제공한다. 번역자는 리뷰에 다음과 같이 적고 있다. "아이들이 이 책을 통해서 친구의 소중함과 진정으로 배려하는 마음이 어떤 것인지 생각해보게 될 거예요."

그림책이 유아교육의 대표 매체로 인식되면서 '그림책 사용설명서'처럼 원본에 없는 서비스를 한국의 출판사가 제공하는 것이다.

그림책 비교해 읽기　　번역 그림책의 시대별 출판 형태와 번역의 차이를 알아보기 위해 작품의 시대별 번역판을 비교해보자. 레오 리오니의 《프레드릭 *Frederick*》, 에릭 칼의 《뒤죽박죽 카멜레온 *The Mixed-up Chameleon*》, 윌리엄 스타이그의 《실베스터와 요술 조약돌 *Sylverster and the Magic Pebble*》, 이 세 작품의 각기 다른 두 번역본을 크기, 번역자 명기 및 소개, 문장 수 또는 쪽수, 글의 가독성과 정확성 차원에서 비교한다.

(1) **프레드릭** *Frederick*

레오 리오니 Leo Lionni의 작품 《프레드릭 *Frederick*》(1967)은 1980년 분도출판사에서 《잠잠이》, 1999년 시공주니어에서 《프레드릭》으로 출판되었다. 《잠잠이》는 〈분도그림우화〉 시리즈로 1980년 초판 이후 1999년까지 11쇄를 찍었다. 크기는 177×220mm이며 소프트커버로 되어 있다. 영어 원문이 4쪽 포함되어 총 35쪽으로 구성되어 있고 가격은 4,000원이다. 역자 이영희의 이름은 앞표지가 아닌 표제지에 명시된다. 저자와 역자 소개는 없다.

《프레드릭》은 1999년 초판 이후 2011년까지 49쇄를 찍었다. 크기는 227×280mm이며 하드커버이다. 영어 원문은 없다. 총 27쪽으로 구성되어 있고 가격은 8,000원이다. 저자명과 역자명이 앞표지에 나오며 이들에 대한 정보는 표제지에 있다.

세 가지 점에서 두 작품은 큰 차이를 보인다. 첫째, 1980년 번역본 《잠잠이》(이영희 역)가 1999년 번역본 《프레드릭》(최순희 역)보다 더 우회적으로 표현한다. "목청을 가다듬었어요", "무대에나 선 이처럼 읊었어요." 또는 "눈송이 뿌리는 이 누구일까요?" 같은 표현은 1980년 번역본의 대상이 청소년이라는 데 그 이유가 있을 것이다.

둘째, 《잠잠이》는 시조 운율 3·3·5 / 4·4·5, 3·3·5 / 3·4·5 또는 3·4·5 / (3)4·4·5의 운율을 갖고 있다. '유월이 오며는 네잎 클로버 / 무럭무럭 가꾸는 이 누구일까요 / 한낮을 한밤으로 저물게 하여 / 달빛을 밝히는 이 누구일까요' 또는 '맨 처음 봄 쥐는 빗물에 흠뻑 / 그 다음 여름 쥐는 꽃으로 단장 / 그리고 가을 쥐는 호도 밀 듬북 / 마지막 겨울 쥐는 네 발이 꽁꽁'. 《잠잠이》의 글이 이런 운율로 인해 《프레드릭》보다 가독성이 높은 것이다. 주인공이 시인이라는 특성을 감안하면 이러한 번역은 탁월하다.

셋째, '잠잠이'에서 '프레드릭'으로의 제목 변화에 따라 주인공 이름이 변화했다. 올림픽 이후 국제화시대를 맞아 영어교육을 받는 아이가 늘어나고 영어 이름을 짓는 경우도 많아지면서 서양 이름이 주는 낯선 느낌이 많이 수그러졌다는 이유에서 '프레드릭'이란 원제목을 쓴 것으로 보인다.

(2) 뒤죽박죽 카멜레온 *The Mix-up Chameleon*

에릭 칼 Eric Carle의 작품 《뒤죽박죽 카멜레온 *The Mix-up Chameleon*》(1975)의 1989년과 1995년 두 가지 번역본을 비교해보자. 우선 제목은 두 책 다 《뒤죽박죽 카멜레온》으로 동일하다. 1989년판은 출판사 보림의 〈위대한 탄생〉 시리즈로 크기는 264×210mm이다. 역자 이현주는 앞표지가 아닌 표제지에 이름이 명시되어 있다. 뒷면지에 역자 소개를 저자 소개와 나란히 했다. 앞 표지에는 '색동어머니 구연동화'라고 명시하고 있다.

1995년판은 한국몬테소리의 〈피카소 동화나라〉 시리즈 24권에 포함되어 있다. 크기는 217×296mm이다. 이것 또한 역자명 오정환이 앞표지가 아닌 맨 뒤 속지에 나온다. 역자 소개는 없다. 2010년판은 출판사 더큰의 〈NEW 피카소 동화나라〉 시리즈 중 한 권이며, 크기는 226×280mm이다.

1995년 오정환 역 번역본은 총 47문장이다. 1989년 이정희 역 번역본은 총 33문장이다. 이정희 역의 번역본이 문장 속 분절어 수도 더 적다. 즉, 이정희 글이 문장이 더 짧고 문장 수도 적다. 번역의 정확성보다 가독성에 중점을 두어 군더더기가 없다. 구연동화로 제작되었기 때문일 것이다.

(3) 실베스터와 요술 조약돌 *Sylverster and the Magic Pebble*

윌리엄 스타이그 William Steig의 작품 《실베스터와 요술 조약돌 *Sylverster and the Magic Pebble*》(1969)은 1994년판과 2003년도 번역판 두 가지를 비교한다. 1994년판은 《당나귀 실베스터와 요술 조약돌》로 옮긴이는 이상경이며 다산기획의 〈뒹굴며 읽는 책〉 시리즈에 포함되었다. 크기는 154×217mm이고 57쪽으로 구성되어 있다. 저자 설명에 《치과의사 드소토》로 뉴베리상을 타고 《당나귀 실베스터와 요술 조약돌》로 칼데콧상을 수상하였다고 명시하고 있다. 뒤표지에는 가격 4,500원을 적음과 동시에 "스스로 읽기 시작한 아이와 독서력에 힘이 붙기 시작한 아이에게 적합한 책이다."라고 독자층을 명시하며 교육용 그림책임을 강조한다.

2003년판은 한국프뢰벨에서 출간된 〈프뢰벨 테마동화〉 시리즈 중 한 권이다. 옮긴이는 박향주, 제목은 《실베스터와 요술 조약돌》로 되어 있다. 표지에 은색의 칼데콧상 마크가 찍혀 있다. 역자 이름은 앞표지에, 저자와 역자 설명은 내지에 실려 있다. "빨간 조약돌", "뚝", "쨍쨍", "바위", "구석구석", "겨울", "빨간 조약돌", "엄마, 저 여기 있어요!", "꼬옥", "모두" 같은 단어에 글자체와 크기 변화를 주고 있다.

1994년 번역본 《당나귀 실베스터와 요술 조약돌》은 총 55쪽인데 비해 2003년 번역본 《실베스터와 요술 조약돌》은 32쪽이다. 이는 1994년판이 한쪽에 들어가는 글과 그림을 펼침면에 집어넣어 한쪽은 글, 다른 쪽을 그림으로 분리했기 때문이다.

이보다 더 큰 문제는 글과 그림의 상관관계가 깨지는 것이다. 1990년대에는 '그림책이란 그림과 글 사이의 역동으로 이루어지는 것'이라는 개념이 번역자 또는 출판 편집인에게 취약했던 것이다.

이는 《당나귀 실베스터와 요술 조약돌》(이상경 역)에서도 증명된다. 이 번역본은 원제목에 없는 "당나귀"라는 풀이를 덧붙이고 있다. 이는 독자의 상상력을 위해서 놔두어야 할 것을 제작자가 구태여 덧붙여 독자와 작품 사이에 끼어든 셈이다. 반면 《실베스터와 요술 조약돌》(박향주 역)에서는 펼침면마다 의성어나 중요한 낱말을 하나씩 크게 처리하고 있다. 소리 내어 읽기에는 재미있을지 몰라도 글자 디자인상 아쉬운 점으로 남는다.

위 세 작품의 비교를 종합해보자. 1980년대 번역 그림책 《잠잠이》(이영희 역)와 《뒤죽박죽 카멜레온》(이현주 역)에서 드러나는 번역의 특징은 국지화와 가독성의 강조다. 국지화는 '프레드릭'보다는 한국 정서에 맞는 이름 '잠잠이'에서 드러난다. 시조 운율을 살린 《잠잠이》와 구연동화로 제작된 《뒤죽박죽 카멜레온》은 발음하기 좋고 듣기에도 좋다.

1990년대 초 번역 그림책인 《당나귀 실베스터와 요술 조약돌》은 글과 그림의 상관관계에 대한 이해에 문제가 있어 보인다. 1990년대 후기에 번역된 그림책 《프레드릭》(최순희 역)과 《뒤죽박죽 카멜레온》(오정환 역)은 번역의 정확성에 초점을 맞추고 있다.

2000년대 번역 그림책 《실베스터와 요술 조약돌》(박향주 역)은 의성어를 큰 글씨로 처리하고 있다. 제작자는 그림책을 소리 내어 읽는 책으로 이해한 것이다. 아쉬운 점은 글자 역시 그림처럼 디자인으로 이해했더라면 이렇게 글자에 원작과 다른 처리를 하지 않았을 거라는 점이다.

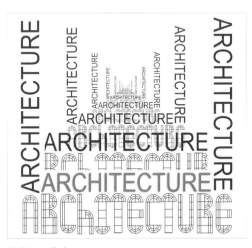

그림 2.5 　타이포그래피 지면에서 글자는 그림과 같이 하나의 디자인으로 작용한다.

Education
for
a Happy Society

Chapter **3**

듣고
말하고

듣고
말하고

최초의 말

태초에 말씀이 계셨다.
(요한복음 4 : 12)

세상에서 최초로 사용된 언어는? 이를 알아보려고 시도했다는 기록은 여러 곳에서 찾아볼 수 있다. 헤로도토스에 따르면 이집트의 파라오 프삼티크 1세(BC 664~610)는 갓난아기 둘을 오두막에 격리시키고 젖과 음식을 가져다주는 양치기 외에 다른 사람이나 언어에 노출되지 않도록 명령했다. 이 아기들이 처음 말하는 단어가 인류 최초의 언어일 것이라고 생각했다.

결국 한 아이가 "bekos"라는 말을 했다. 이는 프리기아어 Phrysian에서 '빵'을 뜻하는 단어였다. 이 한마디로 인해 지중해 아나톨리아 북서부 지역에서 사용되던 프리기아어가 인류 최초의 언어로 등극하게 되었다.

수십 세기 후, 비슷한 실험을 통해 스코틀랜드의 제임스 4세는 완전히 다른 결과를 얻었다. 스코틀랜드 아이들은 성서의 언어인 히브리어를 말했다.

유럽의 호엔슈타우펜 왕조의 프레드릭 2세도 두 아이에게 똑같은 실험을 했다. 이 실험은 훨씬 엄격한 조건에서 이루어져서 두 아이 모두 말을 하기 전에 사망했다. 결국 최초의 언어는 풀리지 않은 미스터리로 남게 되었다. 이 비밀에 한 걸음 더 나아가보자.

현재의 이란, 수메르 지방에서 발견된 쐐기문자는 기원전 4000년 후반에 쓰인 것으로 추정된다. 역사상의 기록으로 전해 내려오는 최초의 연가와 자장가 가운데 수메르 여인들이 남긴 작품을 하나 감상해보자.

잠아 잠아 오너라
내 아기에게 오너라
어서 어서 내 아기를 재워주렴
깜박깜박 아기 눈에 잠을 놓아주렴
초롱초롱 아기 눈에 네 손을 얹어주렴
옹알옹알 아기의 혀
그 옹알거림이 잠에 달아나지 않게 해주렴.

그리스의 철학자 소크라테스는 저서를 한 권도 남기지 않았다. 그의 제자 플라톤이 쓴《파이드로스 *Phaidros*》에서 그 이유를 한번 찾아보자.

이집트의 나우크라티스에 고대 신 '테우스(발명의 신)'는 체스와 주사위 놀이뿐만 아니라 수와 계산법, 기하학, 천문학을 발명하였다. 하지만 그의 최대 역작은 문자였다. 테우스는 당시 북부 이집트 전역의 위대한 신왕 타무스에게 자신의 모든 발명품을 보여주면서 그 발명품들이 모든 이집트인에게 알려져야 한다고 하며 문자에 대해 이렇게 고했다.
"폐하, 이 지식의 가지는 이집트 사람들을 현명하게 만들고, 그들의 기억을 향상시킬 것입니다. 왜냐하면 제가 기억과 지혜를 위한 파르마콘 **12**을 발견했기 때문입니다. 문자는 불충분한 기억과 한계를 지닌, 지혜의 치료제가 될 것입니다."
곰곰이 이를 듣고 있던 타무스왕의 답변은 다음과 같다.
"인간이 그것을 배우게 되면 그들의 영혼 속에 망각이 이식될 것이다. 글로 쓰인 것에 의존해서 기억을 더 이상 사용하지 않을 것이고 자기 내부에 있는 것이 아니라 외적인 표지를 이용해 사물을 기억 속에 불러들일 것이다. 당신이 발견한 것은 기억 (memory)이 아니라 상기(reminder)의 비방이다."

12 마법의 약

테우트와 타무스의 주장은 철학과 수사학, 문자와 음성언어, 두 축을 대변한다. 글은 그 꿋꿋한 겉모습으로 본질을 위장할 수 있다. 이제 막 이해에 다가갔는데 다 아는 듯, 피상적이고 거짓된 느낌으로 사람들을 착각에 빠뜨리기 쉽다. 공부를 제대로 하지 않은 자가 시험을 위해 만든 커닝 페이퍼처럼.

소크라테스는 책이 적극적이고 비판적인 이해 과정을 단락시켜 '지혜에 대한 거짓 자만심'을 가진 제자를 만들어 낼 것이라고 생각했다. 무엇이든 문자로 기록되면 작성된 문장은 그 내용과 상관없이 여기저기 떠돌아다니게 된다. 작성된 문장은 내용을 이해하는 사람은 물론 그와 상관없는 사람들의 손에 들어가기도 한다. 문장은 잘못 취급되고 부당하게 남용될 때 자기 방어를 할 수 없다. 그때 그의 부모 격인 말이 나서서 도와야만 한다. 소크라테스는 토론하는 것이 최고의 선이며, 토론을 통한 성찰의 과정이 바로 인간의 삶에 가치를 부여한다고 믿었다.

스토리텔링

무엇을 어떻게 말할 것인가? 여기에서 무엇에 해당하는 것이 바로 주제 theme와 소재 motif이다. 우정, 사랑, 모험, 여정, 갈등과 복수 등이 아동을 위한 이야기에 빈번히 등장하는 요소(Nikolajeva, 2005)라면, 돈, 사랑, 권력, 명예, 영생 등은 어른을 위한 이야기의 주요 테마(김정희, 2010)이다. 그럼 여기서 우정에 관한 두 이야기를 살펴보자.

첫 이야기는 1994년 출간 이후 지속적으로 교보문고 유아도서 베스트셀러 목록에 올라오는 《무지개 물고기 The Rainbow Fish》(1992)이다. 저자는 스위스 태생의 마르쿠스 피스터 Marcus Pfister이다. 《무지개 물고기》는 미국에서 출간된 이후 〈뉴욕타임즈 New York Times〉의 베스트셀러가 되어 20년간 지속적인 사랑을 받고 있다(Mills, 2012). 줄거리는 다음과 같다.

깊고 푸른 바닷속에 사는, 보통 물고기가 아니라 온 바다에서 가장 아름다운 물고기가 있었다. 그는 예쁜 비늘을 반짝이며 유유히 혼자서 헤엄을 친다. 다른 물고기가 같이 놀자고 불러 세우기도 하고 예쁜 비늘을 나누어달라는 요청도 하지만 무지개 물고기는 대꾸 없이 혼자이기를 고집하다 외톨이가 된다. 이 문제에 대해 문어 할머니는 바다에서 가장 아름다운 물고기임을 포기하고 비늘을 나누어주라고 조언한다. 고민 끝에 무지개 물고기는 자신의 보물인 반짝이는 비늘을 모두에게 하나씩 나누어준다. 비록 비늘이 딱 하나 남았지만, 물고기는 다른 물고기와 친구가 되어 행복하다.

이야기가 아이들에게 중요한 이유는 내용 안에 아이들의 모습을 담고 있어, 커서 어떤 사람이 되고 싶다는 바람을 키워주기 때문이다. 그런데 위의 이야기처럼 자신의 타고 난 멋진 모습을 포기하고 외로움을 탈피하기 위한 수단으로, 일종의 사회적 요구에 대한 강요로 나눔을 택하는 것이 건강한 모습일까? 우리는 이 가상의 물고기 세계에서 인간에게 깊게 뿌리박힌 우월성에 대한 질투를 적나라하게 본다. 사회의 일원이 되려면 다른 이와 비슷한 모습을 하라는 조언이 담긴 이 이야기는 아이들에게 진정한 의미의 친절과 관대함을 알려주지는 못할 터이다.

두 번째 소개할 이야기는 아놀드 로벨 Arnold Lobel이 지은 〈개구리와 두꺼비〉 시리즈이다. 각 편에서 개구리와 두꺼비는 산책을 하거나, 피크닉을 가거나, 쿠키를 만들어 먹거나, 등산을 하며 시간을 보낸다. '이야기' 에피소드에서 두꺼비는 개구리를 도우려 한다. 두꺼비는 자신에 대한 걱정 때문에 개구리가 드러눕게 되었다고 믿는다. 개구리가 이야기를 하나 해달라고 부탁했을 때, 두꺼비는 최선을 다해 친구의 요청에 부응하고자 하지만 이야기를 떠올리는 데 실패한다. 이에 대한 좌절감으로 두꺼비는 머리에 물을 끼었고, 벽에 머리를 부딪치는 등 답답한 마음을 즉각적인 행동으로 연출한다. 개구리는 두꺼비의 노력에 대한 답례로 두꺼비에게 이야기를 선사하지만 이 역시 수포로 돌아간다. 두꺼비가 잠에 곯아떨어졌기 때문이다.

'놀람' 에피소드에서는 개구리와 두꺼비가 서로 놀라게 할 요량으로 상대의 뜰 안 낙엽을 쓸어모은다. 자기 집 뜰이 친구 덕에 깨끗해진 줄도 모르는 개구리와 두꺼비는 집으로 돌아가서, 친구가 뜰 안이 깨끗해진 것을 기뻐하리라 상상하며 잠이 든다. 하지만 바람이 불어와 낙엽은 흩어지고 모든 수고의 흔적은 없어진다.

좋은 친구는 서로 돕는 존재라고 정의할 수 있다. 하지만 두 에피소드에서 보다시피 개구리와 두꺼비는 결과적으로 서로에게 도움을 주지 못했다. 하지만 그렇다고 해서 '그들이 좋은 친구가 아니다.'라고 평가할 수는 없다. 친구는 함께하는 존재이다. 같이 경험하며 고통을 나누는 존재이다. 친구란 항상 가까이에서 한편이 되는 존재이다. 〈개구리와 두꺼비〉에서 우리는 상대를 도우려는 의도로 행한 일이 수포로 돌아가는 것을 본다. 우리 어른 역시 간혹 이러한 상황을 겪기에 이 이야기는 사람들의 공감을 얻는다. 〈개구리와 두꺼비〉를 통해 우리는 인생이 본디 모자란 것일 수 있다는 위안도 받는다. 상대방에게 다가가는 시도만으로 충분하다는 용기를 충전한다.

아이들은 이야기 속에서 인생을 배운다. 어떻게 행동해야 하는가를 배우고 어려움을 헤쳐나갈 수 있는 지혜도 얻는다. 이번에 소개할 이야기는 영국의 전래동화 '생강빵 아이 Ginger Bread Man'이다.

옛날 아주 오랜 옛날 키 작은 할아버지와 할머니가 살았습니다. 두 분 사이에는 자식이 없었습니다. 어느 날 할머니가 제안을 했습니다. "여보, 내가 생강빵 아이를 만들어볼까요?" "그것 참 좋은 생각인데." 할아버지가 대답을 하였습니다. 할머니는 밀가루와 생강가루를 합쳐 반죽을 했습니다. 반죽을 밀대로 밀고, 팔을 만들고 다리를 만들고 머리도 만들었습니다. 건포도로 눈, 코, 입도 만들었지요. 할머니가 오븐에다 만든 것을 넣고 막 돌아서려는 참에 "문 열어줘요. 여긴 너무 답답해." 하는 소리가 오븐 속에서 들려 왔습니다. 할머니가 고개를 저울저울 하면서 오븐 문을 열었지요. 거기서 생강빵 아이가 툭 튀어나오더니 쏜살같이 밖으로 뛰어나갔습니다. "거기 서. 어서 돌아와." 깜짝 놀란 할머니는 소리 쳤습니다. 할머니와 할아버지는 헐레벌떡 뒤를 아갔습니다. "아무도 날 잡을 순 없을걸." 생강빵 아이는 이렇게 소리치며 달려갔습니다. "난 할머니한테서 달아날 수 있다네." "난 할아버지한테서 달아날 수 있다네." 얼룩 암소도 검은 말도 뒤따라갔습니다. 꾀 많은 여우도 뒤따라갔습니다. 꾀 많은 여우가 말했습니다. "너랑 친구가 되고 싶어서 그래." 강이 나타났습니다. 생강빵 아이는 말했습니다. "난 헤엄을 못 치는데……." 꾀 많은 여우가 말했습니다. "걱정 마. 내가

(계속)

강을 건네줄게. 내 꼬리에 타볼래?" 생강빵 아이는 여우 꼬리에 탔습니다. 강을 건너던 여우가 이렇게 말했습니다. "꼬리가 너무 아프다. 내 허리에 앉지 않을래?" 생강빵 아이는 등에 탔습니다. 강을 중간쯤 건너던 여우가 말했습니다. "등이 너무 쑤시고 아프다." "내 콧등에 앉지 않을래?" 생강빵 아이는 여우 콧등에 앉았습니다. 강을 건너자마자 여우는 생강빵 아이를 공중에 높이 올리더니 입을 쩌억 벌렸습니다.

《4세 누리과정 세계 여러 나라》에 이 이야기가 실렸는데, 그 많고 많은 이야기 중 왜 '생강빵 아이'일까? 누리과정은 우리나라의 모든 아이가 공평한 시작의 틀을 마련한다는 취지에서 만들어진 국가수준의 교육과정으로 전국 유치원과 어린이집에 시행을 권장하고 있다. 이는 현재 교육부 관할의 유치원과 보건복지부 담당 어린이집의 체제를 하나로 합치려는 노력의 일안이기도 하다.

'생강빵 아이'는 "엄마 말을 안 듣던 아이가 엄마가 죽은 후 비만 오면 운다."는 청개구리 이야기와 일맥상통하는 부분이 있다. 부모의 은공으로 태어난 너희 마음대로 행동하다간 여우에게 먹히고 말 거라는 무시무시한 엄포가 숨어있기도 하다. 이러한 내용은 순종을 중시하는 우리 정서와 통한다. '아이가 무엇을 알겠어.' '어른 말씀을 들으면 자다가도 떡을 먹을 수 있지.' 하는 식의 연륜을 앞세운 강요와 억지가 유아에게만 행해진 것은 아니다. 강요와 억지는 성인이 청소년에게, 선배가 후배에게, 나이 많은 사람이 나이 적은 사람을 상대로 들려주는 이야기의 맥이고 핵심이라는 것이 스웨덴의 아동문학가 마리아 니콜라예바 Maria Nikolayeva의 지론이다(Nikolayeva, 2012).

호모 나랜스

태곳적부터 사람은 이야기를 해왔다. 이야기는 사람의 본능이고 그 사람을 규정짓는 본질이다. '이야기하는 인간'이라는 뜻의 호모 나랜스 Homo narrans라는 조어도 만들어졌다.

우리에게는 생소한 우크라이나와 러시아의 민화를 한 자락씩 들어보자. 먼저 한림출판사가 2002년에 출판한 우크라이나의 민화 《장갑》에서 일어난 일이다.

할아버지가 숲 속을 가다 장갑 한 짝을 떨어뜨리고는 간다. 어디선가 나타난 쥐는 이 장갑을 겨울 보금자리로 삼는다. 그리고는 개구리, 토끼, 여우, 이리, 멧돼지, 곰이 합류한다. 숲 속을 걸어가던 할아버지가 장갑이 없어진 걸 깨닫고 되돌아오자 모든 동물들이 흩어진다.

톨스토이가 옮겨적은 러시아의 민화 《큰 무 *The Giant Turnip*》도 살펴보자.

가을에 농부 부부가 밭에서 순무를 수확한다. 하도 커서 할아버지가 힘껏 당기지만 땅에 박힌 무는 꼼짝하지 않는다. 할머니가 거들고, 그 집에 사는 암소 한 마리, 돼지 두 마리, 거위 세 마리, 닭 네 마리, 토끼 다섯 마리까지 거들어도 꼼짝을 안 한다. 결국 곳간에 살던 생쥐 한 마리까지 합세하자 무가 뽑힌다. 그 무로 맛있는 국을 만들어 모두가 행복하게 나누어 먹는다.

옛이야기, 구전동화의 특징은 등장인물이 늘 손에 꼽힐 만큼이라는 점이다. 등장인물의 수야 《큰 무》가 단연 많지만 암소, 거위, 닭의 종류로 본다면 우리 뇌의 단기 저장 능력이 감당할 만한 개수이다. 옛이야기는 우리의 기억력에 부담을 주지 않을 만큼 적당한 수의 인물, 하지만 다채로운 성격의 인물이 등장하여 들은 대로 전할 수 있는 행태가 전개된다.

옛이야기의 이러한 특징은 유아들과 이야기를 나눈 후, 후속활동으로 동극을 제작하는 데 용이하다. 아이들은 등장인물이 되어 이야기를 대사와 몸짓으로 재현하며 삶의 여러 가능성을 깨우친다. 연극에서 아이들은 이야기 속에 담긴 공생과 협력의 메시지를 체화한다.

호랑이 이야기

아이들은 이야기 듣는 것을 아주 좋아한다. 자기가 어떻게 태어났으며 이후 생애에 일어날 사건에 대해 듣기를 좋아한다. 이야기가 재미있으려면 내용에 인생관이 담겨 있으면서도 듣는 이에게 긴장감을 주어야 한다.

긴장감을 위해서는 무서운 동물도 곧장 의인화된다. 앞에서 소개한 두 이야기에서도 가축이 아닌 멧돼지, 곰과 같은 들짐승이 인간과 공생하는 친숙한 존재로 등장한다. 도시화가 이루어지지 않았던 시절, 인간은 자신을 동물과 어울려 사는 존재로 인식했던 것이다. 지금부터 '호랑이 이야기'를 살펴보자.

온 산에 가득한 호랑이를 한 줄에 꿴 게으름뱅이 이야기는 권문희가 쓴 '줄줄이 꿴 호랑이'에 나온다. 의성어와 의태어의 반복 사용, 즉 소리와 이미지의 반복이 엇갈리는 모양새가 참으로 재미나다. 소재도 소재지만 말에서 고소한 맛이 난다. 알콩달콩 얼쿵덜쿵 작고 큰 말이 모여 말잔치가 벌어진다.

불쌍한 호랑이는 '팥죽 할머니와 호랑이'에서도 등장한다. 알밤이 호랑이 눈에 박치기를 하고, 자라가 호랑이 코를 깨물고, 물찌똥이 호랑이를 미끄러지게 해 넘어뜨리고, 송곳이 똥구멍을 찌르고, 돌절구는 호랑이 머리를 박아 쓰러뜨리고, 이를 멍석이 둘둘 말아 지게가 지고 가서는 깊고 깊은 강에 던져버린다. 왜 이런 활극이 일어나게 되었느냐고? 집 안의 온갖 농기구들은 그간 할머니가 쑤어준 팥죽을 얻어먹었다. 은혜를 입으면, 비록 생명이 없는 존재라도 은혜를 갚는다는 수혜와 보은의 메시지를 이야기는 강력하게 전한다. 옛이야기는 이렇듯 가치를 후대에 전하고 바람직한 삶의 모습을 가르친다.

이야기는 나아가 죽은 후에 벌어질 일도 그려낸다. '저승사자에게 잡혀간 호랑이'에서는 전생에 사람이었던 호랑이가 등장한다. 호랑이는 집에 가고 싶지만 호랑이의 모습이라서 돌아갈 수가 없다. 대신 보름에 한 번씩 멧돼지를 잡아 늙으신 어머니가 좋아하는 고기를 실컷 드시게 한다. 몇 해 후 어머니가 돌아가시자, 호랑이는 임종을 지키지 못하는 불효에 가슴 아파하며 운다. 호랑이가 죽어 저승에 가자 염라대왕은 어머니에게 행한 정성을 보아 호랑이를 다시 사람으로 태어나게 해준다.

이처럼 어머니의 무릎에 누워 듣는, 끝이지만 끝이 아닌 이야기들은 체온처럼 삶의 찬바람이 불어오는 날, 의식 바닥에 깔려 인간에 대한 믿음이 되고, 참인가 하는 삶의 의문이 되기도 한다.

다문화 언어교육

지난 15년간 국제결혼에 따른 결혼이민자 수가 대폭 늘어났다. 1997년 전체 국민의 1%도 채 안 되던 이민자 수가, 2011년 행정안전부 발표에 의하면 2.8%에 육박한다. 이 중에는 조선족과 중국, 베트남, 필리핀 출신의 여성이 가장 많다. 우리말이 모국어가 아닌 어머니의 밑에서 자라는 아이들이 많아지고 있다. 전체 다문화 배경 아동의 62.1%가 6세 미만으로 그 수가 10만 명이 넘는다(육아정책 Brief, 2012).

다문화 가정의 어머니들은 대부분, 결혼과 동시에 입국하여 한국의 언어와 생활문화에 적응하지 못한 채 출산과 양육을 맡는다. 그들은 우리말 어휘가 빈약하고 표현이 서툴다. 다문화 가정의 유아들은 어머니로부터의 우리말 사용의 적절한 자극을 받지 못해 우리말 표현에 어려움을 겪는 것으로 보고된다(김민화, 신혜은, 2008). 학교에 다니는 나이의 다문화 배경 아동 역시 교우관계 빈약, 저조한 학업성적, 높은 중도탈락율, 낮은 고등기관 진학율 등의 문제를 겪는다(김갑성, 2006).

결혼이민자 어머니는 자녀양육에서 시부모의 도움에 가장 많이 의존한다. 같은 결혼이민자끼리의 지원이 어느 정도 이루어지고 있으나, 일반인과의 교류가 부족하다. 자녀들과 체험행사를 하는 등 문화생활을 함께하는 빈도가 상당히 낮고, 자녀양육환경 만족도 역시 낮은 편이다. 결혼이민자 어머니들은 본인의 모국어를 자녀가 배웠으면 하는 바람이 크며, 자식에게 노후부양 등 도구적 가치로써의 기대가 높다(서문희, 2012).

정부에서는 2008년부터 전국의 다문화가정센터와 유아교육기관, 또는 가정방문을 통해 다문화 배경의 여성들을 지원하는 사업을 진행하고 있다(이재분, 박균열, 김갑성 외, 2010). 한국어 능력을 배양하기 위한 언어교육, 자녀양육의 어려움을 해소하기 위한 부모교육, 한국문화 체험학습 등의 프로그램이 진행 중이다.

최근 들어, 다문화 가정의 어머니가 자신의 모국어로 자녀를 양육할 수 있도록 지원하는 정책 입안에 대한 논의가 이루어지고 있다. 어머니가 자신의 모국어로 아이들을 교육할 때 가장 효능감이 높다는 것은 두말할 필요가 없는 사실이다. 소장 자료의 종류와 수, 장소 확보가 아직 미흡하지만, 여러 나라에서 출간된 도서를 소장하는 다문화도서관이 서울을 필두로 건립되고 있다. 기업들도 이중언어교육에 일조한다.

하나은행은 2009년에 베트남과 우리나라의 전래동화와 이야기, 그리고 위인전 총 세 권을 우리글 한 줄, 베트남어 한 줄로 나란히 엮어 펴냈다. 거기 실린 베트남 전래동화 '금구덩이, 은구덩이' 이야기에는 흥부, 놀부 같은 욕심 많은 형과 부지런하고 착한 동생이 등장한다. 그뿐만 아니라 연못에 빠트린 도끼를 찾아주는 산신령도 나온다.

어머니 나라의 옛이야기는 아이들로 하여금 어머니 나라의 문화를 간접적으로 경험할 수 있게 한다. 아버지 나라의 이야기인 '금도끼 은도끼'나 '흥부 놀부' 이야기와도 비교해볼 기회를 제공한다.

다음세대재단과 한국유네스코재단이 제공하는 올리볼리 그림동화(www.ollybolly.org)에서는 레바논, 몽골, 베트남, 우즈베키스탄, 이란, 인도네시아, 태국, 티베트, 팔레스타인, 필리핀, 9개국의 옛이야기를 각 나라의 언어, 그리고 우리말과 영어로 읽어주고 있으며, 관련 어휘를 익힐 수 있는 코너가 마련되어 있다. 국립어린이청소년도서관(www.nlcy.go.kr)에서도 이중언어로 다른 나라의 옛이야기 동영상을 감상할 수 있다 그림 3.1 참조.

이전 장에서도 살펴보았듯이 전래동화는 특정 민족의 고유한 생활풍습이나 사상을 고스란히 담고 있다. 또한 이야기는 그 자체로 인간의 삶과 희로

올리볼리 그림동화

국립어린이청소년도서관

그림 3.1 이중언어교육 홈페이지

애락을 재현한다. 모든 나라의 옛이야기는 이러한 보편성과 특수성을 겸비하고 있어서 다문화 교육에 유용하게 활용된다(김영주, 2008; Ko & Lee, 2013). 인지발달뿐만 아니라 정서와 도덕발달에 긍정적 영향을 미친다는 것이 학자들의 의견이다(Gadamar, 1975; Schickedanz, 2012).

영유아기의 언어능력은 수용어휘와 표현어휘의 수로 헤아릴 수 있다. 수용어휘란 다른 사람의 말에서 뜻을 알아들을 수 있는 낱말을 뜻하며, 표현어휘는 아이가 소리내어 사용할 수 있는 낱말이다. 아이가 말을 시작할 때에는 수용어휘 수가 표현어휘 수보다 압도적으로 많다. 생후 5년 동안 한 아이가 누군가의 품에 안겨 이야기 듣기를 얼마나 자주 경험하는가가 후일 그 아이의 언어능력을 예견할 수 있는 가장 좋은 척도가 된다.

만 3세 유아의 어휘력을 보면, 언어적으로 빈곤한 가정에서 자란 아이와 풍부한 자극을 받고 자란 아이 사이에 엄청난 간극이 있다. 유치원에 들어가기 전부터 두 그룹 사이에 3천 2백만 개의 어휘 경험 차가 나는 것이다. 수천 개의 단어를 듣고 사용하고 그 의미를 이해하고 분류하여 뇌의 어딘가에 저장해 놓은 아이가 교육현장에서 유리한 입장에 놓이는 것은 당연한 일이다.

Education
for
a Happy Society

Chapter **4**

읽고

읽고

충분히 복잡하지 않다고?

인류의 조상은 문자언어의 상징인 글자를 최초로 해독하기 위해 본래 뇌에서 물체인지를 담당하던 시각영역을 사용했을 것이다. 그 시각영역 안에 내장되어 있던 인지체계를 문자해독에 맞게 적응시킨 것이다.

독서학습에서 중요한 단계는 바로 시각체계가 언어체계와 효과적으로 의사소통할 수 있도록 문자언어의 지각적 속성을 마스터하는 것이다. 이러한 학습이 이루어지면 독서 전에는 존재하지 않았던 연산구조가 선조전 시각피질에 생겨난다.

고대 이집트 문자나 중국어처럼 표의문자를 인지하기 위해서는 시각과 개념의 연결이 필요하다. 자음기호를 인지하기 위해서는 시각, 청각 및 음운론적 체계 간의 연결이 필요하고 음성적, 의미적 표지를 인지하기 위해서는 음운론적·의미론적 분석과 더불어 추상화와 분류역량도 필요하다.

고대 이집트의 문자에는 구두점이 없고 좌측에서 우측으로 혹은 우측에서 좌측으로 글자를 일관성 있게 배열하지 않았다. 소들이 쟁기로 밭을 갈 때처럼 글자들은 한 줄은 왼쪽에서 오른쪽으로, 그다음 줄은 오른쪽에서 왼쪽으로 쓰였다. 이런 서법을 그리스어로 하면 소의 방향을 바꾼다 하여 우경법 boustrophedon이라고 부른다 그림 4.1 참조.

그림 4.1 고대 이집트 비문

읽기

일정 시간 집중해서 글을 읽는 습관은 새로운 정보와 기술을 배워야 하는 사회에서 필수적인 덕목이다. 우리 삶에 있어서 읽기는 단순한 취미 이상의 생존 기술이다. 읽기 능력은 인간이 생득적으로 가지고 태어나는 능력이 아니기 때문에 적절한 환경이 주어지지 않으면 영원히 습득하지 못할 수도 있다. 학자들은 사춘기 이후 읽기를 배우는 것은 어렵지만 적절한 환경에 놓인 3~8세 유아들의 경우에는 읽기를 쉽게 배울 수 있다고 강조한다(Roberts, 2011).

최근의 책 읽기 연구에서는 책을 읽을 때 뇌의 활동에 주목한다. 가와시마 류타(신성욱, 2010, pp.183~184 중복 인용)에 의하면 책을 읽을 때 뇌의 넓은 부분에서 활성화가 일어난다. 시각정보를 받아들이고 해석하는 후두엽은 물론 언어를 담당하는 측두엽, 종합적인 판단과 추리, 이성 등을 담당하는 전두엽에 이르기까지 거의 모든 뇌의 영역이 사용된다. 특히 대뇌의 앞부분인 전두전야의 활성화는 주목할 만한 현상이다. 상상력은 바로 이 전두전야에서 나온다. 책을 많이 읽으면 우수한 전두전야가 만들어진다.

2008년 미국 보스턴 대학 연구팀은 아이들에게 책을 읽어주면 인지능력이 향상되고 학교에서도 뛰어난 학습능력을 보인다는 연구결과를 발표했다(신성욱, 2010). 영아기에 북스타트 모임에 참여한 아이들을 10년 넘게 추적·조사한 연구는 태어나자마자 책을 읽어 준 아기들은 언어·인지발달에서 그렇지 않은 아이들보다 훨씬 우수한 능력을 발휘했다고 발표했다. 그 아이들은 수학에서도 약 2배에 가까운 학업성취도를 나타냈다(Moore & Wade, Wolf, 2007에서 중복 인용).

도호쿠 대학 미래과학기술 공동연구센터의 가와시마 후토시 교수는 초등학생 10명에게 동화책을 2분간 소리 내어 읽게 한 뒤 기억력 검사를 시행했다. 그러자 아무것도 하지 않았을 때보다 10~20%나 기억력이 증진되었다. 가와시마 교수는 학생들에게 내일 할 일 생각하기, 트럼프 게임, 책 읽기, 음악 듣기 등 100종류 이상의 과제를 낸 뒤 기능적 핵자기공명영상법 FMRI으로 뇌 내부 자장의 미세한 변화를 관측했다. 그 결과 책을 읽을 때 놀라울 만큼 광범위한 부위가 활성화되는 것이 확인되었다. 반면 내일 할 일을 생각할 때는 뇌에 거의 변화가 없었고 트럼프 게임을 할 때에도 뇌가 이렇다 할 변화를 보이지 않았다.

우리는 책 읽기를 주로 어디에서 하는가? 지하철이나 버스 등의 공공 교통수단에서 흔히 볼 수 있었던 신문이나 책 읽는 모습은 휴대전화와 아이패드 등 전자기기에 밀려 자취를 감춘지 오래다. 하지만 읽기를 정보 검색으로까지 확장해서 정의하면 여전히 책 읽는 모습이 건재하다고 할 수 있다.

또 다른 책 읽기 장소로는 가정과 유치원, 학교, 도서관 등이 있다. 2012년 초 우리나라에는 698개의 공공도서관이 있으며, 1관당 인구수가 6.9만 명으로 집계된다(www.mcst.go.kr). 이는 독일의 7배(0.9만 명, 2008), 영국의 4배(1.3만 명, 2007~2008)이며 미국의 2배(3.2만 명, 2007)이다. 도서관당 인구수가 외국에 비해 몇 배라는 것은 그만큼 도서관 수가 적다는 뜻이다. 2009년 초 문화관광부 발표에 따르면, 2013년까지 도서관 900개 관 확충, 봉사대

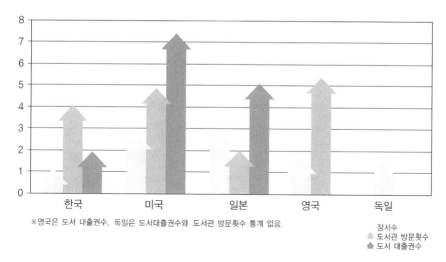

8
7
6
5
4
3
2
1
0

| 한국 | 미국 | 일본 | 영국 | 독일 |

※영국은 도서 대출권수, 독일은 도서대출권수와 도서관 방문횟수 통계 없음.

장서수
🔺 도서관 방문횟수
🔺 도서 대출권수

그림 4.2 국외 도서관 통계

자료: 문화체육관광부, 도서관정보정책위원회(2007~2008). 국가도서관통계시스템.

상 인구 5만 명당 1관 수준으로 개선해 나갈 계획에 있다(박소희, 2009).

우리나라 국민 1인당 장서 수는 1.4권이다. 미국은 2.8권, 일본은 2.9권, 영국은 1.7권, 독일은 1.5권이다. 국민 1인당 도서관 방문 횟수는 4.1회이며 대출은 1.9권이다. 미국은 4.9회 방문으로 7.4권 대출, 영국 5.4회 방문, 일본은 2회 방문으로 5.1권 대출이다. 국민 1인당 대출 책 수가 미국과 일본이 우리나라와 비교해 각각 3.9배, 2.7배에 해당하는 것이다(www.libsta.go.kr). 문화체육관광부는 2011년 학교도서관에서 학교 기본 운영비의 3% 이상을 자료 구입비로 사용하게 하여, 학생 1인당 장서수를 14권으로 확장했다(www.mcst.go.kr).

양질의 도서와 도서관 확충을 위한 정부의 노력에도 불구하고 교육현장에서는 아이들이 책 읽기를 멀리하며 이러한 현상이 아이들의 학년이 올라갈수록 심각하다(이숙현, 2010). 세계 여러 나라에서는 어린이의 책 읽기를 위해 어떤 대책을 마련하고 있을까? 어린이들의 책 읽기를 북돋우기 위한 노력을 세계 여러 나라의 사례에서 살펴보자.

국내외 책 읽기 북돋우기 사례

한국　　최근 우리나라의 읽기 환경 변화는 공공도서관에서 먼저 찾아볼 수 있다. 문화체육관광부 도서관정책과에서는 2010년부터 전국적으로 공공도서관 **13**과 작은도서관 **14** 수를 확대했고, 서울시는 2030년까지 걸어서 10분 안에 갈 수 있는 작은도서관 500곳을 설립 추진 중에 있다(www.mcst.go.kr). 이러한 양적 변화에 걸맞은 질적 변화는 어린이가 책을 소리내어 읽고 뒹굴며 놀 수 있는 곳으로의 도서관 환경 변화, 다문화도서관과 영어도서관 같은 어린이도서관의 특화이다.

　먼저 도서관이 추구하는 어린이 친화적 환경으로의 변화를 살펴본다. 책 읽는사회만들기국민운동(www.bookreader.or.kr)은 2003년, 설계도와 운영 계획을 들고 지방자치단체를 찾아가 어린이도서관 건립을 제안했다. 땅과 건축비, 운영 인력과 비용 등은 지방자치단체가 모두 부담해야 했다. 이 프로젝트는 MBC 프로그램 〈느낌표〉가 후원하는 '기적의 도서관 프로젝트'로 2012까지 순천, 제천, 진해, 서귀포, 제주, 청주, 울산 북구, 금산, 부평, 정읍, 김해 등 모두 11곳에 기적의 도서관을 설립하였다. 이 도서관은 건물의 모양새, 시설과 구조, 책상과 서가의 높이, 운영 방식 등이 모두 어린이에게 맞게 설계되고 바닥에 반듯하게 마루를 깔고 온돌을 설치했다. 이런 변화는 정부와 지방자치단체가 운영하는 공공도서관과 교육청 소속의 학교도서관의 건립과 리모델링에도 크게 영향을 미치고 있다.

　순천 기적의 도서관(www.scml.or.kr)의 '멍멍아 나랑 같이 책 읽자' 프로그램을 소개한다. 이 프로그램은 초등학교 4학년 이상 읽기장애 아동 10여 명이 개에게 책을 읽어주며 독서지도사와 함께 이야기를 나누는 북토크 프로그램이다. 독서보조견 키스Kiss는 7살 된 골든 리트리버종으로 시각장애인 돌보미로 훈련된 개이다. 키스는 자폐아들의 언어치료를 위한 훈련도 받았다. 이 프로그램의 기간은 주 1회, 3개월이며 1회에 90분 정도 진행된다. 프

---

13 공공도서관: 면적 264m^2 이상, 열람석 60석 이상, 소장도서 3,000권 이상의 규모
14 작은도서관: 면적 33m^2 이상, 열람석 6석 이상, 소장도서 1,000권 이상의 규모

로그램의 처음 30분 동안은 개를 안고 돌보는 일을 한다. 2010년에 4기가 진행되었으며 정원은 6~7명으로 계획되었으나 인기가 높아 11명까지 프로그램에 참석했다(허순영, 2010).

초등학교 저학년의 읽기가 부진한 어린이를 대상으로 한 '어깨동무 책동무' 프로그램을 여름방학 동안 전국 기적의 도서관 6곳(순천, 제천, 청주, 금산, 부평, 정읍)과 하소아동복지관 내보물1호도서관, 신백한울타리도서관, 동대문구정보화도서관, 송파어린이도서관에서 진행 중이다. 교육 방법은 그림책을 여러 방법으로 읽고 다양한 후속활동(쓰기, 만들기, 놀이 등 진행)을 하는 것이다. 주 1회에 90분 수업을 하고 총 24회 동안 진행된다. 강사 1인당 어린이를 2명에서 최대 12명까지 책임진다. 후원은 삼성고른기회장학재단이 한다(책읽는사회문화재단, 2010).

제천 기적의 도서관(www.kidslib.org)의 책 읽기 가족모임도 살펴본다. 이 도서관에는 지금까지 모두 26개의 북스타트 모임 동아리가 만들어졌다. '북스타트 모임'에서 아기들은 엄마가 읽어주는 책 읽기와 그에 대한 후속 작업으로 그리기, 방문 등 여러 체험학습을 한다. 주말에는 가족들이 하루 종일 도서관에 머물다 가기도 한다. 이외에도 '찾아가는 도서관', '도서관에서 하룻밤 자기', '책 언니가 읽어주는 그림책', '할머니가 들려주시는 옛날이야기', '책나라 까꿍놀이' 등의 프로그램이 진행되고 있다.

공공어린이도서관의 대표적인 책 읽기 프로그램은 다음과 같다. 서울시립어린이도서관(www.childrenlib.go.kr)에서는 초등 2~3학년 대상으로 '달팽이 체험교실', '동화구연', '사직어린이독서연구회' 등의 활동을 벌인다.

국립어린이청소년도서관(www.nlcy.go.kr)에서는 온·오프라인 동화구연과 인형극, 안양시립어린이도서관(www.anyanglib.or.kr)은 여름독서교실, 동화 구연, 시낭송 및 손유희 등의 활동이 있다. 학부모를 위한 프로그램 또한 마련되어 있다. 정독도서관은 '책갈피', 강서도서관은 '동화읽는어른모임', 서대문도서관은 '글사랑독서회'와 '동화읽는어른모임', 동대문도서관은 '안데르센독서회'와 '다솜독서회'가 있다(이현, 2005; 김수경, 2007).

어린이도서연구회(childbook.org), 책읽는교육사회실천회의(www.edubook.org), 책으로 따뜻한 세상을 만드는 교사들(www.readread.or.kr)과 같이 책 읽기 지원 단체나 모임에서는 어린이·청소년 권장도서목록을 발간한다. 이외에도 초·중등학생을 대상으로 하는 크고 작은 독서대회가 열린다. EBS와 한우리독서문화운동본부(www.hanuribook.or.kr)가 공동 주최하는 한우리독서올림피아드 대회는 2013년에 22회를 맞았다.

어린이도서관이 점차 특화되고 있다. 다문화어린이도서관과 영어도서관이 특화의 좋은 예다. 다문화 관련 도서관 사업에서는 기업의 후원이 두드러지는데, STX가 후원하는 다문화어린이도서관 모두(www.modoobook.org)가 대표적인 예다. 모두는 2008년 9월부터 서울, 창원, 부산, 구미에 개장했으며 네팔, 몽골, 러시아, 이란, 방글라데시, 태국, 아랍 등 13개국의 아동서적 34,000여 권을 보유하고 있다.

이에 앞서 1990년 초부터 건립되기 시작한 인표어린이도서관(www.inpyolib.or.kr)은 중국의 연길, 용정, 심양, 훈춘, 하얼빈, 러시아의 사할린 그리고 카자흐스탄의 알마티 등으로 뻗어간다. 또한 우리말과 외국어가 병기된 그림책이 제작·보급되기 시작했다. 하나금융은 베트남어와 한국어가 병기된 어린이 도서를 약 45,000여 권 제작, 15,000여 다문화 가정이나 도서관 등에 배포하였다(조선일보, 2010. 5. 18).

다문화교육프로그램의 필요성은 교육과 복지, 문화 등 사회 여러 방면에서 인식하고 있다. 2009년 국립어린이청소년도서관에서는 '사서를 위한 스토리텔링 운영 매뉴얼'을 개발하고, 다문화 이해를 위한 읽기 및 활동을 어린이도서관 이용 대상자 특성에 따른 목록으로 개발하였다(이송은, 2009).

다문화 가정 어린이를 대상으로 한 언어와 문학교육프로그램도 개발되고 있다(김민화, 신혜은, 2008; 김민화, 남명자, 고태순, 정지나, 2010; 김정원, 남규, 이정아, 2010; 정명수, 2008; 조미미, 2010 참조). 다문화 가정 모자를 대상으로 한 우리말과 글 교육을 위해 보건복지부 소속 다문화 언어지도사가 활동 중이다.

국립국어원에서는 다문화 가정 유아를 위해 수준별 다문화 그림책과 방문학습지를 개발하였다(kids.korean.go.kr). 해당 학습지는 난이도를 달리하여 4개 수준으로 구분되어 있고, 수준별로 7권씩이다. 교사용 지도서와 부모용 언어지도 안내책자도 함께 제공된다. 엄마가 모국어로 유아와 상호작용할 때 교육의 효과가 극대화가 된다는 믿음에서 출발한 다문화 가정 부모와 유아를 위한 이중언어 학습지원 프로그램은 우선 베트남과 중국편이 개발되어 실시 중이다(한국교육개발원, 2010).

영어도서관은 공립과 사립으로 나누어진다. 공립 어린이영어도서관은 서울시 구립어린이도서관을 주축으로 마포구, 은평구, 용산구 등에 위치한다. 마포어린이영어도서관(elc.mapo.go.kr)은 마포구가 서강대학교에 위탁하여 운영하는 곳으로 현재 1,100여명의 대출회원과 220명의 강좌수강생을 두고 있다. 65평 규모의 작은도서관이지만 어린이 동화책 15,000여 권을 갖추고 서강대 소속 원어민 강사를 보유하고 있다. 정해진 교육과정은 없으며 영어를 즐길 수 있도록 원어민 강사가 아이들과 보드게임을 하고 책을 읽어준다. 토요일 오전 10시에는 1시간 동안 영어로 동화책을 읽어주는 '영어 동화 산책'이라는 라디오 방송도 진행 중이다.

대학입시의 논술고사는 객관식 답안 작성에서 요구되지 않은 쓰기·짓기를 요구한다. 거기에다 2008학년도 대입 개선안에는 독서 이력이 포함되어 있다. 교육과학부의 정책에 맞추어 서울시교육청(www.sen.go.kr)은 2010년도에 '독서지도 매뉴얼'을 제작하여 배포했다. 이 매뉴얼은 초등학교는 학년별로 각 한 권이며, 중등학교의 경우 국어, 도덕, 사회, 국사, 수학, 과학의 총 7개 과목별로 1권씩 총 13권으로 이루어져 있다. 각 매뉴얼에는 해당 교과의 특성, 주제별 특성을 고려한 독서지도 방안이 마련되어 있다. 학습 예시, 추천 도서 등이 제시되어 있다.

대전광역시교육청(www.dje.go.kr)은 독서능력평가원(www.cyberbook.or.kr)과 개발한 인터넷을 이용한 독서인증제를 초·중·고 학교에 권장하고 있다. 독서인증제에는 초등 인증과 중등 인증이 구분되어 있으며 각기 1~5

급으로 구성되어 있다. 이와 같은 노력 덕분인지, 2006년 실시된 읽기 소양에 대한 국제성취도 검사(PISA, 2006)에서는 우리나라 학생들이 OECD 국가 중 1위를 차지하는 쾌거를 이루었다.

영국

> Reading can transform people's lives.
> The more you read, the more you know.
> The more you read, the more you imagine.
> The more you read, the better you understand,
> and the better you can connect to people.

> 자료: www.readingagency.org.uk.

2012년 영국에는 3,300여 개의 공공도서관이 있으며, 한 해 도서관 예산액이 900밀리언 파운드(약 1.8조 원)나 되었다(www.culture.gov.uk). 영국의 대표적인 도서관인 영국도서관 British Library의 소장 자료는 1억 5천만 종이며 이는 미국의회도서관 소장 자료 1억 3,800만 종 또는 우리나라 국립도서관 소장 자료 650만 종에 비해 엄청난 양이다.

영국도서관의 주 건물은 새 천년 들어 지어진 공공건축물로 우리나라 국립디지털도서관의 약 3배 규모다. 영국도서관은 세계목록정보서비스 World Cat에 연결된 영국도서관 원문 주문처인 영국도서관연결서비스 British Library Direct Plus를 통해 소장 잡지 6만 7천 건과 회의 자료 40만 건에 대해 '전자 목차 정보'를 제공하고 있다. 또한 다양한 이용자층을 겨냥한 서비스 즉, 사업이나 연구와 같이 업종에 따른 프로그램, 조상 찾기와 같은 일반 시민을 위한 프로그램 등을 개발하고 있다(국립중앙도서관, 2008).

영국은 대부분의 공공도서관이 도심에서 가장 목 좋은 곳에 위치해 찾기가 용이하다. 몸이 불편한 사람과 오지 거주자를 위해 이동도서관도 마련되어 있다. 이 많은 예산과 도서관 인프라를 꽃피운 도서관 프로그램 운영에는 비정부단체의 활약이 눈부시다.

영국 전 지역 도서관에서 하는 여름방학 활동 '리딩챌린지 Reading Challenge'를 살펴보자. 비영리 기관인 리딩에이전시 The Reading Agency(www.readingagency.org.uk)가 후원하고 각 도서관별로 진행하는 리딩챌린지는 4세에서 11세 사이의 참가를 원하는 어린이를 대상으로 여름방학 동안 6권의 책을 읽는 프로그램이다. 1999년에 시작되어 매해 다른 주제를 선정하고 있는데, 2012년의 주제는 '이야기 연구실 story lab'이다. 프로그램 참여를 위해서는 여섯 권의 작품을 한 권씩 읽은 후 마음에 드는 작품의 뒷이야기를 지어 응모한다. 우수작은 저자들이 직접 선정한다. 웹사이트에 선정된 우수작이 올라오고 해당 우수작의 기고자는 100파운드 상당의 책을 부상으로 받게 된다. '채터북스 chatterbooks(http://readinggroups.org/chatterbooks)' 또한 영국 공공도서관을 통해 리딩에이전시가 운영하는 책 읽기 프로그램이다. '채터북스'는 공공도서관에서 7~12세 어린이를 대상으로 하는 전국적인 프로그램으로 현재 8,500명의 어린이가 이 프로그램에 참여하고 있다(Sarrag, 2010; 김영석, 2007). 영국문화원의 협력으로 영국 학교와 해외 학교의 파트너십 구축을 목적으로 하는 '교실 연결 connecting classrooms'을 통해 '채터북스'는 국제적인 프로그램으로 자리매김하고 있다.

또 다른 비영리기관인 국립문해신탁 National Literacy Trust은 영아부터 노인까지 전 연령을 대상으로 프로그램을 진행한다. 그곳에서 올해 7월에 발간한 연구 보고서에 의하면 중학교 입학을 앞둔 11세 남아 중 76%가 교육부가 설정한 읽기 수준에 미달이라고 한다(www.literacytrust.org.uk). 국립문해신탁은 책 읽기가 여아만의 전용 활동이 아니라는 점을 부각하기 위해 축구 대표 선수나 레슬링 선수를 등장시켜 캠페인을 벌인다.

영국 비정부단체의 활약에서 빠뜨릴 수 없는 또 한 가지는 서적 박람회 book festival와 문학 축제 literary festival이다. 여기서는 신간 소개뿐 아니라 각종 워크숍 workshop을 통해 독서토론, 저자와의 만남, 작가 연습 등이 이루어지고 있다. 2009년에만 77개의 행사가 열렸으며 현재 예정 중인 모든 행사 정보는 저자 온라인숍에서 확인할 수 있다(김은하, 2009).

미국

The home is the child's first school,
the parent is the child's first teacher,
and reading is the child's first subject.

자료: The Barbara Bush Foundation for Family Literacy.

'가정 중심의 독서교육'을 표방한 미국의 어린이 책 읽기 교육정책은 미국 내 19개 대도시에서 큰 성과를 나타내고 있다(한광희, 2006). 대표적인 프로그램 RIF Reading Is Fundamental(www.bookpeopleunite.org)의 주요 취지는 학부모가 주중에 모여 자녀들의 책 읽기에 영향을 주는 각종 정보와 교육 자료에 대한 토론을 하는 것이다. 독서교육이 실시되는 장소는 어느 한곳에 제한되어 있지 않다. 그들은 도서관과 학교 그리고 가정이 연계해야 독서교육의 효과가 커진다고 주장한다. 그리고 시발점은 가정이어야 한다고 믿는다. 그 신념은 국립가족문해센터(www.famlit.org)와 바바라 부시 가족문해협회(www.barbarabushfoundation.com)에서도 동일하게 나타난다. 이 단체들은 엄마와 아이에게 문자교육을 시킴으로써 영어가 모국어가 아닌 부모를 교육하고 이주민 정착에 큰 역할을 한다.

'리치 아웃 앤 리드 프로그램(www.reachoutandread.org)'은 독서가 환자치료에 중요하다는 자각으로 보스턴 대학의 배리 주커먼 Barry Zuckerman 박사가 창안하여, 1989년 보스턴 지역을 시작으로 현재까지 약 25년간 시행되고 있다. 이 프로그램은 2,500명의 의사와 간호사가 병원을 찾은 부모로 하여금 아이들에게 책을 읽어주도록 권장한다. 2008년에는 500만 권의 책을 나누어 줬고 350만 명의 어린이 환자들이 이 프로그램에 참여했다. 또한 연령별 어린이 도서목록과 부모 도서목록을 발간한다.

미국도서관협회 American Library Association(www.ala.org)와 미국어린이도서관협회 Association for Library Service to Children는 양질의 도서관 프로그램을 개발하려고 노력한다. 각 지역 공공도서관의 아동을 위한 프로그램으로는 초저녁 여섯 시 삼십 분에 벌어지는 '가족을 위한 파자마 이야기 시간 Family 'Pajama' Story times'과 등교하지 않는 토요일 아침에 벌어지는 '토요일 아침 Saturday mornings'이 있다(정혜경, 2005; 윤정옥, 2009). 또한, 청소년을 위한 공공도서관 프로그램인 협력 서비스 프로그램, 교육 서비스 프로그램, 정보 서비스 프로그램, 독서 진흥 프로그램, 청소년 가담 프로그램 등이 있다(Chelton, 2000).

미국의 공립학교에서는 학생의 학업성취도를 높이기 위해 읽기전담교사 제도를 도입하고 있다(양병헌, 2009). 읽기전담교사는 대학원 이상의 학력을 가진 연구자이자 특수아동을 지도해본 경력이 있는 사람으로 학급의 담임교사와 짝을 이룬다. 읽기전담교사는 읽기 능력의 향상을 통한 교과목의 이해를 목표로 각 과목에서 필요한 어휘, 그리고 어휘를 이용한 쓰기에 집중하여 학생을 지도한다. '리터러시 코칭 Literacy Couching'으로 불리는 이 프로그램은 개별 학생의 능력이나 소질에 맞추어 읽기 프로그램을 설계하며, 학교 전체의 리터러시 프로그램까지 고려하여 단계별로 정교하게 재구성한다.

사우스캐롤라이나주에서는 2002년부터 '리터러시 코칭' 제도를 도입하여 현재까지 6,000여 명의 리터러시 코치가 활동 중이다. 이 프로그램을 통해 초등학교 5학년 이상의 80,000명의 학생들이 매해 혜택을 받고 있다(www.ed.sc.edu/research/SCRI.asp).

핀란드　　　　핀란드는 넓은 면적(33만km^2)에 적은 인구(5백만 명)가 산다. 그럼에도 모든 주민의 2km 반경 내에 도서관이 있다. 북모빌 bookmobile 이라는 찾아가는 도서관 버스가 운행 중인 것이다.

핀란드는 지방자치단체 등에서 운영하는 도서관, 공공시설이 인구 1만 명당 하나 꼴인데, 이곳에서 영유아 독서지도와 관련된 다양한 프로그램을 무료로 제공한다. 초등교사는 학생을 주1회 공공도서관에 데려간다(안찬수, 2012). 핀란드 국민의 1인당 연간 공공도서관 대출 권수는 21권이고, 일본은 4.1권이다(이부영, 2010).

OECD가 주관하는 2003년 국제독해능력검사 PISA에서는 핀란드의 성적이 최상위로 나타났다. 이는 다른 요인보다 읽기활동에 대한 노출과 흥미도가 높기 때문으로 보인다. 성취도에서 변량을 가장 많이 설명하는 변수가 읽기활동에의 참여(28%)와 흥미(22%)이기 때문이다. 조사 결과, 핀란드 학생들의 44%가 공공도서관이나 학교도서관에서 적어도 한 달에 1회 이상 책을 빌리는 것으로 조사되었다. 이는 OECD 평균 26%에 비해 현저히 높은 수치이다(성열관, 2010).

'책 할머니 프로그램'이라고 불리는 영아 책 읽기 프로그램 '시스파'를 살펴보자. 이 프로그램은 15년 전부터 시작되어 헬싱키시청과 헬싱키대학교 뇌인지연구소가 공동 주관하며, 대부분 10개월부터 첫 돌 미만의 영아를 대상으로 한다. 프로그램은 세 부분으로 구성되어 있다. 첫 번째 시간에는 책 읽는 할머니가 조금 큰소리로 천천히 또박또박 '칼레발라 kalevala 15'를 읽어준다. 두 번째 시간에는 엄마가 각자 아이들에게 할머니가 들려준 똑같은 이야기를 읽어준다. 세 번째 시간에는 할머니가 피아노 반주를 하며 앞 시간에 들려준 이야기에 자신이 직접 곡을 붙여 노래한다. 이때 엄마들은 아기를 안고 율동을 한다. 몸으로 느낌을 기억하게 하려는 것이다(신성욱, 2010).

독일

Reading aloud is the mother of reading.

자료: Johann Wolfgang von Goether.

2차 세계대전 이전에 독일은 세계에서 제일가는 과학기술을 자랑했다. 그들은 민족적 자부심으로 이를 발전시켰다. 하지만 패전을 경험하면서 '앞서가는 앎'이 낳는 인간성 상실을 깨닫고 '1등 교육'이 아닌 '같이 가는 교육, 배려하는 교육'을 교육정책의 기조로 삼았다(박성숙, 2010; 최호근, 2009 참조).

---

15 핀란드의 민족서사시

독일의 학교교육은 책을 읽지 않으면 수업을 따라갈 수 없게 진행된다. 대학 진학을 원하는 학생이 입학하는 인문계 학교 '김나지움'에서는 상당한 분량의 다양한 독서가 기본적으로 이루어진다. 김나지움에서 가장 중점을 두는 것은 인문 분야의 독서교육으로 학생들은 고전·문학·철학 등 여러 분야의 책을 읽어야 한다(이광복, 2004). 학교도서관의 대여 기간은 4주이며 교정에서 학생동화낭독대회가 열리고 고등학생이 되면 스스로 작품을 각색하여 연극을 한다. 또한 각 일간신문에서 독서 프로그램을 지속적으로 추진하는데, 프랑크푸르트 알게마이네 차이쭝 청소년 글쓰기가 유명하다.

뮌헨국제청소년도서관 The Munich international Youth Library(www.ijb.de)은 1949년에 옐라 레프만 Jella Lepman이 창설하였다. 이 도서관은 어른들이 어린이와 청소년 문학에 관심을 가지고 토론해야 한다는 운영 철학을 갖고 있다. 세계의 전문가들에게 3개월간 도서관에 머물며 창작활동을 할 수 있게 지원하는 장학제도도 있다. 이곳에는 아동도서 56만 권이 소장되어 있다. 뮌헨국제청소년도서관의 화이트 레이븐 White Raven 권장도서목록은 아이들이 즐길 만한 책을 골라야 한다는 원칙 아래 선정하고 있다.

드레스덴 도서관(www.bibo-dresden.de)은 1875년 개관한 세계 최초의 공공도서관 Volksbibliothek이다. 처음에 이 도서관은 학교 안에서 교사가 사서를 담당하고 아주 짧은 시간 동안만 개관했다. 1929년에 들어서면서 독일 최초로 이동버스 서비스를 시작했으며, 1935년에는 어린이 독서실 Dresden reading room for Children을 개관하고 아동들과 문학에 대해 의사소통할 수 있는 두 감독관 supervisor을 두었다.

1990년 이후에는 급격한 미디어 문화의 환경 변화에 발맞추어 2000년에 미디어에이지 media@age 청소년도서관을 개관하였다. 이를 서두로 하여 독일의 도서관은 새롭고, 눈에 띄는 디지털 서비스로 거듭나기 시작했다. 국가학술정보포털사이트 Vascoda Portal, 독일의 문화유산을 보존하기 위한 장기디지털아카인프로젝트 Kopal, 가상주제도서관 Virtual Subject Library 등이 대표적인 예이다(국립중앙도서관, 2007).

독서진흥재단(www.stiftunglesen.de)은 1983년에 독서문화의 퇴보와 문맹을 막기 위해 설립됐다. 이 재단이 실시한 연구(Uehlein, 2010)에 의하면 42%의 독일 부모들은 10세 이하의 어린 자녀에게 책을 한 번도 읽어주지 않았거나 어쩌다 한번 읽어주고 있다. 또한 37%의 어린이들은 가정, 유치원, 초등학교에서 책을 읽어주는 것을 듣거나 하는 경험을 해보지 못했다. 아버지가 책을 읽어주는 것을 경험한 아이는 8%에 불과했다. 이런 배경에서 '읽기의 즐거움 일깨우기'를 모토로 독서진흥재단이 책 읽어주기 자원봉사 프로그램을 시작했다. 독서진행재단은 정보 자료 〈책 읽기 북돋우기 Stiftung Lesen〉를 발간하고 자원봉사자를 교육시키며 활동 장소를 지원한다.

독일 전역에는 9,000명의 봉사자들이 도서관, 지역주민센터, 만남의 광장, 지역주민기관 및 민간단체시설에서 책 읽어주기 활동을 펼치고 있다. 어린이와 청소년들이 다른 청소년들에게 책을 읽어주는 스카웃 활동, 청소년이 노인에게 책을 읽어주는 프로그램 등도 확산시키고 있다. 국제 책의 날 행사, 어린이의 삶을 고취시키는 캠페인, 미디어를 활용한 독서진흥사업, 캐릭터를 활용한 어린이 독서진흥사업 등을 추진하며, 추천 도서목록을 정기적으로 발표한다. 또한 '날아다니는 도서관' 프로그램을 통해 책을 학교에 제공하며 책 읽기를 적극 장려하고 있다.

프랑스　　　　프랑스의 공교육은 3세부터 시작되며 유치원 3년, 초등학교 5년, 중학교 4년, 고등학교 3년으로 구성된다. 유치원에서는 아이들에게 짧고 아름다운 시나 문장을 암송시키는데 1년이면 대개 5편 내지 10편 정도의 시를 암송하게 된다. 또한 그림책을 많이 읽어준다. 읽기 교육은 초등학교 저학년의 주요 교육목표이다. 대부분 교육을 시와 이야기 중심으로 실시하며 암송을 강조한다. 초등학교에 배정된 교육 시수는 주당 26시간인데 국어가 9시간으로 34.6%를 차지하고 언제나 아침에 배정되어 있다. 집중력이 높은 시간에 책을 읽도록 하는 것이다(김진수, 2007).

중학교 교육과정에서의 국어교육 시간 배정 비율 역시 다른 나라에 비해 높은 편이다. 프랑스의 국어수업에서는 중세의 산문을 비롯해 근세, 현대에 이르기까지 프랑스 및 외국의 폭넓은 문학작품을 다루며 독해뿐 아니라 어휘, 형태, 구문, 철자, 말하기, 쓰기 등 다각도의 접근을 통해 언어기능을 심도 있게 발전시킨다. 아이들은 강독 결과를 발표회에 제출해야 한다.

고등학교의 프랑스어 교육은 문학 텍스트를 중심으로 이루어진다. 문학사 및 문화사, 텍스트와 그 텍스트가 표현하는 여러 감정의 영역, 텍스트의 의미와 독창성, 담론이 가지는 논증구조와 상대에게 미치는 영향 등을 공부한다. 학생 스스로 텍스트의 의미를 파악하고 판단하며 비판할 수 있는 기회를 준다(한광희, 2006).

문화부와 교육부의 지원으로 초등학교 1학년에서 고등학교 3학년까지의 정규과정에서 문학 작가가 방문하는 '문학친구 L'Ami littéraire' 프로그램도 진행한다. 문학과 작가의 집 la Maison des écrivains et de la littérature에 의하여 운영되는 이 프로그램은 작가가 한 학급에서 자신의 작품과 배경에 대해 소개하고 학생들과 이야기하는 형식으로 이루어진다. 작가의 방문 전, 학생들은 수업에서 작품을 읽어본다(박지선, 황금숙, 2011).

'당신이 읽을 차례 À vous de lire' 또한 초·중·고등학생을 대상으로 하는 책 읽기 축제로 1989년 문화부와 국립독서센터 CNL에 의하여 시작됐다. 이 축제는 '하나의 책을 여러 독자들이 계속 돌려보기 Passe-Livre', 교육부 독서대회, 기호언어 독서, 공연, 문학 무도회, 문학 피크닉 등 다채로운 책 읽기를 북돋는다.

어린이들의 책 읽기를 북돋우기 위하여 활발하게 활동하는 비영리 단체도 소개한다. 소외와 차별반대 문화협회 ACCES는 소외계층의 유아들에게 동화책을 접하게 함으로써 이야기의 즐거운 경험을 통해 쓰기 능력 진작, 인성의 조화로운 발달, 동등한 기회 제공 및 성공적인 사회 동화를 목표로 노력하고 있다. 청소년독서협회 l'association lecture Jeurenesse는 〈젊은 독서 Lecture Jeune〉라는 청소년의 책 읽기에 관한 전문잡지를 발간하며, 사서와 교사 간의 교류를 돕는다.

책을 알다 Savoir Livre는 6개의 교과서 출판사로 이루어진 단체다. 그들은 매해 유치원과 초등학생을 대상으로 책 만들기 경연대회를 연다. 교사와 어린이들은 협력하여 내용 선정부터 편집, 제본에 이르기까지 책 만드는 과정을 모두 체험한다. '읽기와 읽히기 Lire et faire lire'는 2,000여 개 초등학교 저학년 교실에 자원봉사자인 할아버지, 할머니를 보내 2~5명의 소그룹에서 동화책을 읽어주게 한다. 책 읽기를 통한 읽기 능력 향상뿐 아니라 세대 간의 교감을 고취시키는 프로그램이다. 10월 한 달은 '프랑스 도서축제'의 달이다.

일본　　　　　일본 정부는 새로운 세기가 시작하는 2000년을 '어린이 독서의 해'로 정했다. 그들은 어린이 책 읽기 운동을 국가적 차원에서 기획하고 민간단체를 실행 주체로 하여 전국적으로 어린이 책 읽기 환경 조성에 노력해왔다. 2001년에는 '어린이독서활동추진법'을 입법하고, 학교도서관 활성화를 위해 예산을 대폭 증액하였으며, 각 학교에 사서를 배치하고, 도서 구입비를 대폭 증액했다.

나아가 2005년에 일본 국회는 '활자문화진흥법'을 제정했다. 활자문화라 함은, 활자와 기타 문자를 이용해 표현된 것을 읽고 쓰는 것을 중심으로 이루어지는 정신적 활동, 출판활동 및 문장을 제공하기 위한 활동, 출판물 등 문화적 소산을 말한다(활자문화진흥법 2조). 이 법은 모든 국민이 동등하게 풍요로운 문자 및 활자문화의 혜택을 누릴 수 있도록 환경을 정비한다는 취지로 시행된다(활자문화진흥법 3조).

'활자문화진흥법'에 의해 추진되는 3대 정책은 다음과 같다.

첫째, 아침독서를 계속 실시한다. 2008년 2월 조사에 따르면 초·중등학교에서는 70%, 고등학교에서는 37%, 전국 25,000개 학교에서 아침독서가 진행 중이다.

둘째, 북스타트 운동을 전개한다. 북스타트 운동이란 아기의 건강검진 때 모자수첩과 함께 그림책을 무료로 나누어 주는 활동이다. 이것을 전국 634 개 지방자치단체에서 실시하고 있다. 어머니들에게 어떤 책이 좋은지 알려주는 추천 도서목록도 제공한다.

셋째, 책 읽어주기 운동을 벌인다. 엄마 아빠가 자녀에게, 할아버지 할머니가 옆집 어린이들에게 책을 읽어주는 것이다.

아침독서 추진위원회의 이사장을 맡은 오스카 에미코는 아침독서의 4대 원칙을 다음과 같이 소개한다(남미연, 2005).

첫째, 매일 학교에서 수업 시작 전 10분간 시행한다. 둘째, 학생과 교직원이 전원 참여한다. 셋째, 각자가 좋아하는 책을 교실에서 읽는다. 넷째, 결과물을 요구하지 않는다.

오스카 이사장은 고등학교에서 담임으로 근무하던 시절, 아침독서를 최초로 실시하였다. 그러자 변화가 나타났다. 이전에는 시험문제 자체를 파악하지 못했던 학생들이 아침독서를 하면서부터 문제를 이해하게 되어 성적이 올라갔으며 집단 이지메 근절 등의 효과도 이어졌다. 아침독서운동과 더불어 부모자녀독서지역문고와 집안독서운동 또한 주목할 수 있다. 이와 같은 활동은 이웃과 책을 나누고 아이와 부모가 같은 책을 읽고 토론을 하는 소통의 장을 여는 데 의의가 있다(마츠오카, 히로세, 2008).

일본에서는 초등학교 때부터 읽기 지도를 매우 중요시한다. 저학년에서는 동화를 통한 지도를 강조하며, 고학년에서는 묵독을 지도한다. 방학 때는 독서일람표를 작성하게 하고 신문 스크랩 등을 제작하도록 장려하고 있다.

도쿄 소카초등학교의 예를 보자. 일본 초등학교에서는 학생 1인당 한 달에 평균 9.7권의 책을 읽는다는 통계가 있다. 그런데 소카초등학교에서는 한 명이 한 달 평균 20권 이상을 읽는다. 이 학교는 쌍방향 독서를 지향하며 책을 읽은 소감을 토론하는 프로그램도 진행 중이다. 저학년 때는 책을 소개하는 수준의 토론을 하고, 4~6학년이 되어서는 본격적인 '북 토크' 활동을 국어시간에 한다. 학교는 학생들에게 책 읽기를 강요하지 않지만 독서카드, 독서이력서를 두고 관리한다. 무작정 독서를 하게 만드는 것이 아니라 1년 단위의 계획 아래서 책 읽기 지도를 한다. 그 예로 시간이 넉넉한 방학엔 장편소설을 읽게 하는 것을 들 수 있다. 책 읽기 지도를 전문으로 하는 사서교사 3명과 사서 1명이 연계하여 합리적인 지도를 하고 있다.

표 4.1 세계 여러 나라의 책 읽기 환경 조성과 대표적인 책 읽기 프로그램

국가명	환경 조성	프로그램명(대상 연령)
한 국	어린이도서관과 작은도서관	다문화 언어지원 (3~11세)
영 국	비정부 단체의 활약	리딩챌린지 (4~11세) 채터북스 (7~12세)
미 국	가족문해협회와 미국도서관협회	RIF (5~17세) 리터러시 코칭 (10~17세)
핀란드	이동도서관	시스파 (0~1세)
독 일	인문독서교육	독서지원자원봉사 (모든 연령)
프랑스	문학 텍스트 중심 교육과정	문학친구 (6~17세)
일 본	활자문화진흥법	아침 10분 독서 (6~17세)

책 읽기는 어린이의 마음과 정신을 키우는 활동이다. 지금까지 한국의 어린이도서관과 다문화 언어지원, 영국의 책 읽기 관련 비정부단체들의 활약과 '리딩챌린지', 미국의 가족문해협회와 '리터러시 코칭', 핀란드의 이동도서관과 '시스파', 독일의 인문독서교육과 책 읽기 자원봉사, 프랑스의 문학 텍스트 중심 교육과정과 '문학친구', 일본의 '활자문화진흥법'과 '아침 10분 독서' 등을 살펴보았다. 이들은 각 나라의 대표적인 독서진흥정책이자 책 읽기 프로그램이다.

우리는 세계 여러 나라가 아이들에게 읽기 환경을 마련해주기 위해 많은 노력을 기울이고 있으며 당면한 교육사회적 문제해결의 실마리를 책 읽기 프로그램을 통해 찾는다는 걸 알 수 있다. 이를 요약하면 다음과 같다 표 4.1 참조.

우리나라의 실천 과제　　　　한국에 1990년대부터 설립되기 시작한 어린이도서관은 범국민적 관심을 불러일으켰고, 학교도서관을 비롯해 어린이 읽기 환경에 획기적 변화를 불러왔다. 조기 영어교육의 사회적 열의와 다문화 사회로의 급속한 진입은 영어어린이도서관과 다문화어린이도서관을 탄생시켰다. 다문화 가족 지원사업의 일환으로 다문화 언어지원 프로그램이 진행되는데, 이는 다문화 가정 배경의 어린이들이 한국 사회의 구성원으로 자라

면서 시작부터 뒤처지지 않도록 하는 문해환경 조성과 모자교육을 통한 책 읽기 실천을 목표로 한다.

영국은 사회 각 영역에서 전문가급의 인적 인프라로 구성된 비정부단체가 활발히 활동한다. 이런 단체의 일원 중 하나로 전 BBC 프로듀서, 전 도서관 사서로 결속된 리딩에이전시가 주관하여 12년째 지속 중인 공공도서관의 '리딩챌린지' 프로그램은 매해 인기를 더한다. 책에서 지식 사회의 동력인 상상력과 창의력을 찾는 것이다. 이와 비슷하게 우리나라는 경기도교육청이 주관하여 2010년부터 여름방학 동안 교사, 그림책 전문가, 사서가 공동으로 작업하여 주제 중심의 독서교육 '책수리마수리(www.library.kr/bookmagic)' 프로그램(김은하, 2010)을 경기도 내 공공도서관에서 시행하고 있다.

미국은 홈스쿨링으로 표출되는 공교육에 대한 불신과 이민자 사회의 불안을 해결하기 위해, 가정을 교육의 중심에 두는 정책을 펼친다. 가정중심독서교육인 RIF 프로그램이 대표적인 예다. 가정에서의 배움의 질이 아동의 지적·사회적 발달에 있어 부모의 직업, 교육, 경제적 능력보다 우선한다 (Sylva, Melhuist, Sammons, etc, 2004). 가정에서 이야기 들려주기, 책 읽어주기는 부모가 아이에게 실천하는 한 방향의 노력이 아니다. 아이들이 부모에게 이야기를 들려주고 책을 읽어주는 활동 역시 실천할 만한 일이다.

책과 이야기로 소통의 장을 여는 노력이 가정을 구한다. 몇 해 전 우리나라의 한 신문사가 주관하여 각광을 받았던 '거실을 서재로' 캠페인이 이 같은 활동의 필요성을 대변한다.

강렬한 호소력과 도발로 유명한 프랑스의 출판인 로베르 델피르 Robert Delpire는 "어린이를 위한 예술가란 존재하지 않으며 다만 예술가가 존재할 뿐이다."라고 말했다. 프랑스에서는 어린이 문학과 성인 문학의 구분이 분명하지 않다. 그들은 유치원에서 보들레르의 시를 암송하기도 한다. 문학 그 자체의 아름다움을 음미하고 생각의 도구로 최대한 활용하는 교육정책을 펴고 있는 것이다.

최근 우리나라 국가 도서관 통계에 의하면 청소년을 제외한 서비스 대상

어린이 32,476,917명 대비 도서관 등록 어린이는 2,587,810명으로 도서관에 등록한 어린이의 비율이 8%에 불과하다. 초등학교 때 하루 52분이던 독서 시간은 중학교 때는 38분, 고등학교 때는 34분으로 점점 감소한다(www.libsta. go.kr). 이에 반해 핀란드 학생들의 44%는 공공도서관이나 학교도서관에서 적어도 한 달에 1회 이상 책을 빌린다. 일본은 국민에게 독서문화 환경을 제공하고, 학교에서 읽고 쓰는 능력을 배양하는 것이 국가와 지방단체의 책무라고 '활자문화진흥법'에 명시하고 있다.

우리나라의 2005년 도서관 통계에 의하면 공공도서관의 이용자 중 반 이상(50.2%)이 학생이며 그중 중학생이 가장 많은 것으로 나타났다(박은자, 2008). 시험 때 공부방으로 쓰기 위해 공공도서관을 찾는 것이다. 청소년들이 입시와 무관하게 도서관에서 문학작품을 읽고 즐기게 하려면 어떻게 해야 할까?

우리나라 어린이들의 책 읽기를 북돋우기 위한 실천 과제는 다음과 같다.

첫째, 한국의 작은도서관 운동은 괄목할 만하다. 작은도서관은 시·군·구와 읍·면·동 단위에 들어서는 주민밀착형 도서관으로 50평 내외의 소규모로 건설되며 최소 1만 권에서 최대 5만 권 내외의 장서를 소장한다(백창화, 2009). 2009년에는 61개 관이 새로 추가되어 2010년에는 현재 거의 300여 개에 이르고 있다. 이런 주민밀착형 작은도서관에서 지역주민의 요구에 부응하는 프로그램을 개발해야 한다(황금숙, 김수경, 2008).

둘째, 각 국의 다양한 기관 및 단체가 공공도서관과 협력하여 책 읽기 프로그램을 펼치는 모습을 참고한다. 우리나라에도 이와 같은 단체가 많이 있다. 책읽는사회문화재단, 한우리독서문화운동본부, 어린이도서연구회, 책읽는교육사회실천회의, 책으로 따뜻한 세상을 만드는 교사들, 그리고 수많은 자발적 독서단체와 모임이 바로 그것이다. 이러한 단체들이 정부 정책에 압력을 가하고 책 읽기를 이끌어가는 모임에 해당된다. 앞으로 더욱 민관의 효과적인 네트워크와 공동 작업이 기대된다.

셋째, 미국의 '학습부진아 없애기 시행령 no child left behind'을 참고한다. 이는 미국 초등교육의 목표로 교육의 핵심이 읽기 교육에 있다. 나아가 2010년 9월 2일에 미 교육부는 사지선다형 시험을 전면 폐지한다고 밝혔다(조선일보, 2010). 읽고 쓰는 교육을 다시 한 번 부각시키겠다는 정책이다. 캘리포니아와 사우스캐롤라이나에서 실시하는 '리터러시 코칭'은 읽기 장애를 가진 학생을 위한 프로그램으로 학생 한 명과 담임교사 한명, 특수교사 한 명이 팀을 이루게 된다. 여기서는 학생 개인의 읽기 문제를 진단하고 이에 따른 진도 계획표에 따라 교육이 이루어진다. 우리나라에서는 소규모 봉사활동 수준에서 읽기부진 학생에 대한 일대일 서비스가 행해지고 있지만 이는 어디까지나 공교육에서 체계적으로 실천해야 할 사항이다.

넷째, 학교, 지역사회 도서관, 청소년센터, 미술관, 박물관이 연대해야 한다. 독일에서는 지역사회 도서관이 학교에 책을 빌려주는 서비스를 하면서 시너지효과를 얻고 있다. 프랑스의 지역사회에 위치한 문화센터는 학교가 쉬는 수요일에 어린이교육의 산실이 되고 있으며, 학교 교육과정 시간에 박물관과 미술관에 견학을 가는 프로그램이 편성되어 있다. 박물관과 미술관에서는 어린이 작업실을 마련하고 프로그램을 구성하여 표현예술교육의 한 획을 담당한다.

다섯째, 영아에게 소리내어 전래동화를 읽어주거나 구전 이야기를 들려준다. 이는 아이들의 문화정체성을 굳건히 하는 데 도움이 된다. 교육부에서 발간한 5세 누리교육과정 《세계 여러 나라》(2012)와 《세계 시민교육 활동 자료》(2008), 《유아 한국문화 정체성 교육 프로그램》(장명림, 2009) 안에 전래동화 들려주기가 없음은 유감이다. 핀란드는 스웨덴의 식민지였던 과거에서 벗어나 영아에게 민족정체성을 심어주기 위해 할머니가 구전동화를 읽어주고 그 음률을 아이들이 몸으로 익히게 한다. 무릎에 앉히고 책을 읽어주거나 이야기를 들려주는 것은 아이의 애착 또한 증진시킨다. 우리 아이들을 세계 어디에서든 우리말 소리를 잊지 않고 대한민국 국민임을 자랑스러워하는 국제사회 시민으로 키우기 위해서, 영아 책 읽어주기는 글로벌 시대의 필수적인 실천 사항이다.

여섯째, 독후감을 쓰지 않는 자유로운 아침 10분 책 읽기를 권장한다. 책 읽기는 표현을 새롭게 하고 사고를 확장하는 데 도움이 된다(박상희, 2008). 개인 도서관을 소유하고 있는 빌 게이츠는 16세에 사업에 관한 책을 수백 권 독파했고 지금도 하루 중 시간을 정해놓고 독서를 즐긴다. 얼마 전에는 자기 아이들에게 컴퓨터 사용 시간을 정해주고, 평일 45분, 주말 1시간을 넘기지 못하게 했다(강현식, 박지영, 2009). 일본의 아침 10분 독서운동을 통해 알 수 있듯이 학생들은 책을 읽음으로써 글의 요지를 이해하고 자신의 문제를 반성적으로 사고한다. 책으로 여는 하루는 얼마나 건강한가.

일곱째, 정보사회에서 나타나는 새로운 형태의 책 읽기, e-book 읽기에서 벌어지는 상호작용에 대한 연구를 활발하게 진행해야 한다. 종이책이 아닌, e-book만이 제공할 수 있는 교육적 경험에의 탐색과 논의가 요구된다. 이미 유아의 손에 주어진 이 놀잇감의 위험요소를 면밀히 연구하여 경고하거나 제거해야 할 것이다.

e-book이 종이책에 미칠 영향에 대해서는 예전의 경험을 비추어 예견할 수 있을 것 같다. 1980년대 그림책이 구연동화 테이프로 제작되었고 이후 애니메이션으로 발전하였다. 각 매체는 고유한 특색을 갖고 다른 경험을 제공한다. 영국의 베스트셀러 작가 배빗 콜은 자신의 그림책을 기반으로 만든 컴퓨터 게임이 인기를 끌자, 그림책의 판매량이 높아졌던 경험을 얘기한다. 책이 다른 매체의 소비를 부추기고, 다른 매체가 책의 구매를 부추기기도 한다.

프루스트는 독서를 통해 독자가 스스로 사고를 도출하는 과정을 다음과 같이 실감나게 묘사한다. "작가의 지혜가 끝나는 곳에서 우리의 지혜가 시작된다는 것은 사뭇 사실로 느껴진다. 작가가 할 수 있는 일이라고는 독자에게 욕망을 주는 것뿐이다. 그들의 지혜의 끝은 우리의 지혜가 시작되는 지점이다."

어떤 의미에서 사람은 그가 읽은 것을 반영한다.

읽기 어려워하는 아이들

읽기는 말하기나 눈으로 보는 것처럼 저절로 습득하는 것이 아니다. 인류가 알파벳을 통해 독서 학습에 필요한 인지적 혁신을 이룩하는 데 2000년의 세월이 소요됐다면, 오늘날 아이들이 문자문화에 대해 동일한 식견에 도달하기까지는 약 2,000일이 걸린다. 그리고 초보 읽기는 잘못될 가능성이 높다.

시각에 이상이 없고 읽기 노력을 꾸준히 함에도 불구하고 읽기에 어려움을 겪는 증상을 난독증이라고 부른다. 이는 여러 형태로 나타난다. 난독증은 독서의 다양한 구성요소와 해당 언어의 문자체계에 따라 다르게 나타난다. 표음문자권에서는 대부분 문자 해독을 못하는 것과 문자소 대 음소의 대응 규칙을 배우지 못하는 것에서 문제가 시작된다. 경우에 따라서 이러한 결함은 철자법과 글쓰기에서도 나타난다.

난독증의 대표적 증상을 정리하면 다음과 같다.

- 언어 습득을 매우 어려워한다.
- 유사한 발음을 구별하지 못한다.
- 말로 지시한 사항을 정확히 이해하지 못한다.
- 단어를 정확히 읽기 어렵다.
- 적절한 단어를 기억하지 못한다.
- 맞춤법을 잘 익히지 못한다.
- 말의 뉘앙스를 이해하지 못하고 그대로 받아들인다.
- 수학의 기호나 부호에 대한 혼동이 심하다.
- 좌우 구분이나 상대적인 크고 작음을 구별하기 어렵다.
- 동작이 굼뜨고 생각이 느리다.
- 자신이 싫어하는 것을 절대 하지 않으려 하고 감정적이며 고집이 세다.

난독증의 조기 진단을 위해서는 유치원 시기나 초등학교 1학년 때 어휘력과 함께 음소 인지 측정을 해야 한다. 이를 통해 아이의 음운론적 장애를 식별할 수 있다.

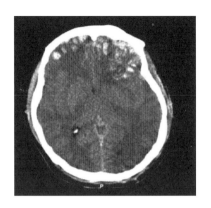

그림 4.3 외상을 입어 난독증 판정을 받은 환자의 뇌

난독증은 그 유형이 다양하여 원인 역시 여러 가지로 추정된다. 그중 두 가지를 살펴본다.

가설 1. 뇌 구조 결함

난독증이라는 증상을 처음으로 지칭한 용어는 언어맹(word-blindness)이다. 때는 1870년대로 거슬러 올라가 우리는 프랑스의 사업가이자 음악애호가 무슈 익스 (Mousieur X)를 만난다. 그는 어느 날 아침 일어나서 자신이 글을 읽을 수 없게 된 것에 놀란다. 신경전문의 조제프-쥘 데즐린(Josehp-Jules Dejerine)은 그의 시각 기능에 이상이 없지만 단어를 읽지도 색깔명을 말하지도 악보를 읽지 못함을 발견했다. 몇 년 후 그는 뇌졸중으로 읽고 쓰는 능력을 상실하고 결국 사망한다.
무슈 익스를 부검한 결과 그를 죽음에 이르게 한 뇌졸중 이전 이미 그가 한 번 뇌졸중을 경험한 증거를 포착했다. 좌뇌의 시각영역과 뇌량(corpus callosum)의 뒤쪽, 좌뇌와 우뇌 반구를 연결시켜주는 띠 모양의 신경섬유가 손상되어 있었다. 시각영역의 연결이 끊겨 우뇌가 본 것을 좌뇌의 언어영역이나 손상된 좌뇌의 시각영역으로 연결시킬 수가 없었던 것이다.

뇌를 좀 더 심도 있게 들여다보자. 마이클 가자니가와 그의 동료는 뇌량을 절단한 환자에게서 뇌의 각 반구의 역할을 알아보는 실험을 고안했다(Gazzaniga, 1992 & 1998). 그들은 환자의 오른쪽 눈에는 아무 자극도 주지 않고 왼쪽 눈에 즉, 우뇌만이 볼 수 있는 시각영역에 'WALK'라는 자극을 제시했다. 참가자는 눈에 비친 요구에 따라 방 밖으로 걸어가기 시작했다. 하지만 그에게 걷는 이유를 묻자 "모르겠다."라든가 "왜 이런 것을 시키는지 귀찮다." 대신에 "콜라 마시러"라는 답을 진지하게 하였다.

다음에는 좌뇌에 닭을 보여주고 우뇌에 눈 내린 경치를 제시했다. 일치하는 사진을 다른 손으로 각각 집으라고 했을 때 좌뇌는 닭발을 고르고 우뇌는 삽을 선택했다. 그에게 왜 그것을 선택했는지 묻자 환자는 "닭발은 닭을 의미하고, 삽은 닭장을 청소하는 데 필요하잖아요."라고 대답했다. 우뇌가 제공하는 지식이 없을 때 좌뇌는 선택한 행동에 대해 일관되지만 틀린 설명을 제공한다.

위 실험의 결과와 무슈 익스의 사례로 보면 우리 행동의 배경과 이유를 설명하는 즉, 이야기를 만들어내는 역할은 좌뇌가 맡고 있다. 우리 뇌의 각 반구는 상대방의 조언이나 동의 없이 자유의지를 실천한다.

지그문트 프로이트 Sigmund Freud, 1856~1939는 오래 전 우리 안에 있는 여러 개의 우리를 통찰하여 본능 id, 자아 ego, 초자아 super ego란 이름을 붙여주었다 그림 4.4 참조.

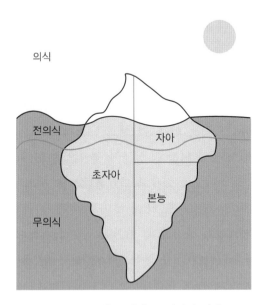

그림 4.4 본능, 자아, 초자아의 관계

자아는 본능적 욕구와 도덕적 초자아 사이를 중재하며 갈등을 겪거나 불안할 때 종종 문제를 현실적으로 풀지 못하고 방어기제 Defence Mechanism **16**를 발동한다. 의식은 우리의 행동 방식을 통제하는 것이 아니라 단지 우리 행동에 대한 이야기를 들려주는 것이다.

다시, 읽기의 어려움으로 돌아가자.

가설 2. 자동화 미달

난독증은 구성요소를 정확하고 빠른 속도로 연결하는 과제 수행 시 운동 기능에 발생한 결함으로 인한 것이다. 1944년 신경과 전문의 폴 쉴더(Paul Schilder)는 독서장애를 문자와 음성을 연결시키지 못하고 표현된 낱말에서 그 안에 든 음성을 구별해내지 못하는 것으로 정의했다.

시각적 뇌

시각적 뇌에 대한 연구가 활발해지고 있다. 문자를 그림으로 취급하는 어린 뇌, 자라면서도 여전히 그리기를 고집하는 뇌가 바로 시각적 뇌이다. 레오나르도 다빈치, 토마스 에디슨, 앨버트 아인슈타인, 윈스턴 처칠, 이안 플레밍 등이 시각적 뇌를 갖고 난독증을 겪었다고 알려진 유명한 사람들이다. 조금 덜 유명한 사람으로는 화가 척 클로즈 Chuck Close, 1940~가 있다.

클로즈는 어려서 성적이 나빴고 신체적 결함으로 인해 굼떴다. 선생님과 친구들은 그가 크게 되기는 글렀다고 보았을 것이다. 그들의 눈에는 게으름뱅이로 보였을 테니까. 클로즈는 또래 아이들이 흔히 겪지 않는 경험도 했다. 그의 아버지는 11살에 사망하고, 어머니는 유방암에 걸려 치료비로 집을 날렸다. 하지만 그는 미술에 대한 열정으로 신체적 제약과 주위의 불행을 극

---

16 대표적 방어기제로는 무의식적으로 감추는 억압(repression), 아무 제재도 없던 어렸을 때로 돌아가는 퇴행(regression), 다른 사물이나 사람의 탓으로 돌리는 투사(projection), 사회적으로 용납되는 행동으로 분출시키는 승화(sublimation), 정반대의 행동으로 대치하는 반작용 형성(reaction formation), 사실과 다른 이유를 드는 합리화(rationalization) 등이 있다.

복했다. 꼭두각시 인형쇼나 마술쇼를 기획하고, 학교에 미술작품을 공들여 제출하면서 자신의 결점을 보완하려 노력했다. 결국 특유의 격자무늬 그림을 고안하여 세계 각국의 유명 미술관에 자신의 그림을 걸었다.

1988년 척이 뉴욕의 어느 수상식에 참석했을 때, 몇 시간 만에 사지가 마비되는 불행이 찾아왔다. 클로즈는 척추에 피가 응고되어 더 이상 붓을 잡을 수 없게 되었다. 그러나 어느 날 치아로 붓을 잡을 수 있다는 것을 알게 되었다. 나중에는 팔뚝 윗부분을 조금 움직이게 되었다. 그는 질감과 표정이 풍부한 사실적인 대형 이미지를 스크린의 픽셀 같은 것으로 표현했다. 다채로운 색을 사용한 작은 그림을 이어 붙여 커다란 모자이크 이미지를 만들어냈다. 새로운 미술작품을 통해 그는 확실하고도 생생하게 신체적 제약을 이겨냈다.

Education
for
a Happy Society

Chapter 5

찾고

찾고

나는 누구인가

나를 생각하는 나, 그리고 생각되어지는 나, 즉 생각을 행하는 주체로서의 나와 생각의 대상이 되는 객체로서의 나로, 임마누엘 칸트 Immanuel Kant, 1724~1804는 《순수이성비판 *Kritik der reinen Vernunft*》(1781)에서 최초로 자체 분리를 시도한다. 나를 대상으로 놓았을 때 나는 나를 조정할 수 있게 된다. 내가 나라고 생각하는, 내가 이룰 수 있다고 생각하는, 다른 사람이 나라고 생각한다고 여기는, 그리고 내가 되고 싶은 이미지들, 즉 자신에 대해 가지는 생각, 감정, 태도 등의 자기 지각의 총체를 자아개념으로 정의한다.

아직 걷지 못하는 영아들도 거울을 가지고 놀길 좋아한다. 아기 사진이 담긴 그림책도 좋아한다. 아이들은 언제부터 자신의 모습을 알아볼까? 대개 15개월에서 18개월 사이라고 한다. 아이 코에 몰래 루주를 바르고 거울을 비추면 아이는 거울에 비친 루주 자국으로 손을 뻗지 않고 손을 자신의 코로 가져가서 문지르기 시작한다. 그 연령 전에는 아이들 손이 거울로 가서 비쳐진 부위를 만진다. 거울 속 아이에게 루주가 묻은 것으로 생각하기 때문인 것으로 추정된다(Lewis & Brooks-Gunn, 1979).

사람들은 아이가 하는 짓에 반응한다. 그들은 아이를 "아이고, 귀한 내 새끼!" 등으로 부른다. 쿨리 Cooley는 타인이 자신을 어떻게 보는지를(적어도 부분적일망정) 스스로

를 깨달아 가는 데 반영한다는 생
각에서 타인을 통해 보는 나를 거
울상looking glass self으로 규정지
었다(Cooley, 1902). 타인에게
본 것을 나라고 내면화하는 과정,
타인의 가치관과 생각을 나의 것
이라고 믿으며 사회화의 첫걸음
을 내딛는 것이다. 아이는 타인과
의 상호작용 속에서 자신과 자신

그림 5.1 칸트의 《순수이성비판》

이 속한 세상의 의미를 이해하기 시작한다(Mead, 1934).

아이들이 서너 살이 되면 물질이나 사람을 보고 내 인형, 우리 아빠 등의
소유개념을 나타내는데, 이는 자아개념의 확대로 볼 수 있다(Allport, 1961).
또한 유아의 자의식은 나서지 못하는 수줍음, 잘못했을 때의 수치심, 의기양
양하거나 자랑스러워하는 감정에서 확인할 수 있다. 나라는 의식에 수반되는
이러한 감정은 옳고 그름을 가늠하는 도덕적 판단과 태도로 이어진다(Ayer,
1952; Stevenson, 1937).

자유의지를 찾아서

당신은 운명을 믿는가? 신이 당신을 위해 은밀하게 준비한 각본에 만족하
는가? 인간이 자신의 행동을 얼마나 주체적으로 지휘할 수 있는가 하는 문제
는 수많은 철학과 과학 연구, 그리고 문학작품의 주제가 되어 왔다.

인간은 이미 조건지어지고 결정된 상태가 아니다. 인간은 어떤 상황에 굴복
하든지 아니면 그것에 맞서 싸우든지 스스로 판단을 내릴 수 있는 존재이다.
인간은 그저 존재하는 것이 아니라 앞으로 어떻게 존재할 것인지 생각하는
존재이며, 여러 제약에도 불구하고 자유로우리라 마음을 먹을 수 있는 존재이
다. 그리고 다음 순간에 어떤 일을 할 것인지 항상 판단하며 사는 존재이다.

바꾸어 이야기하면 인간은 어느 순간에도 변할 수 있는 자유를 가지고 있다. 우리는 순간순간 계속되는 단편적 행동을 통해 우리의 자유를 행사한다. 한순간에서 다음 순간까지 우리가 자신을 이끌어가는 방향, 이것에서 바로 스스로의 위대함을 찾는다.

오성에 의거하여 모든 것을 따져 물었던 임마누엘 칸트는 "계율이나 훈시에 따르는 것이 개인이 행복을 위해 할 수 있는 합리적인 선택"이라는 당시의 믿음을 거부했다. 그는 최고의 선이란 개인의 도덕적 완성이며 바로 거기에 행복이 있다고 믿었다. 다만 행복은 이런저런 조건이 맞았을 때 오지만, 도덕은 조건부가 아닌 이미 우리에게 내재한 것이라고 생각했다. 도덕은 우리의 욕망에 기반하지 않는다. 물론 종교적 믿음에 기초하지도 않는다.

칸트는 신이 우리가 이런저런 것을 행해야 하므로 이런저런 것을 하라고 명령했다는 것에 따르기를 거부했다. 그는 신이 명령한 것을 우리가 언제나 행해야 한다고 알기 위해서는 신과 독립적으로 도덕적 판단을 할 수 있어야 한다고 했다. 그리고 만약 우리가 신에게서 독립하여 도덕적 판단을 할 수 있는 존재라면 신의 명령에 복종할 필요가 없고, 우리에게 있는 도덕적 판단 능력에 의지하여 살아가면 되기 때문이라는 것이다.

본능의 한계 내에서 행동하며 생을 규정하는 것을 우리는 짐승이라 부른다. 찰스 다윈 Charles Robert Darwin, 1809~1882은 《종의 기원 The Origin of Species》(1859)에서 인간이 동물에서 진화되어 나왔음을, 바로 우리가 최신종의 동물임을 갈파했다. 그렇다면 인간은 동물과 어떻게 다른가? 아니, 우리는 얼마나 자신의 한계를 뛰어넘으려 노력했는가?

교육철학에서 '훈련 training'과 '교육 education'은 크게 다른 개념이다. 훈련은 특정한 일을 더욱 효과적으로 성실하게 수행할 수 있도록 하는 것이고, 교육은 그 사람의 마음을 열고 풍요롭게 하는 것이다. 지금부터 인간을 대상으로 한 훈련 중에서 널리 알려진 것들을 살펴보자.

러시아의 생리학자 이반 파블로프 Ivan Pavlov, 1849~1936는 〈개의 조건반사에 대한 연구〉로 1903년 노벨의학상을 수상했다. 이 논문은 동물의 고전적 조건화에 관한 것으로, 그 결과가 인간 학습을 이해하는 디딤돌이 되었기 때문이다. 고전적 조건화에 관한 내용을 요약하면 다음과 같다 그림 5.2 참조.

- 본능에 관계된 자극(예: 음식)에 노출되면 반사적으로 반응(예: 소화를 돕는 침)이 나타난다.
- 본능과 관계없는 자극(예: 벨소리)이 본능에 관계된 자극과 같이 또는 시간상 아주 긴밀하게 여러 번 주어진다. 이를 조건화 과정이라 한다.
- 조건화되면, 본능과 관계없는 자극(예: 벨소리)에 단독적으로 노출되었을 때도 반사적 반응(예: 침)을 일으킨다.

파블로프 연구의 중요성은 본능과 짝지으면 어떤 자극으로도 유기체의 반응을 불러일으킬 수 있다는 점에 있다. 이는 존 왓슨John B. Watson, 1878~1958의 인간 아기를 대상으로 한 본능적 감정을 일으키는 조건화 연구로 이어지고, 이후 수많은 광고에 적용되어 대중이 물건을 기분 좋게 구매(반응)하게 만드는 데 이용되고 있다. 파블로프가 런던 챠링크로스 병원의 연구원으로 일할

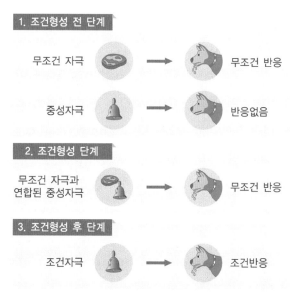

그림 5.2 고전적 조건화 과정

그림 5.3 런던 챠링크로스 병원

당시, 길 한편 펍 pub 17에 묶인 개가 빅뱅의 종소리를 듣고 침을 흘리는 영리한 모습을 목격하면서 이 유명한 연구가 시작되었다(Klein, 1996). 호기심이 항상 다니는 길에 함께할지니…….

왓슨에서 시작한, 인간 행동 수정에 초점을 맞춘 심리학자군을 행동주의학파라 부른다. 이들은 배움 또는 학습현상을 경험의 결과로 나타나는 관찰가능한 행동의 변화로 정의한다. 환경으로부터 학습자에게 제시되는 자극 stimulus과 자극으로 인한 행동인 반응 response 간 연합이 핵심원리이다. 연합이 이루어지기 위해서는 다음의 조건을 충족시켜야 한다.

- 시간: 조건 자극이 무조건 자극과 동시에 또는 그에 조금 앞서 주어져야 한다.
- 강도: 나중에 주는 자극은 먼저 준 자극보다 같거나 강해야 한다.
- 일관성: 일관된 자극물을 사용해야 한다.

---

17 어느 동네에나 있는 술과 음료, 음식을 파는 곳으로 영국 문화를 대표하는 장소 중 하나이다.

• 계속성: 자극과 반응의 결합 관계 횟수가 많을수록 연합이 잘 이루어진다. 연합 이후에 계속해서 결합이 이루어지지 않으면 연합이 소거된다.

버러스 프레더릭 스키너 Burrhus Frederic Skinner, 1904~1990는 인간이 훈련을 통해 생물학적 제약을 뛰어넘으리라 전망하였다. 그는 인간 종의 레퍼토리를 넘어선 기술 습득의 가능성을 위해 여러 가지 학습장치를 고안하였다. 제2차 세계대전 때 비둘기에게 미사일 유도 훈련을 시키기도 했던 그는 인간이 제대로 훈련만 받으면 인체의 한계 너머로 얼마든지 나아갈 수 있다고 믿었다.

그의 조작적 조건화 이론의 요점을 정리하면 다음과 같다 그림 5.4 참조

• 유기체의 우연한 시도(예: 빨간색 막대 누름)가 본능을 만족(예: 모이)시킨다.
• 몇 번의 우연한 시도가 계속적으로 만족스러운 결과를 낳는다.
• 유기체는 만족스러운 결과가 따르는 행동을 의도적으로 반복한다.
• 유기체는 만족스럽지 못한 결과가 따르는 행동은 하지 않으려 한다.
• 유기체의 반복적(또는 감소된) 행동과 그에 따르는 결과의 연합을 조작적 조건화라고 한다.

조작적 조건화를 인간에게 적용한 예는 다음과 같다. 아기는 생리적으로 의미 없는 미소를 짓고 발차기를 한다. 그때마다 양육자가 어떻게 반응하느냐에 따라 아기의 행동 횟수가 증가하기도 하고 감소하기도 한다. 즉, 아기의 행동은 그에 따르는 외부반응으로 인해 조건화된다. 조건화를 통한 학습

우연한 반응　　　　　　　강화　　　　　　　의도적 반응

비둘기가 빨간색　　　음식을 얻는다.　　　빨간색 막대를 누른다.
막대를 누른다.

그림 5.4　조작적 조건화

에서 영아에게 효과적인 강화인자는 말하기, 쓰다듬기, 아기 얼굴 들여다보기 등의 사회적인 것이다.

계획된 강화

강화는 어떤 행동의 강도나 발생 빈도를 증가시키는 것으로 조건 형성의 핵심적인 원리이다. 강화에는 정적 강화와 부적 강화가 있다. 정적 강화는 칭찬, 상 또는 잘한 것을 벽에 게시하는 것처럼 가치 있는 어떤 것을 제공하여 바람직한 행동의 강도와 빈도를 증가시키는 것이다. 부적 강화는 청소나 벌과 같이 바라지 않는 어떤 것을 제거하여 바람직한 행동(질문하기 또는 발표하기)의 강도와 빈도를 증가시키는 것을 말한다. 덧붙여, 벌은 원하는 것을 빼앗거나 원치 않는 것을 줌으로써 행동을 약화시키는 것이다.

강화 계획은 발생 빈도와 시간, 두 요소를 고정시키느냐 아니면 고정시키지 않느냐에 따라 다음의 네 가지로 설계할 수 있다.

- 고정비율 강화계획: 어떤 행동이 일정 횟수만큼 반복되었을 때 강화(예: 커피 10잔을 사면 1잔을 무료로 주는 행사 등)
- 변동비율 강화계획: 어떤 행동의 n번째마다 강화(예: 인형뽑기나 슬롯머신처럼 확률에 따라 보상을 얻을 수 있는 게임 등)
- 고정간격 강화계획: 일정한 간격을 기준으로 그 간격마다 강화(예: 학기 동안 정해진 날짜에 고정적으로 시험을 치르는 것 등)
- 변동간격 강화계획: 일정하지 않은 간격을 기준으로 그 간격마다 강화(예: 학기 동안 정해지지 않은 날짜에 임의로 쪽지시험을 치르는 것 등)

1950년대와 1960년대에는 스키너의 행동기법이 미국의 주립 요양시설에 활용되었고, 중증 정신병 환자 관리에도 유용하게 쓰였다. 치유가 불가능한 정신분열증 환자들에게 숟가락을 한 번 들 때마다 담배 한 개비를 보상으로 주는 방식을 적용하여 자신의 손으로 옷을 입고 음식을 먹게 만들었다.

20세기 후반의 임상학자들은 공포증과 공항장애를 치료하기 위해 스키너의 조건화 이론을 발전시켰다. 그들은 단계적으로 환자를 불안에 노출시켜 예민함을 낮추는 체계적 둔감법과, 공포증 환자에게 공포의 원인을 직접 대면하게 하는 자극범람법을 고안하여 지금까지도 행동치료에 사용하고 있다.

동기이론

인간을 의도적인 행위로 이끄는 요인을 보상이라는 틀 안에서 제시한 것은 행동주의의 영향이다. 행동주의자들에 의하면, 동기는 보상의 유형에 따라 내재적 동기와 외재적 동기로 나눌 수 있다. 그중에서 욕구, 흥미, 호기심, 즐거움 등 내적이고 개인적인 요인에 의해 유발되는 동기를 내재적 동기라 한다.

내재적 동기는 활동 그 자체가 보상으로 작용하기 때문에 그러한 활동을 하도록 하는 데에 어떤 유인물이나 처벌이 필요하지 않다. 내재적으로 동기화된 사람은 주어진 과제나 그것이 가져다주는 성취감을 즐긴다. 학습과 관련하여 내재적으로 동기화된 사람은 학습활동 그 자체를 좋아하므로 아무도 학습을 강요하지 않는 상황에서도 자발적으로 학습활동에 몰두한다. 그에게는 활동 그 자체가 보상이므로 외부로부터의 보상을 필요로 하지 않는다.

외재적 동기란 외적이고 환경적인 요인, 즉 보상, 사회적 압박, 처벌 등에 의해 유발되는 동기를 말한다. 외재적으로 동기화된 사람은 활동 그 자체에는 별로 흥미가 없으며, 그것이 가져다주는 보상에만 관심이 있다. 그들은 과정보다는 결과를 중시하며 교사나 부모의 처벌에 관심이 있다.

아리스토텔레스는 어떤 것도 그 자체로 선하거나 악하지 않다고 생각했다. 동기 역시 무엇을 위한 것인가의 문제이다.

자긍심

우리는 인생을 살면서 숱한 훈련과 교육을 받는다. 교육철학자 존 암스트롱 John Armstrong은 훈련과 교육의 차이에 대해 이렇게 말했다. "훈련이 특정 업무를 더욱 효과적으로 성실하게 수행하는 법을 가르치는 반면, 교육은 그 사람의 마음을 열고 풍요롭게 해준다(Armstrong, 2013)."

누군가를 훈련할 때 그 사람이 누구이고, 무엇을 사랑하며, 왜 그것을 사랑하는지 등은 전혀 알 필요가 없다. 하지만 교육은 그 사람의 전체를 이해하고 포용해야 가능하다. 이 지점이 훈련에 주목했던 행동주의자들의 맹점이다. 교육자는 인간을 훈련 대상으로 취급하는 교육에서 비롯된 차가움을 잊고 인간이 목적이 되는 교육 고유의 목적으로 돌아가야 한다. 개인이 자아를 확장하고 사회 속에서 권리를 찾는 여정에 동참해야 한다.

자신의 가치를 판단하는 기준이, 지금까지 성취한 것과 이루고자 하는 것 사이의 차이라는 점에 일찍이 주목한 이는 심리학의 아버지 윌리엄 제임스 William James, 1842~1910이다. 제임스는 이상이 현실화된 정도를 통해 개인이 스스로를 얼마나 가치 있게 여기는가를 측정하였다(James, 1890). 운 좋게도 자신의 기준에 부합하는 삶을 영위하며 이상을 실현시킨 이들은 자긍심이 강할 것이다. 슬프게도 주위에서 현실에 맞게끔 이상을 낮출 것을 권유받은 사람은 자신의 능력을 직시하고 재사회화해야 할 과업을 부여받은 것이다.

에릭 에릭슨 Eric Erikson, 1902~1994은 자신을 긍정적으로 평가하는 것은 인생의 단계마다 이루어야 할 사회적 과업의 달성 여부에 달렸다고 주장했다. 그때그때 당면한 발달 과제는 잠재적 가능성을 강화하는 일종의 전환점으로, 이를 잘 해결한 사람은 건강한 발달을 이루고 자신에 대해 긍정적인 느낌을 갖는다. 그렇지 못한 경우에는 자신에 대해 부정적인 느낌을 갖고 스스로 낮게 평가한다는 것이다.

에릭슨이 크게 8단계로 나눈 인간 발달의 주 과업은 다음과 같다.

- 1단계는 신뢰감의 구축이다. 생후 1년 동안 신생아는 주위의 반응을 통해 신뢰와 불신을 경험한다. 아이는 양육자가 자신의 울음과 신호에 민감하게 반응하면서 일관성을 갖고 따뜻하게 보호할 때 불안과 두려움 없이 신뢰를 형성한다.

- 2단계는 자율성을 기르는 것이다. 영아기와 걸음마기를 거치면서 아이는 자기주장을 내세우며 자율적으로 행동한다. 이때 행동에 제한이 많고 처벌이 심할 경우 아이는 자신에 대해 의심을 품거나 수치심을 느낀다.

- 3단계는 주도성의 확립이다. 유아는 3~6세에 사회적 활동범위가 넓어짐에 따라 이에 필요한 일들을 감당하기 위한 능동적이고 목적지향적인 행동과 책임을 요구받는다. 이때 책임감이 없는 상태로 불안해지면 죄책감을 느끼게 된다.

- 4단계는 근면성이다. 학령기의 아동은 새로운 경험을 하면서 지식을 넓히고 인지적 기술을 습득하는 데 에너지를 쏟는다. 이때 무력감이나 비생산적인 열등감에 빠질 위험도 있다.

- 5단계는 청소년기 정체성에 대한 의문이다. 이는 자신의 역할과 실체에 대한 고민과 갈등으로부터 생겨난다. 이때 여러 가지 경험과 역할을 탐색할 수 있는 기회가 주어져야 긍정적인 정체성을 확립할 수 있다.

- 6단계는 다른 사람과 친밀한 관계를 형성하는 과업이다. 아이는 친구 혹은 이성과의 관계를 통해 친밀감을 형성한다. 그렇게 하지 못했을 때는 고립된 느낌을 경험한다.

- 7단계는 생산성을 발달시키는 것이다. 아이가 성인이 되면 다음 세대를 기르고 사회에서 자신이 맡은 일을 하며 지내게 된다. 그렇게 하지 못했을 때는 침체를 경험한다.

- 8단계는 인생의 마지막 단계로 죽음을 바라보며 그동안의 삶을 되돌아보는 것이다. 이때 자신의 삶을 만족스럽고 의미 있는 것으로 받아들이면 자아통일감을 얻지만, 그렇지 않으면 신체적·심리적으로 무력해지고 절망감을 느낀다.

에릭슨의 인간 발달과 단계별 과업이 하나의 모델로 회자되는 이유는, 개인이 사회에 적응하는 과업이 각 개인의 노력만으로는 이루어질 수 없으며, 주위의 도움과 협조가 얼마나 필요한 것인지를 역설하기 때문이다.

신생아는 우는 것 말고는 자신의 요구를 표현할 능력이 없다. 그러한 신생아에게 생존과 발달권을 보장하는 사회를 만들어야 아이들이 제대로 성장할 수 있다. 인생의 생산 시기를 거쳐 은퇴한 노인들에게 의료와 연금을 보장해야 그들이 사회의 일원으로서 살아온 날을 후회하지 않는 것처럼.

아동권리

권리는 비교적 최근에 서양에서 나타나기 시작한 개념이다(Gewirth, 1978). 고대나 중세의 어느 언어를 보아도 권리로 번역할 만한 표현은 보이지 않는다. 영어뿐만 아니라 히브리어, 그리스어, 라틴어 또는 아랍어를 살펴보아도 1400년경까지, 그리고 일어에서는 19세기 중반까지 권리라는 개념에 해당하는 표현적 수단을 발견할 수 없다. 과거, 어느 누구도 그러한 것이 있다는 사실을 몰랐다.

인간이 시민으로서 갖는 권리를 인권이라 한다. 이는 국가가 만들어질 당시 다수의 횡포를 방지하기 위해 가상적 (사회)계약의 당사자가 합의한 본래의 계약 내용의 일부(Rawls, 1978)가 인권에 접근하는 기본 시각이다.

법에 명시된 인권을 살펴보자. 우리나라 헌법 제11조는 "모든 국민은 법 앞에 평등하다. 누구든지 성별, 종교 또는 사회적 신분에 의하여 정치적·경제적·사회적·문화적 생활의 모든 영역에 있어서 차별을 받지 아니 한다."라고 규정하고 있다. 헌법이 예시한 평등의 개념과 범위에 대해서 국가인권위원회(2001)에서는 다음과 같이 언급한다.

"평등권 침해의 차별행위라 함은 합리적인 이유 없이 성별, 종교, 장애, 나이, 사회적 신분, 출신지역(출생지, 등록 기준지, 성년이 되기 전의 주된 거주 지역 등), 출신국가, 출신민족, 용모 등 신체조건, 기혼·미혼·별거·이혼·사별·재혼·사실혼 등 혼인 여부, 임신 또는 출산, 가족형태 또는 가족 상황, 인종, 피부색, 사상 또는 정치적 의견, 형의 효력이 실효된 전과, 성적 지향, 학력, 병력 등을 이유로 한 다음 각 항목의 어느 하나에 해당하는 행위를 말한다."고 이를 더욱 확대·구체화하고 있다. 국가인권위원회는 헌법에 명시되지 있지 않은 나이까지도 언급하고 있다.

우리나라는 초대 국회에서 헌법을 만들면서 여성의 참정권을 인정했다. 물론 싸워서 얻은 권리는 아니다. 서양의 페미니스트에게 빚을 진 셈이다. 전 세계적으로 여성은 평등임금과 고용기회를 위해 여전히 싸우고 있다. 1971년

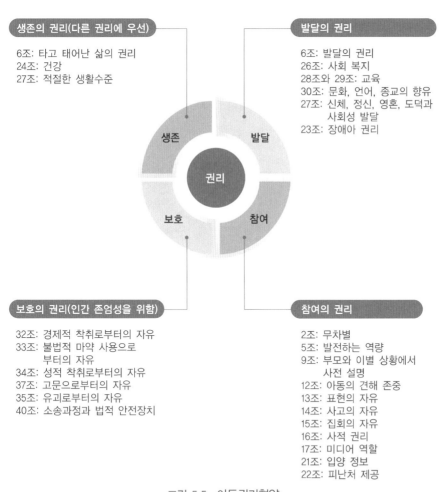

생존의 권리(다른 권리에 우선)

6조: 타고 태어난 삶의 권리
24조: 건강
27조: 적절한 생활수준

발달의 권리

6조: 발달의 권리
26조: 사회 복지
28조와 29조: 교육
30조: 문화, 언어, 종교의 향유
27조: 신체, 정신, 영혼, 도덕과
　　　사회성 발달
23조: 장애아 권리

보호의 권리(인간 존엄성을 위함)

32조: 경제적 착취로부터의 자유
33조: 불법적 마약 사용으로
　　　부터의 자유
34조: 성적 착취로부터의 자유
37조: 고문으로부터의 자유
35조: 유괴로부터의 자유
40조: 소송과정과 법적 안전장치

참여의 권리

2조: 무차별
5조: 발전하는 역량
9조: 부모와 이별 상황에서
　　　사전 설명
12조: 아동의 견해 존중
13조: 표현의 자유
14조: 사고의 자유
15조: 집회의 자유
16조: 사적 권리
17조: 미디어 역할
21조: 입양 정보
22조: 피난처 제공

그림 5.5 아동권리협약

스위스에서 여성참정권이 비로소 인정되고(한 주에서는 1991년에야), 여성의 권리에 대한 이해가 대체로 확립되는 듯하다.

이제는 아동이다. 나이로 인한 제약을 극복하고 아동이 자신의 최고 이익을 알고 이를 위해 선택하는 권리에 대해 사회가 주목하기 시작했다(김경희, 안소영, 한지숙, 2013). 지난 세기가 여성이 권리를 찾는 시기였다면, 2000년대는 아동이 자기 권리를 찾아가는 시대가 될 것이다.

아동이 적절한 생활수준을 누리는 세상을 원하는 국제사회의 염원을 담아, 1989년 UN아동권리위원회에서는 139개국의 동의하에 아동권리협약을 통과시켰다. 이 협약은 4개의 기본 원칙을 가지고 있다. 아동 최선의 이익 원칙(제3조), 무차별의 원칙(제2조), 생존 및 발달의 원칙(제6조), 참여(제12조)의 원칙이 그것이다 그림 5.5 참조. 참여의 원칙은 아동을 보호와 훈육의 대상으로 보던 이전 시각에서 벗어나 아동을 자신의 권리를 추구하는 능동적 참여자로 여기는 시각의 변화를 대변한다.

빈곤으로부터 아동의 권리 보호　　　　　　빈곤이 아동과 청소년에게 미치는 영향은 발육부진, 발달지체 등과 같은 신체발달의 문제에서 저지능, 학업부진, 학교중퇴와 같은 인지발달의 문제, 우울 및 불안 등과 같은 내면화된 문제, 공격성, 주의력 결핍, 과잉행동장애, 반사회적 행동 등과 같이 외현한 문제 등을 포함한 심리·사회발달 문제에 이르기까지 광범위한 것으로 밝혀지고 있다.

빈곤은 거주 지역을 선택하는 데 제한을 가져온다. 즉 빈곤할수록, 고용 기회가 많고 좋은 학교와 병원, 서비스가 밀집된 지역에 거주할 가능성이 낮아진다. 또한, 우리나라에서는 만성질환을 앓는 아동의 수, 만성질환이 공부 또는 일상생활에 지장을 주는 정도, 아동이 주관적으로 내리는 자기 건강 상태에 대한 진단이 지역 간 차이를 보이는 것으로 나타났다(김세원, 김성숙, 2012). 대도시에 거주하는 아동에 비해 중소도시에 거주하는 아동이 자신의 건강상태에 대해 좀 더 부정적으로 인식했다. 아동의 학년이 증가할수록 만성질환을 겪는 비율이 증가했으며, 주관적 건강상태를 좀 더 부정적으로 평가하는 것으로 나타났다.

빈곤으로 인한 부모 자녀 간의 소통 시간과 기회의 부족, 부모의 보살핌 부족은 자녀의 자신감 부족 및 학교 부적응으로 이어져 낮은 학업성취도를 초래한다. 또한, 취학 전 학습 준비 부족 및 교육자원에의 접근 제약은 학년이 올라갈수록 학업성취 격차를 확대함으로써 고등교육의 기회 차단이라는 결과를 야기한다.

학령기 전 평등한 교육 기회는 평등 사회의 기초를 마련한다. 이를 위해 우리나라 정부는 2012년에 무상보육과 누리과정의 점차적인 시행을 알렸다.

이주노동자 자녀의 권리 보호   현재 국내에 체류 중인 이주노동자 자녀의 인권 문제에서 중요한 과제는 '부모의 양육을 받을 권리'와 '학습권'이다. 출입국관리법령은 국내 합법 취업자의 배우자와 20세 미만 미혼 자녀에게 동반 사증을 발급할 수 있도록 규정하고 있으나, 생산기능직 이주노동자는 그 대상에서 제외되어 있다. 따라서 국내에서 일하는 이주노동자 중 전문기술직 종사자는 가족과 함께 입국하여 생활할 수 있으나, 생산기능직 종사자는 거주를 목적으로 가족을 동반 입국할 수 없다.

체류 자격이 없는 미등록 노동자는 물론이고, 합법적으로 취업할 수 있는 비전문 취업 체류 자격을 지닌 이주노동자 역시 가족을 동반할 수 없는 것이다. 하지만 생산기능직 이주노동자 중에서는 여러 형태로 가족을 동반하여 입국하거나, 국내에서 가족을 형성하기도 한다. 그리고 그 가족 성원에 아동이 포함된 경우가 종종 있다. 이러한 아동들은 대부분 불법체류 중이다.

2003년 개정된 초중등교육법시행령은 "재외국민 또는 외국인이 보호하는 자녀 또는 아동이 국내의 초등학교에 입학하거나 최초로 전·입학하는 경우에 출입국관리소장이 발행한 출입국에 관한 사실증명서 또는 외국인등록사실증명서를 거주지를 관할하는 해당 학교의 장에게 제출함으로써 제17조 및 제21조의 규정에 의한 입학 또는 전학 절차에 갈음할 수 있다."라고 규정한다.

몽골, 중국, 파키스탄, 방글라데시, 러시아, 우즈베키스탄, 키르기스스탄 등에서 온 이주노동자의 자녀 중 일부는 서울, 인천 및 경기도의 일반 학교에 재학하기도 하지만 취학률은 아주 낮다. 부모가 먼저 한국에 와 있는 경우 직접 본국에 가서 자녀를 데리고 오기가 힘들어 입국 시 브로커의 자녀로 등록하는 경우가 많기 때문이다. 이주노동자의 자녀들은 주로 이주노동자 상담소가 운영하는 한국어 교실이나 방과 후 교실에서 한국어를 배운다. 어느 정도 기본적인 의사소통을 하게 되면 한국 학교에 입학하기도 하는데, 학교에는 이들의 한국어 교육을 위한 별다른 장치가 없다.

한국에서 출산한 이주노동자 상당수가 아이를 본국으로 보낸다. 한국에 와서 결혼한 이주노동자 부부는 각자 자신이 입국하면서 지출한 경비를 갚아야 하거나 본국에 남아 있는 가족에게 송금을 해야 하므로 일을 쉴 수 없다. 어머니가 일을 하느라 힘들어서, 본국의 가족이나 친척에게 양육을 위탁하는 것이다. 출생신고 기간인 한 달 이내에 자녀를 본국으로 보내면 외국인 등록 절차를 거치지 않고 범칙금도 없이 출국이 허용된다. 하지만 이주노동자가 자녀를 신생아 때 본국에 보내 양육을 위탁하는 것은 아동의 양육권에 대한 침해라는 점에서 시정되어야 한다.

새터민 아동의 권리 보호　　　새터민, 난민과 관련한 UN아동권리협약 제22조 1항은 다음과 같다. "당사국은 난민으로 취급되는 아동이 국제 인권 또는 인도주의 관련 문서에 규정된 적용 가능한 권리를 향유함에 있어서 적절한 보호와 인도적 지원을 받을 수 있도록 하기 위하여 적절한 조치를 취해야 한다." 2항의 내용은 다음과 같다. "이를 위하여 난민 아동의 부모나 다른 가족 구성원을 추적하는 데 적절하다고 판단되는 협조를 제공하여야 한다. 부모나 다른 구성원을 발견할 수 없는 경우, 각 아동은 어떤 이유로 인하여 영구적 또는 일시적으로 가족환경을 박탈당한 다른 아동과 마찬가지로 이 협약에 규정된 바와 같이 보호를 받아야 한다."

우리 사회에는 약 1,000여 명의 새터민 아동이 거주하며, 이들은 소외 계층에 속한다. 새터민 아동이 입국 전 중국 및 제3국에서 생활한 기간은 평균 3년 정도이다. 이들은 북조선인이라는 신분을 숨기고 살아남기 위해 거친 노동과 막일을 닥치는 대로 하며 최소한의 생계를 연명하는 유랑생활을 하거나 종교단체의 도움을 받아 은둔생활을 한다.

이 아동들은 기근과 영양결핍으로 인한 성장·발육상의 문제, 탈출과 유랑 과정에서 입은 심리·정서적 상처, 남북 간의 사회·문화적인 차이로 인한 적응의 문제, 교육 내용 차이로 인한 학교 적응의 어려움을 겪고 있다. 북한에서의 학력은 고등학교 중퇴가 약 45%, 인민학교 중퇴가 약 20%, 무학이 약 24%로 새터민 아동 대부분이 학교를 제대로 다니지 못했다(이재연, 안동현, 황옥경, 2007).

Education
for
a Happy Society

Chapter **6**

물들고

Chapter **6**

물들고

■ 이민자

2500년 전 그리스 역사가 헤로도토스Herodotos가 전하는 일화다.

> 페르시아의 다리우스 황제가 그리스인들에게 물었다. "얼마를 주면 아버지의 시신을 먹겠는가?" 그리스인들은 충격을 받아 돈을 얼마를 받더라도 그렇게는 하지 않을 거라 대답했다. 그러자 황제는 그리스인들이 있는 자리에서 인도인들에게 "얼마를 주면 아버지의 시신을 화장하겠냐고 물었다." 인도인들은 몹시 불쾌해했다.

헤로도토스는 다른 사람의 문화를 조롱하는 사람은 누구든 완전히 미쳤다고 결론짓는다.

17억 5천만 명의 인구가 출생국가가 아닌 타국에서 살고 있다. 이는 전 세계 인구의 3분의 1 정도가 된다. 이민자 수는 지난 30년 동안 두 배로 늘었다(Bomans, 2012). 어떤 이들은 필요에 의해서, 어떤 이들은 본인의 의지로 이민을 택했다. 대부분은 행복을 찾기 위해서 떠난 것이다. 고향을 떠난 그들은 과연 행복했을까? [18]

이민 후 사람들은 자신이 자란 환경과 다른 문화에 살면서 여러모로 혼란과 도전을 겪는다. 새로운 문화를 수용하는 자세는 이민의 목적이 어디에 있는가에 영향을 받는

---

[18] 박찬욱 감독의 영화 〈믿거나 말거나, 찬드라의 경우〉(2003)는 현재 우리나라 노동이주자의 열악한 인권 상황을 보여주고 있다.

다(Krammer, 2011). 결혼은 여성이 우리나라에 이민을 오는 가장 큰 이유이
다(MOE, 2010). 반면 남성은 노동이주를 주로 하며, 탈북을 하거나 정치 및
여타 이유로 우리나라에 귀화 또는 망명을 신청하는 자 **19**들도 있다.

이민 전 국가에서 기른 정체성과 문화적 특성을 간직하고 싶어 하는지 혹은
이민 후 새로운 공동체와 관계를 형성하는 것을 가치 있다고 여기는가에 따라
이민자의 적응 형태는 크게 네 가지로 나눠진다(Rudmin, 2003). 통합 integration,
동화 assimilation, 분리 separation, 그리고 주변화 marginalization가 바로 그것이다.

- 통합은 이민자들이 이주국의 정착사회에 활발하게 참여하면서 자신들의
  고유 전통과 문화를 유지하는 경우이다.
- 동화는 이민자들이 정착사회에 활발하게 참여하는 과정에서 고유문화와
  정체성을 상실하여 주류집단에 흡수되는 경우를 지칭한다.
- 분리는 정착사회 참여는 활발히 하지 않으면서 자신들의 문화정체성을
  강하게 유지하고 소수 이문화 집단 거주지에 격리되어 사는 등 정착사회
  와 일정 거리를 유지하는 것을 일컫는다.
- 주변화는 주류 사회에 참여하지도 않으면서 자신들의 문화정체성을 잃
  어버리는 경우를 말한다.

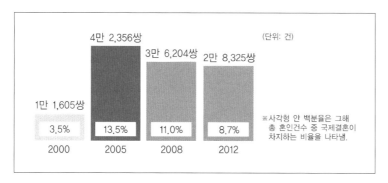

그림 6.1 연도별 국제결혼 추이
자료: 통계청

---

19 《내 이름은 욤비》(2013)는 제3세계 시민이 우리나라에 망명 신청을 하는 과정이 얼마나 어려운 일
인지 묘사하고 있다.

이주민에 대한 정착사회의 태도 또한 네 가지로 나눌 수 있다. 첫째, 정착사회로의 흡수를 강요하는 것이다. 둘째, 이주민의 원문화 특성을 인정하지 않고 정착사회에서 분리시켜 배제하는 것이다. 셋째, 이주민의 모국 문화 특성을 인정하지만 정착사회의 참여에는 배제시켜 격리하는 것이다. 마지막으로 이주민의 문화정체성을 인정하고 동시에 이주자를 다양한 수준에서 포용하는 다문화주의 등을 들 수 있다(Sam & Berry, 2010).

다문화 가정의 아이들

결혼이민자 증가에 따라 다문화 가족의 자녀 수도 급격히 증가하여, 2010년 1월 기준 다문화 가족 자녀는 10만 명을 넘어섰다(안전행정부, 2011). 이들 중 만 6세 이하 영유아가 전체 자녀의 64.5%를 차지한다. 영유아나 초등학교 저학년 자녀를 둔 결혼이민자 1,800명을 대상으로 한 다문화 가족 어머니의 자녀양육 실태조사(서문희, 2012)에 의하면, 대체로 이들은 가족 이외의 사람에게는 자녀양육에 대한 도움을 받기 어렵고, 책 읽어주기와 공부 봐주기 등에 어려움을 경험하며, 자녀와 체험행사 등 문화생활을 하는 기회가 적고, 자녀양육 환경에 만족하지 못하는 것으로 나타났다. 결혼과 동시에 입국하여 언어와 한국의 생활문화에 적응하지 못한 채 출산과 양육을 진행하는 것에서 오는 부작용인 것이다.

결혼이민자의 자녀 중에는 이민 전 결혼을 통해 아이를 출산하여 입양 형식으로 입국시키는 중도 입국 자녀도 있다. 최근 다문화 가정의 초·중·고등학생 자녀를 대상으로 진행된 많은 연구는 높은 학교 중도 탈락률, 낮은 상급학교 진학률, 따돌림 등을 문제점으로 지적한다. 이들은 "학교 공부를 따라가기가 힘들다.", "숙제하는 데 어려움이 많다.", "준비물 챙기기가 힘들다.", "친구들과 어울리지 못한다." 등 면학과 사회관계 형성의 어려움을 토로하는 것으로 나타났다.

다문화 가정 유아들이 우리글을 배우는 특징을 알아본 한 연구(김민화, 신혜은, 2008)에 의하면, 이들 유아의 한글 자모 학습을 위한 지각적·인지적 능력은 다른 유아들과 동일하게 나타났다. 이러한 결과는 다문화 가정 유아들에게도 다른 아이들과 동일한 한글 교수법이 적용 가능함을 시사한다. 다문화 어머니들로부터 주어지는 구어적 자극의 부족은 발음, 어휘력 부족, 읽기 이해력 부족과 관련이 있다. 대체로 그들은 쌍기역과 쌍시옷 발음이 어눌하며, 비가 주룩주룩과 같은 표현을 접해본 적이 없다. 물론 유아를 대상으로 하는 학습은 진도가 더디기 때문에 질적으로 다른 자극을 줄 필요는 없지만 양적 측면에서 많은 자극을 주어야 한다.

2008년 이후 정부에서는 여러 가지 다문화 가정 지원 사업을 사회통합 차원에서 펼치고 있다. 초기에는 다문화 가정의 어머니와 유아기 자녀들을 대상으로 한국어 지도 사업이 시작되었다. 다문화 가정 부모-자녀 통합 한국어 프로그램은 다문화 가정 유아의 언어 발달을 촉진시키고 일상생활에 필요한 문해기술을 장려하며 긍정적인 부모-자녀 상호작용을 위한 자원 제공을 목적으로 한다.

2008년 하반기부터는 이러한 프로그램을 전국 유치원으로 보급하여 전국 교육청 단위 유치원 교원연수를 실시하였다. 이 프로그램에는 두 가지 유형이 있는데, 유치원과 종합사회복지관에서 실시하는 기관집합형과 유아교육 전공자 및 한국어교육 전문가가 가정방문 교사로 파견되는 가정방문이 있다.

2012년부터는 다문화 가정에서 어머니의 언어로 육아를 하되 동시에 한국어도 사용하는 이중언어 사용을 정부가 장려하고 있다. 어머니가 자녀와 모국어로 대화할 때, 가장 자연스럽고 효과적인 상호작용이 이루어진다. 이중언어 교육 프로그램 요구조사에 의하면, 어머니로서 자녀에게 알려주고 싶은 것은 음식, 명절, 문화 순으로 집계되었다.

이중언어 교육 프로그램의 실시 장소는 지역사회의 다문화 가정지원센터, 다문화 가정 유아가 재원하고 있는 유치원과 어린이집이다. 이를 통해 엄마들은 부모로서의 효능감을 높일 수 있으며, 자녀 또한 긍정적인 자아개념을 형성하는 데 도움을 받을 수 있다. 이중언어 학습은 언어·인지·사회적 능력

발달에 긍정적으로 작용할 것이다.

다문화 가정 유아들을 위한 한국어 교육 방문 프로그램 또한 실시 중이다. 이는 유아의 한국어 수준별로 진행된다. 1수준은 20분 동안, 2수준은 30분간 진행된다. 배부 자료는 교사용 지도서, 그림책, 학습지, 오디오, 자모 모형, 가족 인형, 환경판, 꼬마사전 등으로 구성된다. 여기에는 부모교육이 병행되는데, 부모 역할, 언어 지도, 문해환경 개선 및 연계 활동을 담은 안내서가 7개 국어로 번역되어 배부된다.

다문화 가정 어머니들은 위에서 소개한 부모 지원 사업과 한국어 방문 프로그램의 교육적·사회적 효과를 인정하고 이를 소중하게 여기며 적극 참여하고 있다(서문희, 양미선, 조혜주 외, 2011). 다문화 가정 부모들이 갖는 자녀를 잘 키우고자 하는 기대와 부모로서의 역량 부족에서 오는 무기력 간의 괴리를 감소시켜 자녀를 잘 키울 수 있게 하기 위해서는 지속적인 가족 상담, 이웃과의 네트워크 강화, 취업 훈련, 자녀의 이중언어 교육 지원, 한국어 이해 교육 등에 대한 방안들이 강화되어야 할 것이다.

포스트모더니즘

문화적으로 우리가 사는 시대를 후기 근대문화, 즉 포스트모더니즘 postmodernism 이라 부른다. 포스트모던은 글자대로 하면 모던의 후라는 뜻인데, 그렇다면 모던 modern이란 무엇일까?

모던의 라틴어 기원은 modo로 '바로 지금'이란 뜻이다. 이런 이름을 갖게 된 것은 파리의 생-드니 St-Denis 사원의 Suger 대사원장 덕분이다. 그는 1127년 사원을 재건축하여, 새로운 건축물을 만들어냈다. 이 건축물은 이전에는 볼 수 없었던 것으로 그리스풍도 아니고 로마풍도 아니며 로마네스크풍도 아니었다. Suger 대사원장은 이 건물을 무엇이라고 명명해야 할지 몰라 라틴어로 opus modernum(a modern work)라 이름 지었다.

우리가 통상적으로 모던, 근대라고 부르는 시대는 1890년대와 1900년대의 대량 기술이 발명된 시대와 이미 100여 년 전에 시작한 산업혁명의 두 번째 물결을 경험하던 시대를 일컫는다. 근대에는 전기와 석유가 동력이 되며, 자동차, 전화, 인조섬유로 대표되는 새로운 기술, 대중매체와 오락 산업, 유전학, 정신분석학, 원자물리학, 상대성이론 등 과학의 힘이 더할 나위 없이 부각되는 시대였다.

포스트모던 즉, 후기근대사회는 근대의 대량 소비를 경험한 사람들이 겪는 재생산의 딜레마를 특징으로 한다. 포스트모던은 어제의 오래된 생산품에 대한 향수, 전형화된 이미지만 있으며 이미 존재해왔기에 더 이상 실재가 재생산되지 않는 하이퍼 리얼리티 hyper-reality를 존재의 의미로 갖는다. 이는 미술계에서 말하는 인간 시각의 불확실성 20, 과학계에서 주장하는 존재 위치의 불확실성 21, 문학과 역사의 분리, 문학과 철학의 분리와 해체가 의미하는 역사의 진리를 정당하게 만든 거대 서사 또는 메타붕괴에 기반한다.

포스트모더니즘의 시작과 발전을 좀 더 자세히 들여다보도록 하자. 페르디낭 드 소쉬르 Ferdinand de Saussure, 1857~1913에 의하면 언어는 기호의 체계이다. 기호는 정신적 요소인 기의(예 : '개'라는 개념)와 물질적 요소(예 : '개'라는 소리 또는 '개'라는 글자)로 이루어졌다.

기표의 소리 '도그' 또는 '쉬앵'을 기의인 개념과 연결시키는 것은 관습이다. 달리 말하면, 기표와 기의의 관계는 자의적이며 서로 상응하는 관계가 아니다. 개라는 소리가 의미를 갖게 되는 것은 단지 그것이 '가'라는 소리와 다르기 때문이다. 언어 차이의 심층 구조는 그 언어를 사용하는 인간과는 독립적이다.

소쉬르의 이론은 탐구해야 할 연구 대상에서 인간 주체를 추방한다. 중요한 것은 기호와 기호 사이의 관계이며 체계 속에서 기호가 차지하는 위치이다. 이는 언어가 어떤 식으로든 실재를 의미한다는 뿌리 깊은 고정관념과 절

---

20 폴 세잔(Paul Sezanne, 1839~1906)은 표상이라는 것은 보는 행위(시각)와 보여지는 물체 사이의 상호작용에 의한다고 주장했다. 또한 러시아 큐비즘은 현실을 보는 주체적 시선을 재생산하는데, 관심 없이 여러 감각 아래 통일된 기본 바탕을 추구했다. 그들은 원통, 원뿔, 구를 가지고 자연을 표현한다. 이런 운동은 구성주의로 나아가 건축과 산업에 필요한 역학적 예술, 기계 디자인을 낳았다.

21 베르너 하이젠베르그(Werner Heisenberg, 1901~1976)는 1927년 양자역학 결론의 하나로 입자의 위치를 파악하는 데 늘 불확실성이 따른다는 원리를 발표했다.

교한다. 언어는 오히려 그 자체만을 의미하도록 구조화되어 있다. 이와 같은 전제로 인간 정신세계를 탐구하는 집단을 구조주의라 한다.

구조주의자 클로드 레비스트로스 Claude Levi-Strauss, 1908~2009에 의하면 사회적 세계의 형태는 인간 정신의 구조에 의해 결정되며, 인간의 정신은 언제 어디서나 이항대립적으로 사고한다. 남성 대 여성, 현존 대 부재, 말하기 대 쓰기, 건강한 사람 대 병든 사람 등의 구분이 그것이다. 이는 장단 대소, 음양 등 아예 한 단어로 이항대립을 표현하는 중국어 문화권 사람에게는 아주 일상적이고 익숙한 개념이 아닐 수 없다.

여성

자크 데리다 Jacques Derrida, 1930~2004는 탈구조주의적 해체를 제안한다. 그에 의하면 이항대립은 첫 번째 말에, 예를 들면 여성보다는 남성에 특권을 부여하고 있다. 이를 남근-로고스 중심주의라 하는데, 로고스 22는 의미가 어떤 식으로든 저기 바깥에 존재하여 우리의 진술이 참임을 보증한다는 잘못된 믿음을 갖게 했다는 것이다.

말하기는 최소한 플라톤 시대 이래로 진리의 원천인 로고스를 지닌 특권적 용어이다. 이러한 글쓰기에 대한 억압과 싸우기 위해 차연 differance이라는 말을 고안했다. 차연의 허구성은 이것을 말하는 것으로는 간파할 수 없으며 오직 사용했을 때에만 알 수 있다.

'말할 수 없는 차연'이라는 데리다의 생각을 억압되고 특권을 갖지 않은 여성의 조건에도 적용할 수 있다. 여성의 조건은 자연적인 것이 아니라 구성된 것이며, 남근-로고스 중심주의를 해체하는 비판을 통해서만 폭로될 수 있다.

시인이자 철학자인 폴 발레리 Paul Valery, 1871~1945는 철학을 글쓰기의 훈련으로, 즉 문학의 하위 장르로 보았다. 데리다 또한 문학이나 철학의 확고한 본질을 부정한다. 그에 의하면, 문학과 철학이라는 범주가 안전하고 당연한

22 요한복음에 나오는 하나님의 말씀

것으로 보이는 까닭은 그 범주들이 강력한 합의에 의해 지배를 받기 때문이다. 이때 합의는 토대에 기반한 사고에 전제되어 있는 것이지, 문학과 철학의 경계가 결코 확고할 수는 없다. 텍스트는 자기들끼리 서로 공유하는 특색과 성격이 있다. 그리고 문학 텍스트는 철학, 법률, 정치 텍스트와 그 성격의 일부를 공유할 수 있다(Derrida, 1978).

여성적 글쓰기에서는 자신을 표현할 수 있는 언어를 갖고 있지 않은, 즉 지금껏 가부장적 문화에 의해 억압된 여성적인 것을 쓰는 실험적 글쓰기를 강조한다. 이는 아직 개척되지 않은 담론의 공간을 새롭게 여는 것이며, 여기서는 여성의 차이와 욕망이 분명하게 이야기될 것이라는 기대를 갖게 한다. 엘렌 식수 Helen Cixous, 1937~ 에 의하면 지금까지 서구 철학의 담론은 언어의 이항대립적인 차이의 산물로 여성을 구성해왔다고 보았다. 식수의 글쓰기는 시적이며 비선형적이며 반이론적이다.

시몬 드 보부아르 Simone de Beauvoir, 1908~1986는 저서 《제2의 성》(1949)에서 "여성은 태어나는 것이 아니라 만들어지는 것이다."라고 천명했다. 여성은 여성답게 사회적으로 구성되기 때문에 평등과 해방을 얻기 위해서는 여성이 여성다움 또는 여성성이라는 억압적인 사회적 속박을 거부하고 남성성을 채택해야 한다고 주장했다.

1970년 중반에 결성된 po et psych 그룹은 여성의 리비도와 쾌락, 여성의 환상과 여성의 텍스트를 탐구하기 위해 정신분석학을 채택했다. 정신분석학은 지그문트 프로이트 Sigmond Freud, 1856~1939가 고안한 용어이다. 정신분석학의 목적은 무의식적 과정이 주체를 구성하는 데 어떻게 관여하는지를 설명하는 것이다.

정신분석학에서는 성 sexuality을 '자연적인' 것이나 '생물학적인' 것으로는 보지 않는다. 우리가 성인기에 성으로 인식하고 있는 것은 사실 유년기의 성에서 기원한 것이다. 성에는 앞선 역사가 있다. 프로이트는 처음으로 성에 내러티브 narrative가 있다는 것을, '할 이야기'가 있다는 것을 인식했다.

1980년대와 90년대 역사 연구의 큰 변화 중 하나는 여성의 역사와 성 gender

역사의 등장이다. 구어적 산물, 이야기로 풀어가는 담화, 발견된 것 이상을 상상하고 발명하는 내용으로의 역사 또한 중요하게 대두된다(Watkins, 2005).

그렇다. 나의 이야기를 찾는 것, 나를 둘러싼 가족, 이웃, 그리고 학교라는 배경을 무대로 펼쳐지는 나의 이야기를 들어주고 알아주는 것이 교육학이 이루어야 할 목표이다.

인간보편성

싱어 Singer는 《확대되는 원》(1981)에서 도덕적으로 고려할 가치가 있다고 생각되는 실체의 범위가 인간의 역사에서 점점 확대되었다고 주장한다. 그 범위는 가족과 마을에서 씨족으로, 부족으로, 민족으로, 인종으로, 그리고 가장 최근에는 세계인권선언에서 볼 수 있는 것처럼 전 인류로 확대되었다. 또한 왕족, 귀족 계급, 토지 소유자에서 모든 인간으로, 남성에서 여성, 어린이, 신생아까지 실체의 범위에 포함하게 되었으며 범죄자, 포로, 적국의 시민, 시한부 인생, 정신 장애자 등도 포함하게 되었다.

이렇듯 도덕적 범위가 넓어진 것은, 선(善)에 대한 충동이라기보다는 자신의 이해와 유사한 이해를 가졌다고 간주되는 실체가 확대되었기 때문이다. 이기적 진화의 과정에서 상호작용의 범위가 넓어진 것이다. 예이츠의 희곡에는 같이 길을 가는 절름발이를 어깨에 태운 봉사가 등장한다. 노동의 분업과 해당 체계를 구성하는 행위자 사이의 갈등을 가라앉히는 발전된 방법을 통해서 이익과 교훈을 얻은 것이다.

저널리스트 로버트 라이트는 인간 협동자들의 원이 확대될 수 있었던 이유를 세 가지로 든다(Wright, 2000).

- 이 세계가 어떻게 작동하는가를 이해하며 교역을 통한 이득의 기회 확장
- 언어의 발전으로 기술을 공유하고 거래를 성사시키며 합의
- 동정, 신뢰, 죄 의식, 분노, 자긍심 등의 감정으로 새로운 협동자를 찾고 그 관계를 유지하고 착취의 가능성을 막아 협동 관계를 보호

가치관이 다른 문화권과의 평화적 공존을 추구하는 데 걸림돌이 되는 사회적 행위는 다양하다. 그중 여성 비하의 예를 살펴보자. 여아가 선택적으로 낙태당하거나 태어나자마자 죽임을 당하고, 딸들이 영양실조에 걸리거나 학교에 가지 못하고, 사춘기 여자 아이들이 생식기를 거세당하고, 젊은 여성들이 머리에서 발끝까지 망토를 뒤집어쓰고, 간통한 여자들이 돌에 맞아 죽고, 과부들이 남편들의 시체와 함께 장작더미 위로 던져진다(Pinker, 2004). 신체의 보존, 양심의 자유, 정치 참여 같은 인간의 본성을 기초로 한 원칙은 인류의 모든 구성원들이 겪는 고통을 가늠하는 기반이 될 수 있다.

도널드 브라운이 만든 모든 문화권에서 공통적으로 찾을 수 있는 인간 행동 목록을 살펴보자 표 6.1 참조.

표 6.1 도널드 E. 브라운의 인간보편성 목록 일부

가까운 친척과 먼 친척의 구별	개인적 이름	관습적 인사법
가족	검은색	교대
가족에 기초하지 않은 집단	결혼	구체화 (패턴과 관계를 사물처럼 취급)
갈등	경멸하는 표정	규칙적 일상
갈등 조정	경제적 불평등	그릇된 믿음
갈등 해결을 위한 상담	경제적 불평등 의식	'그리고'에 해당하는 논리적 개념
감정	계획	근친상간에 대한 금지 또는 기피
감정 이입	고유명사	금기
강간	고통	금기 발언
강간 금지	공간 분류	금기 음식
'같은'에 해당하는 논리적 개념	과거·현재·미래	긍정적 호혜
개인이란 개념	관대함을 찬양	기본적인 출생 관계에 따라 주어지는 친족 용어

(후략)

Education
for
a Happy Society

Chapter **7**

들여다
보고

들여다
보고

아무것도 쓰이지 않은

우리 부부는 자식을 한 명 두었다. 영국 유학 중일 때 낳았고, 딸이다. 지금은 두 분 다 돌아가셨지만, 친정아버지와 시아버지의 존함에서 한 자씩 따 이름을 근영이라고 지었다. '뿌리 근, 길 영.' 외국에서 한 출산이라 그런지 몰라도 뿌리, 근원을 연상하게 만들어진 것이 마음에 들어 처음에는 대만족이었다. 하지만 영어에는 '으' 발음이 없어, 소아라 의사를 포함한 지역사회 인사들이 아이 이름을 제대로 발음하기 어려워한다는 걸 알게 되었다. 할머니 이름에서 한 자씩 따볼까도 했는데, 21세기가 곧 다가오는 시점에 옥님이, 순례는 너무하다 싶어 그 생각은 접었다.

한국에 와서 초등학교를 다닌 근영이는 중학교를 런던에 있는 성 바울 여학교 Saint Paul's for girls에 입학시험을 치르고 들어갔다. 통학의 번거로움을 피해(서울에서부터 통학한 것은 아니지만) 나중에 시내 중심의 기숙학교 웨스트민스터학교 Westminster School [23]로 옮겼다. 학교는 국회의사당 건너편 웨스트민스터 사원 Westminster Abbey 뒤뜰에 위치하고 있다. 15세기 윌리엄 캑스톤 William Caxton이 이솝이야기를 펴냈던 이곳은 중학교 4년 과정에는 남학생만 입학하고, 대학 준비과정에서 여학생을 받는다.

---

[23] 남학생은 11세부터 입학하여 GCSE를 준비하고, 여학생은 16세에 A레벨 준비과정 입학 가능

그림 7.1　1997년 9월 다이애나비 장례식이 거행되었던 웨스트민스터 사원

　영국의 경험주의 철학자 존 로크John Locke, 1632~1704는 웨스트민스터 학교에서 수학했다. 왕정에서 민정으로 넘어가는 정치변혁기에 지식인으로 산 그가 끼친 영향은 대단하지만, 교육학적인 면에서 그의 주장을 요약하면 다음과 같다.

- 사람은 태어날 때 신성을 띠거나 신이 주신 지식을 가지고 태어나지 않는다.
- 사람은 보고, 듣고, 냄새 맡고, 맛보고, 느끼는 자신의 감각을 통해 세상을 알아간다.

　로크는 대표작 《인간오성론 An Essay Concerning Human Understanding》에서 사람은 백지 상태 Tabula Rasa로 태어나 자신만의 경험으로 세상과 그 의미를 파악한다고 주장했다. 이에 처음으로 반기를 든 사람은 철학자 고트프리트 빌헬름 라이프니츠였다. 그는 "지성에는 먼저 감각을 통해 들어오지 않은 것은 아무것도 없다. 지성 그 자체를 제외하면."이라면서 외부 자극을 받아들여 해석할 기관 또는 메커니즘으로 타고난 지성의 존재를 주장한다(Leibniz, 1768, 1996).

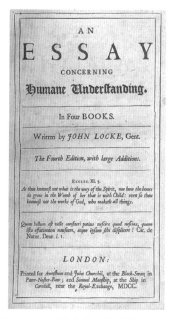

그림 7.2 1778년에 출간된 《인간오성론》

신이 힘을 잃기 시작하고 그 신이 부여한 힘을 등에 업고 있던 왕권마저 흔들릴 때, 인간은 무엇에 기댈 수 있는가? 몸은 미약하나 인간 이성은 위대하다고 외친 프랑스의 데카르트Descartes, 1596~1650의 주장에 동의하고 싶지 않았겠는가? 다만 데카르트는 감각은 그 변화로 인해 믿을 수 없지만 거대한 지식의 근원, 즉 내적인 순수이성은 신이 주신 것이라고 주장 **24**한 반면 로크는 생각의 원천을 감각, 즉 인간 몸의 기관에서 찾았다.

물고 빨고

사람이 오로지 경험에 의거하여 사고를 발전시키고 확장한다고 주장했던 존 로크의 영향에서 자신의 이론을 구성한 이들 중 우리에게 가장 잘 알려진 이는 장 피아제Jean Piaget, 1896~1980이다. 그는 이 책 11장에 등장하는 알프레드 비네와도 일한 적이 있는 구성주의 발달심리학의 거장이다. 피아제가 사고의 확장에 대해 내건 주장들을 정리하면 다음과 같다.

• 사람의 초기 생각은 그의 행동과 감각에서 비롯한다. 물고 빨고 팔을 움직이고 발로 차고 목을 울리고 하는 행동 하나하나가 인지의 기본 단위가 된다. 그것을 스키마 schema라 부르겠다.

---

24 Meditations on First Philosophy. Discourse, Part 6.

- 행동적 스키마가 점점 늘어나면서 정신적 스키마 즉, 언어적 스키마가 등장한다.
- 이미 존재하는 스키마에 새로운 경험이 일치하면 이로 흡수 assimilation되고, 그렇지 않을 경우 조정 accommodation될 필요가 있어 새로운 스키마가 구성된다.
- 의도와 행위, 원인과 결과, 부분과 전체의 연결에 대한 관계를 구성하면서 사고는 점점 구조화된다. 즉, 스키마 간의 조직화가 이루어진다.
- 스키마의 조직화 정도에 따라 인지의 발달수준을 나눈다. 감각운동기, 전조작기, 구체적 조작기, 형식적 조작기가 바로 그것이다. 이는 단순 행동에서 추상적 사고로 연령의 증가에 따라 순차적으로 발달한다.

감각운동기는 생후 첫 2년 동안의 시기로 영아는 반사적인 행동으로 시작하여 여러 가지 감각적인 운동 경험을 통해 사물이나 환경을 이해한다. 감각운동기에는 하위 단계가 있다. 여섯 개의 하위 단계는 타고난 반사 행동에서 시작하여 자신의 몸을 중심으로 행동과 반응, 자신의 행동과 사물이나 타인의 반응과의 연결, 그리고 단순 사건의 시작과 끝, 간단한 행동의 목적과 결과를 정신적으로 표상하는 단계로 점차 발달한다.

전조작기는 유아기에 해당하며 공간에 대한 이해, 인과관계, 사물의 실체, 분류, 수에 대한 이해가 발달한다. 이 시기 유아는 움직이지 않는 물체 역시 살아있고 행동한다고 생각하는 물활론(物活論)적 사고와 함께 자신의 관점에서 사물을 이해하는 자기중심적 사고를 한다. 즉, 타인의 관점에서 생각하는 능력이 부족하며 다른 사람도 자기와 같은 방식으로 생각한다고 이해한다. 주어진 정보에 따라 다른 판단을 할 수 있다는 사실을 알게 되는 것도 이 시기이다. 하지만 남이 나와 다르게 생각하고 믿거나 느낄 수 있다는 것을 인정하는 능력은 지속적으로 훈련해야 하는 덕목이다.

구체적 조작기는 아동기 전반에 걸친 시기이며 탈중심화 및 가역적 사고, 보존개념 형성 등의 특징을 보인다. 탈중심화는 한 가지 측면에서 벗어나 두 가지 이상의 측면을 동시에 고려할 수 있는 인지능력을 일컫는다. 이 시기의 논리적 사고는 사실적인 것에만 국한되며 추상적인 대상에 대한 조작능력은 청년기인 형식적 조작기에 가능해진다.

3층 구조의 뇌

경험을 담는 뇌를 생물학적으로 들여다보자. 뇌는 하나의 덩어리가 아니라 3층으로 되어 있다. 가장 안쪽이 뇌간이다. 이곳은 태어나는 순간 작동하기 시작해서 반사작용과 심장근 같은 불수의근 **25**의 움직임을 맡고 있다. 또한 생명 중추의 기능을 담당하여 위험한 순간 우리의 목숨을 구하기도 한다.

가령 정신을 딴 데 팔다가 차도로 발을 헛디뎠다는 걸 알았을 때, 우리는 그 순간 사태를 파악하기도 전에 뒤로 펄쩍 뛰어 다시 보도로 올라가게 된다. 누군가 손가락으로 우리의 눈을 찌르려 하는 순간에도, 뇌간은 우리가 순간적으로 눈을 감게끔 만든다. 이렇듯 뇌간은 기본적이고 핵심적인 단계에서 생존에 중요한 역할을 하며, 수많은 위험으로부터 우리를 안전하게 지켜준다.

뇌간의 바깥 중뇌에는 변연계가 있다. 중뇌는 '감정의 뇌'라고도 불리며, 인간의 감정과 인식, 기분 등을 담당한다. 인간을 포함한 모든 포유류는 흥분하면 으르렁거리고, 공포를 느낄 때는 움츠러드는데 이러한 감정적인 행동이 바로 중뇌의 작용이다. 또한 변연계는 수면이나 배고픔, 갈증 등과 함께 혈압, 심장박동, 체온, 생리작용, 신진대사, 면역체계도 조절한다.

마지막으로 뇌의 가장 바깥쪽이 전뇌이다. 전뇌는 학습, 기억력, 지력을 담당하고, 추론, 의사 결정, 언어이해, 자발적 움직임 등의 지적 사고를 조절한다.

뇌세포가 제 기능을 수행하기 위해서는 일련의 발달과정을 통해 신경경로 neural pathway **26**를 구성해야 한다. 이는 태어나면서부터 다섯 살이 될 때까지

---

25 의지와 관계없이 자율적으로 운동하는 근육
26 감각의 입력 정보를 받아들여 해석하고 그에 따라 무슨 행동을 취할 것인지 결정을 내리며 결정에 따른 행동을 수행하기 위해 몸과 의식을 자극하는 두뇌의 신경조직망

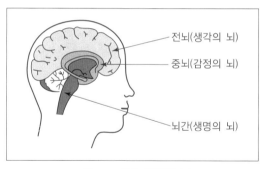

전뇌(생각의 뇌)

중뇌(감정의 뇌)

뇌간(생명의 뇌)

그림 7.3 3층 구조의 뇌

대부분 이루어진다. 유아기에 감정, 생각, 반응, 행동의 패턴이 심화되고 고착된다. 따라서 유아는 어떤 감정을 경험할 때 그 감정을 처리하거나 언어로 이해하는 능력을 길러야 한다.

감정과 이성

신경학자 안토니오 다마지오 Antonio Damasio에 의하면, 감정이 없는 사람은 논리적이고 이성적인 결정이나 합리적인 선택을 하지 못한다(Damasio, 2005). 이 주장을 뒷받침하는 증거로 다마지오는 뇌종양 수술 후 어떤 감정도 느끼지 못하게 된 한 환자의 경우를 보고한다. 끔찍한 고통을 겪고 있는 사람들의 사진을 봐도 아무 감정을 느끼지 못하는 그 환자는 수술 전과 같은 지능지수를 유지하고도 어디에서 점심을 먹을지, 돈을 어디에 투자할지 결정을 내리지 못했다. 논리력이 손상되지 않았는데도 스스로 결정을 못하게 됐다는 것은 감정이 이를 조정해왔음을 의미한다. 사람이 자신의 동기를 이해하기 위해서는 감정을 주의 깊게 살펴야 하는 것이다.

태국의 수도승 아잔 차는 이렇게 말했다.

마음의 움직임, 좋아하고 싫어하는 감정을 코브라를 관찰하듯 관찰하라. 코브라는 독이 있는 뱀이다. 물리면 죽을 수도 있다. 마음에서 일어나는 감정도 마찬가지다. 좋아하는 감정에는 독이 있고 싫어하는 감정에도 독이 있다.

마음의 움직임을 조심스럽게 관찰하는 숨쉬기 훈련을 소개한다. 이 훈련의 목적은 자신에게 일어나는 상황을 살펴보고, 자신이 구체적으로 어떤 생각의 경향을 가졌는지를 아는 것이다.

주변을 조용하게 정리한 후, 호흡에 정신을 모으고 다른 생각은 모두 비운다. 수시로 떠오르는 생각을 그저 지켜본다는 자세로 호흡에 집중한다. 깊고 길게. 떠오르는 생각들을 한두 단어로 짧게 노트에 적은 뒤에 머리에서 밀어낸다. 또 다른 생각이 떠오르면 또 그렇게 적는다. 노트에 간략히 적고 나서는 다시 호흡에 집중한다. 이 과정을 30분간 계속한다.

훈련이 끝나면, 노트에 적힌 생각을 다음과 같이 분류하여 범주별로 합산한다.

• 감각이나 의식에 관한 생각
• 앞날의 구상과 관련된 생각
• 불안을 유발하는 생각
• 있지도 않은 상황이나 관계, 혹은 사건에 대한 공상
• 시기심, 분노, 반감, 비난과 관련된 생각
• 압도적인 생각

이 훈련은 우리 자신에 대한 정보를 준다. 내가 살면서 생각하는 것의 몇이 공상이고 몇이 남에 대한 비판인가를 알게 된다. 그리고 어떤 생각이 나를 자극하여 성장으로 이끌 것인지, 우리를 불안과 우울로 내몰 것인지 구별할 수 있다. 마음의 병을 있는 그대로 관찰하다 보면 이를 다스릴 수 있는 능력이 생긴다.

마음을 명상하는 다른 방법으로 걷기 명상이 있다. 자연스럽게 걸으면서 발바닥에 정신을 집중해 발이 바닥에 닿는 느낌이 어떤지 느끼고 몸의 움직임에만 철저하게 마음을 집중하는 명상법이다. 한 발자국 한 발자국 천천히 걸으면서 몸의 움직임에만 집중하다 보면, 잡념에서 벗어나 자연스럽게 정신을 집중할 수 있다. 우리의 몸과 마음에서 일어나는 현상을 있는 그대로 바라봄으로써, 집착과 갈망을 없애고 괴로움까지도 사라지게 하는 수행법이다.

비관을 낙관으로

성인기 초반의 비관주의는 훗날 신체 및 정신 건강을 악화시키는 위험 요소이다(Cozolino, 2008). 낙관적인 사람은 수술 후 회복 속도가 빠르고, 암 발병 후 생존율도 더 높다. 대체로 낙관적인 사람들은 의사의 지시를 잘 따르며, 그럼으로써 회복 속도가 빠를 확률이 높다.

내가 자신의 이야기를 어떻게 보는가 하는 시각도 어려서 고착된 생각의 한 패턴이다. 우리의 자아 중 상당 부분이 언어능력을 습득하기 전에 형성되는 까닭에 우리를 이끄는 신념이나 믿음 중에는 자신조차 모르게 감추어진 것이 있다. 또한 "나는 ○○한 사람이야."라거나 "그렇게 하는 것은 나답지 않아. 난 ○○한 사람이 아니니까."라고 자기가 잘 인지하고 있는 믿음도 있다. 바로 그런 자신의 이야기에 초점을 맞춰 새로운 각도에서 나를 본다면, 스스로를 더 유연하게 정의할 수 있다(Perry, 2013).

우리가 자신과 어떻게 대화하고 스스로를 어떤 식으로 이야기하는지, 또 우리 자신의 이야기를 어떻게 편집하는지, 그것을 아는 것만으로 우리는 삶을 바꿀 수 있고, 우리 자신을 바꿀 수 있다.

죽음 후에는

데카르트처럼 인간이 물질적인 몸과 비물질적인 영혼으로 구성되었다는 주장에 공감하는 사람은 많이 있다. 그들은 몸은 죽지만 혼, 생각은 죽지 않고 영원히 살아남는다고 믿는다. 발달심리학자 제시 베링 Jesse Bering과 데이비드 비요클런드 David Bjorklund는 아이들도 이렇게 이원론적으로 생각하는지를 연구하였다. 네 살에서 여섯 살의 아이들은 악어에게 잡아먹힌 생쥐 이야기를 듣는다. 이야기 내용을 요약하면 다음과 같다.

> 생쥐는 아침에 자신의 형과 싸웠다. 형이 더 잘났다고 우겼기 때문이다. 생쥐는 밥도 먹지 않고 우울한 기분으로 밖으로 나간다. 조금 걸으니 기분이 좋아진다. 그제야 배가 고파진 생쥐는 집으로 돌아가고 싶어진다. 개울에 도착한 생쥐는 목을 축이다가 그만 악어에게 잡아먹힌다. 생쥐는 죽는다.

이야기를 들려준 후 아이들에게 각기 묻는다. "아직도 생쥐는 새소리를 들을 수 있을까?", "뇌가 작동할까?" 등 생물학적 기능에 대한 질문과 "아직도 자기가 형보다 똑똑하다고 생각할까?", "집에 가고 싶을까?" 등 정신적 기능에 대한 질문을 한다.

베링과 비요클런드의 실험에 참여한 아이들은 죽음 후에는 귀로 소리를 들을 수 없으며 머리로 생각할 수 없다는 생물학적 기능의 멈춤에 대해 잘 알고 있었다. 하지만 놀랍게도 절반 이상의 아이들이 생쥐가 여전히 자기가 형보다 똑똑하다고 생각하며 집에 가고 싶어 한다고 대답했다.

어떻게 아이들은 사고와 욕구라는 심리학적 기능이 죽음 후에도 계속된다고 자연스럽게 믿게 되었을까? 원을 풀지 못해 저승에 못 가는 귀신이 있다고 믿는 어른들처럼 말이다.

아마도 어려서부터 귀신을 철석같이 믿으며 그 가슴에 엉킨 사연에 깊이 공감하며 자라왔던 건 아닐까? 라디오 드라마 〈전설의 고향〉을 너무 애청했던 탓일 수도 있을 것이다. 나는 어느 순간 공포감의 무게도 그 존재에 대한 믿음과 더불어 사라졌다. '쳇, 귀신 따위가 어디 있어?' 하는 자신감. '삶의 무게도 버거운데 죽은 귀신이 무얼' 하는 시건방짐. 그렇지만 나는 친정아버지가 돌아가신 후 처음으로 진지하게 귀신이 있었으면 하고 바랐다.

죽음 후에도 계속되는 삶의 한 형태로, 산 사람에게 간섭하고 조언도 하고 그와 마저 못 나눈 이야기로 속닥거릴 수도 있게. 나의 바람일 수밖에 없는 그런 모습을 그리워했다. 그런데 죽음이란 정의 자체가 삶으로의 단절, '이제 그만'이 아니었던가?

Education
for
a Happy Society

다니고

다니고

■ 교육 현황

2010년 현재 우리나라의 대학 진학률은 82%이다. 중학교와 고등학교의 진학률은 99% 이상이다. 2009년 통계에 의하면 국외 유학을 나간 학생 수는 40만 명을 상회한다. 학교교육, 사교육, 국외교육이라는 3원적 교육 제도의 명목 아래 교육비로 국민총생산량 GDP의 7%, 1년 정부 예산의 17% 이상을 지출한다.

사교육이 처음 시작되는 곳은 유치원이다. 물론 국공립 유치원도 있다. 하지만 원아 수를 비교하면 4:1로 사립 유치원생의 수가 압도적이다 그림 8.1 참조.

하지만 국공립 유치원은 적정 비율의 교사를 임용하고 있어서, 사립과 공립의 학급 수를 따져보면 거의 3:1로 줄게 된다. 2013년 서울시교육청 지침에 의하면 교사 1인당 원아 수는 3세가 18명, 4세가 22명, 5세가 25명이다.

현재는 공교육제도 내에서 유아학교가 추진되고 있다. 유아학교는 6·3·3·4제의 긴 학년제가 시작되기 전에 아이들의 교육을 담당할 교육기관이다.

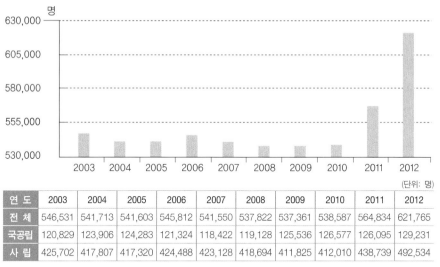

연 도	2003	2004	2005	2006	2007	2008	2009	2010	2011	2012
전 체	546,531	541,713	541,603	545,812	541,550	537,822	537,361	538,587	564,834	621,765
국공립	120,829	123,906	124,283	121,324	118,422	119,128	125,536	126,577	126,095	129,231
사 립	425,702	417,807	417,320	424,488	423,128	418,694	411,825	412,010	438,739	492,534

자료: 1) 한국교육개발원 교육통계서비스(2003~2011) / 2) 각 시도 교육청(2012). 유아 현원 수. 보고자료.
주: 취원아 수에 괴령아(만 6, 7세)가 포함됨.

그림 8.1   유치원 취원아 수

학교를 보는 3가지 입장

교육은 무엇이며, 학교는 어떤 곳일까? 이 질문에 대한 크게 다른 세 입장을 살펴본다.

기능론   교육은 미숙한 생물학적 존재를 사회적 존재로 재창조한다. 인간은 자라 사회생활을 해야 한다. 사회생활이 아직 준비되지 않은 어린 세대를 위해 성인 세대가 영향력을 발휘하여야 하는 부분이 있다면 바로 교육이다. 교육의 목적은 전체 사회와 아동이 속하게 될 직업세계 같은 특수 환경 양쪽에서 요구하는 특성을 육성하고 계발하는 데 있다.

프랑스 혁명기를 살았던 에밀 뒤르켐 Emile Durkheim, 1859~1917은 사회가 없어지지 않고 존속하는 힘을 경험하며, 그 힘의 근원을 찾았다. 그가 찾은 것은 사회행위의 기본 요소로 사회적 결합 또는 유대이며, 인간이 사회상황에서 서로 협동하는 것이다. 교육은 사회가 그 자체로 존재 조건을 재창조하는 수단이다.

로버트 드리벤Robert Dreeben은 이를 구체화하여, 산업사회에서 요구하는 사회인을 길러내는 일이 학교의 가장 중요한 역할임을 강조한다. 드리벤에 의하면 학생에게 중시되는 산업사회의 4가지 규범, 즉 독립심 independence, 능력에 따른 성취 achievement, 보편성 universality, 그리고 특수성 specificity을 내면화시키는 것이 학교가 해야 할 일이라는 것이다.

산업사회에서 기술은 더욱 다양화된다. 낮은 수준의 기술을 필요로 하는 직업은 줄고, 높은 수준의 기술이 필요한 직업의 수가 점차 증가한다. 학교교육은 보다 높은 기술을 요하는 직업세계에 적합한 사람이 될 수 있도록 특수기술 혹은 일반 능력을 위한 훈련을 제공한다. 교육수준은 날로 높아져 더 많은 사람들이 장기간 학교에 머물러야 한다.

경제학자 시어도어 슐츠Theodore Schultz에 의하면 교육은 증가된 배당금의 형태로 미래에 되돌려 받을 수 있는 인간 자본에 대한 투자이다. 개인이 교육을 통해 지식과 기술을 갖추게 되면 사회의 경제적 가치가 증가한다는 주장이다. 이와 같은 관점에 따르면 학력에 따른 수입의 차이가 교육에 의한 지식과 기술의 차이, 즉 생산성의 차이가 된다. 하지만 이러한 인간자본론의 문제점을 다음과 같이 요약할 수 있다.

- 학력과 직업이 일치된다는 가정은 현실과 거리가 멀다.
- 교육에의 투자가 사람의 인지적 능력을 높인다고 볼 수 있으나, 인지적 능력이 교육과 직업 또는 교육과 수입 간의 관계를 설명하지는 못한다.

갈등론   칼 마르크스Karl Marx, 1818~1883에 의하면, 근대에 일어난 가장 중요한 변동은 자본주의의 발전과 관련되어 있다. 자본주의는 이전의 경제 질서와 근본적으로 대조되는 생산체제로, 재화와 용역의 생산은 광범위한 소비자에게 판매하기 위한 것이다.

공장, 기계, 막대한 양의 돈, 즉 자본을 소유한 사람이 지배계급을 형성하고 생계 수단을 소유하지 못한 자는 지배집단에게 노동을 파는 임금 노동자, 즉 노동계급이다. 지배집단인 유산계급은 경제적 부를 독점하고 무산계급의 경제적 이익을 착취한다. 무산계급은 유산계급의 불평등한 지배질서에 대항하며 이 두 계급은 적대적 위치에서 심각한 갈등관계를 표출한다.

이데올로기는 이론이나 지식, 문학이나 예술, 관습이나 법, 그리고 선언문이나 이념 등의 형태로 사회 내에 존재한다. 마르크스에 따르면 이데올로기는 지배계급과 밀접하게 관련되어 있다고 한다. 인간 사회에 대한 허위적이고 추상적 생각을 피지배자가 인정할 때 지배가 용이해지고 계속적인 지배가 가능해진다. 그리고 교육은 이와 불가피한 관계를 맺고 있다.

경제적 재생산론자인 보울스 Bowles와 긴티스 Gintis 같은 학자에 의하면 학교의 선발 과정은 지배계층이 자신의 특권을 유지하기 위한 것이다. 지배계층은 학교교육을 통해 하류계층을 효과적으로 탈락시키는 방법으로 순종, 복종, 열등감을 조장하여 자신들의 지배적 위치를 정당화한다. 따라서 학교의 선발 과정은 지배계층에게 유리하게 편성된 불평등한 위계구조를 심화시키는 기능을 한다. 결국 학교교육은 사회 평등을 실현하는 제도적 장치라기보다는 사회불평등을 재생산하는 도구적 장치이며, 선발 과정은 이러한 기능을 수행하기 위한 지배 전략이다.

갈등론의 입장에서 본 학교교육의 기능은 다음과 같이 요약할 수 있다(이종각, 2012).

- 학교교육은 객관적이고 표면적으로 누구나 공정하게 참여할 수 있는 능력주의 형식을 통해 개인을 계급적 지위에 배치시킴으로써 경제적 불평등을 정당화한다.
- 학교교육은 은밀히 계급분절의식을 유도하고 있으며, 사회질서의 재생산을 이끄는 인종차별, 성차별, 생산 수단의 사적 소유권, 노동의 사회관계 등과 같은 의식의 형태를 재생산한다.

프랑스의 사회학자 피에르 부르디외 Pierre Bourdieu, 1930~2002는 문화가 특정 계급과 관련되어 계급적 이해를 반영한다고 주장한다. 지배계급은 언어, 신분, 지위, 위신, 관습과 같은 상징을 통하여 그들의 사고방식, 지배유형또는 문화 양식이 마치 자연스런 질서를 가진 것처럼 보이게 한다. 부르디외는 이를 상징적 폭력이라 규정한다. 그에 따르면, 문화도 경제적 자본이 생산·분배·소비되는 것과 유사한 운동원리를 지니고 문화시장을 형성한다. 나아가 소유한 문화는 화폐적 가치를 지니는데, 이를 문화자본 cultural capital 이라 부른다.

문화자본은 크게 세 가지 형태로 구분된다.

- 어렸을 때부터 계급적 배경에서 체득된 생활습관
- 객관화된 상태의 책이나 예술작품
- 제도화된 상태의 졸업장이나 자격증

부르디외는 학교가 지배집단의 문화에 의하여 경영된다고 간주한다. 학교에서 교사가 사용하는 언어, 가치, 가정 그리고 성공과 실패에 대한 묵시적인 모델은 지배집단의 것이다. 결론적으로 학교교육은 지배계층의 문화자본을 채택하여 교육과정에 반영하므로 노동계층의 아동에게 불리하게 작용한다.

미시적 접근   사회는 개인 간 상호관계 속에서 형성된다. 개인은 사회를 구성하는 존재로 개인의 행동을 해석할 수 있도록 이해하는 과정을 거쳐야 한다. 타인의 말이나 행동을 이해하는 것은 해석을 필요로 한다. 타인의 말이나 행동은 지각한 것을 재번역하고 내부로부터 그 의미를 재구성할 수 있는 자발적 관심이 있어야 의미화가 가능하다.

미시적 접근은 사회적 과정을 이해하고자 하는 노력에서 이루어진다. 예를 들어 학교 정보공시제를 통해 학업성취 점수, 학교폭력 발생 횟수, 교사 1인당 학생 수 등과 같이 양적인 지역별·계층별 사회문제에 초점을 둔다면 이는 거시적 관점의 접근이라 할 수 있다.

하지만 학생들이 개인의 학업성취도에 만족하는지, 학교폭력은 왜 발생했는지, 그리고 그 처리는 교육적인 효과를 낳았는지, 교육과정에 구성원의 의견이 수렴되었는지 알아본다면 이를 미시적 관점이라 할 수 있다. 이러한 연구를 뒷받침하는 이론은 해석적 관점으로 현상학, 상징적 상호작용론, 민속방법론 등 다양한 이론을 포괄한다(허은주, 유현정, 이수진 외, 2010).

인간이 인식하는 것은 실제가 아니다. 다만 그것에 대한 이해나 해석이 존재할 뿐이다. 이러한 해석적 관점의 대두는 인간의 이성이 편견, 선입견, 전통으로부터 자유로울 수 없고 세계가 인간의 감각, 지각, 기억의 구성물이라는 자각에서 비롯된다. 객관적 지식은 결국 전형적인 문화적 산물의 한 형태이다. 이것이 학교를 통해 전달되면 '공적 지식'이라는 특권적 지위를 부여받으며 위대한 전통으로 간주된다. 사회가 수용한 '공적 지식'은 텍스트로 존재하며, 그 의미는 고유하고 고정된 것으로 여겨진다.

학교에서 배우는 지식을 누구의 관점에서 보아야 할까? 그간 당연시되었던 지배계급 중심의 교육과정은 노동자 계층 자녀의 경험, 현실과 괴리가 있었다. 이는 학업성취나 졸업을 위한 지식으로, 지식의 객관성 문제를 교사와 학생이 공동의 탐구자가 되는 것으로 해결하려 한다. 교사와 학생이 공동의 탐구자가 된다는 것은 상호작용을 통해 교사의 일방적인 교화를 경계하고 주어진 것을 무비판적으로 수용하는 무비판적 사유를 극복하려는 것이다. 지식의 탐구는 창조의 과정을 요하며 일련의 훈련을 받은 교사가 학생을 이끌 수 있어야 참된 지적 공동체가 탄생한다.

교사와 학생은 공부시간과 쉬는 시간의 활동이 다르다. 개인의 일상생활 가운데 사소한 측면을 통해 사회적 상호작용을 이해할 수 있다는 입장에서 교사-학생, 학생-학생 상호작용에 초점을 맞춘 연구가 진행되고 있다. 상징적 상호작용이론의 강조 및 전제를 정리하면 다음과 같다.

- 개인의 자아형성은 사회적 상호작용의 결과이다. 즉, 개인은 일상의 다양한 상황 속에서 접하는 타인의 눈을 통해 자신을 파악한다.
- 개인은 타인과의 상호작용을 통하여 의미를 파악하고, 그 의미를 토대로 자신의 생활을 조직한다.
- 상호작용적 관계에 있는 쌍방은 각각 자신의 행동에 대하여 상대방이 어떻게 반응할 것인가를 예견하고, 상호 용납할 수 있는 방법으로 상황을 정의하며, 서로 수용할 수 있는 한계를 설정한다.
- 사회란 개인 간 상호작용관계를 의미한다. 사회는 과정적이고 역동적이다.

재미있는 학교, 재미없는 학교

윈스턴 처칠 Winston Churchill, 1874~1965은 10대 당시 벽돌공의 조수가 되든 가 사환이 되어 심부름을 하는 것이 학교에 다니는 것보다 나을 것 같았다고 회고록에 밝혔다(West, 2011).

어느 날 아들의 장난감 병사를 바라보던 처칠의 아버지는 자기 아들이 너무 멍청해 다른 직업에는 맞지 않다고 생각하고 군인이 되면 어떻겠냐고 제안했다. 처칠은 이를 곧장 받아들였다. 그는 1893년 런던입시학원의 도움을 받아 세 번째 시도 만에 육군사관학교에 간신히 입학했다. 처칠은 기병대에 들어갔다. 기병대는 보병대에 비해 지적 능력이 크게 요구되지 않았지만, 기병대에 들어가기 위해서는 말을 살 돈이 필요했다. 이 소식에 그의 아버지는 격노했다. 그는 매사에 일처리가 깔끔하지 못하고, 무사태평하고, 경솔하다며 아들을 혼냈다. 그러고 나서 처칠에게 정신을 똑바로 차리지 않으면 한낱 부랑자로 전락해 초라하고, 불행하고, 시시한 존재로 살아가게 될 거라고 했다.

가장 탁월하고 비범한 지도자가 학교를 싫어했다는 사실과 아버지에게 인정받지 못하고 혼줄 나는 장면에 통쾌하신가. 선생님과 부모님은 왜 학생의

그림 8.2 윈스턴 처칠의 생가 블레넘 궁전

잠재력을 알아보지 못하는가? 왜 학생은 학교를 싫어할까? 학교가 재미있어
지려면 우선 학습자가 자신의 능력과 적성, 흥미, 진로 계획에 따라 원하는
학교를 선택할 수 있어야 한다. 학부모는 자녀의 교육에 최선이라고 생각되
는 학교를 선택할 수 있어야 한다. 학생의 잠재력을 발현시키려면, 학교는
서로 경쟁하여 교육의 질을 높여야 한다.

학교개혁의 방법으로는 점진적·개량적인 학교 내적 접근 방법과 대안적
새로운 학교 형태를 도입하는 방법이 있다. 우리가 경험했던 학교와 다른 유
형의 학교를 알아본다.

자유학교　　　　자유학교에서 자유의 의미는 학습에 있어서 자유로운 분
위기를 조성한다는 뜻이다. 1921년에 시작된 영국의 서머힐 학교 Summerhill
School는 비정치적 유형의 자유학교다. 미국의 중류계층 자녀가 많이 다니는
자유학교는 대항문화나 대항기관적 요소가 강한 곳이 많다. 19세기 초 민권
운동 시기에 남부 흑인 젊은이를 위하여 만든 자유학교의 전통이 아직도 남
아있어서이다. 자유학교의 설립자들은 아동의 자발성을 존중하고 관대하고
창조적이며 비억압적으로 양육할 것을 약속한다.

그림 8.3　서머힐 학교

개방학교　　　　개방학교라는 이름은 영국의 유아학교에서 교실을 열린 공간으로 운영하는 것에서 비롯되었다. 제2차 세계대전 동안 학교가 아동을 오랜 시간 동안 보호하기 위하여 취한 운영방식이다.

이 운영방식은 1967년, 플라우든위원회가 교육의 패러다임을 '아는 것'에서 '창조하는 것'으로 바꾸기를 제안하면서 다시 공교육에 도입되었다. 이는 초등학교가 학생에게 최대한의 학습선택권을 보장하기 위한 운영방식이다. 개방학교는 학생들이 소집단 혹은 개별로 다양한 학습재료를 가지고 자율적이고 발생적emergent인 교육과정에 따라 공부하는 곳이다. 학년·교과 간 통합학습이 실시된다.

개방학교의 교사는 학교교육을 사회생활의 준비로 보지 않고, 학교에서 이루어지는 경험을 아동의 권리로 간주한다. 교사는 아동이 좋아하는 것을 스스로 발전시킬 수 있도록 온정적이고 창조적인 조언자의 역할을 수행한다.

대안학교　　　　1990년대 중반부터 대안학교에 대한 우리나라 일반 학부모들의 관심이 대두하였다. 대안학교는 공교육 체제에서 학습자가, 원치 않는 것을 강조하는 억압과 개인의 자유로운 욕구를 충족시키지 못하는 결핍을 벗어나려는 열망에 힘입어 급속히 성장하였다.

대안학교는 개인의 자유와 자율성을 존중하는 동시에 공동체의 가치, 더불어 사는 삶의 방식을 중시한다. 교육 내용 면에서는 배움과 놀이가 구분되지 않는 통합적 교육과정을 추구하며, 실생활에 필요한 내용 및 지역의 다양한 교육 소재를 프로그램화한다. 특히 지식, 감성, 그리고 사회성 교육의 가치를 동등하게 인정한다.

학교효과는 학교 간 질적 차이로 생기는 학생의 학업성취의 차이에 대한 것이다. 효과적인 학교의 특징은 다음과 같다.

- 학교장의 리더십, 교사의 수업 지도력, 구성원 간 공동체의식이 강하다.
- 학구적인 면학 분위기가 조성되어 있다.
- 교육과정에서 학문적인 과목이 차지하는 비율이 높다.
- 교사의 질이 높다.

- 일탈 및 비행 학생에 대한 규율이 엄격하며 일관성이 있다.
- 외부 기관과 학부모로부터 많은 지원과 협조를 받는다.

탈학교   이반 일리치 Ivan Illich와 에버릿 라이머 Everitt Reimer는 급진적으로 탈학교를 주창했다. 이들의 남미교육 개혁의 구상은 이렇다. 국가가 통제하는 의무교육을 위한 학교를 없애고, 고용주는 고용의 조건으로 특수직업 수행능력을 고려한다. 그리고 대안적 친목기구가 등장하여 교육을 수행한다. 이때 자원 제공이 필요하다. 그들은 '학습의 기회망'이라는 이름의 다음과 같은 네 가지 자원 제공 방법을 설명한다.

- 학습 정보 및 자료 제공: 정규 학습에 필요한 자료나 방법에 접근하도록 하는 일이다. 쉽게 접근 가능한 공공장소인 도서관, 박물관, 극장, 공장, 농장, 공항 등에 이러한 자료를 비치하여 도제로 배우거나 방과 후 학생들에게 제공한다.
- 기술 교환: 기술자의 명부를 비치하고, 조건과 접촉 방법에 대해 정보를 제공한다.
- 동료 짝짓기: 개인이 각자 해보고 싶은 활동을 기술한 것을 모아 의사소통망을 형성한다.
- 교육자에 대한 정보 제공: 전문가, 준전문가, 자유기고가 등 학습자가 원하는 일을 도와줄 수 있는 사람들의 명부를 작성한다.

일리치가 생각하는 교육의 목표는 유용한 기술의 습득, 인지적 성숙, 지적 자율성이다. 어떤 사람이 무엇인가를 배우고자 한다면 그런 기술을 가르쳐줄 수 있는 사람을 찾게 된다. 그리고 이미 형성되어 있는 학습의 기회망을 적극적으로 이용하면 된다.

인터넷이 위에서 나열한 정보 제공의 기능을 담당하고 있는 것이다. 이는 직업교육 뿐만 아니라 동호회라는 이름으로 사람들에게 여가활동의 재미를 찾아주기도 한다. 전자 기술 발달로 인한 정보화는 지식 기반 사회라는 새로운 형태의 사회를 만들었고, 세계화는 세계를 하나의 시장으로 묶어주었다. 따라서 이제는 교육의 국가경쟁력을 제고하지 않을 수 없으며, 세계시민교육과 더불어 고유문화에 대한 이해가 더욱 중요하다.

학교폭력

청소년기에는 생활의 중심이 가정에서 학교로 옮겨간다. 학교에서 청소년들은 적응 기술을 습득하고 인간관계를 확립하고 광범위한 사회적 기능과 법칙을 배우는 기회를 갖는다. 초등학생에서 중학생이 되는 단계에서 급격한 신체적·사회적·인지적 발달을 경험하게 되는 이유 등으로 많은 경우, 중학생 시기에 학교 적응 문제가 가시화되기 시작한다(금지헌, 손찬희, 채수은 외, 2012).

2011년 전국 학교폭력 실태 조사에서 최근 1년간 학교폭력 피해율[27]은 18.3%이었고, 가해율은 15.7%로 조사되었다(청소년폭력예방재단, 2012). 또한 최근 1년간 학교폭력 피해를 경험했다고 응답한 중학교 1학년부터 고등학교 3학년까지의 학생 중 중학교 1학년이 전체의 30.1%로 가장 많아 고등학교 1학년(14.3%)의 2배를 넘어섰다.

2012년 통계에 의하면 학교폭력 피해율이 약간 낮아진 12%로 나타났지만, 이들 중 44.7%가 극단적으로 자살을 생각해본 적이 있다고 응답하였다. 또한 학교폭력으로 인해 고통을 느꼈다는 응답률은 2011년의 33.5%에서 49.3%로 올라갔다(청소년폭력예방재단, 2013).

학교폭력은 학교를 매개로 학교나 그 주변의 친구, 선후배 사이에서 발생하며 긴 경우 3년간 지속되고, 심한 경우 그보다 더 오래간다. 피해자들은 이 관계성과 지속성으로 인해 심하게 상처를 입는다. 학교를 가는 한 가해자와 늘 대면해야 하고, 가벼운 폭력일지라도 지속적으로 당한다면 피해자가 받는 고통은 엄청나다. 학교폭력의 형태는 폭행, 상해, 갈취, 집단 따돌림, 놀림, 심부름 등이다. 떼카(카카오톡을 이용한 집단 따돌림), 빵셔틀(빵 심부름), 담배셔틀(담배 심부름) 등의 신조어도 이와 함께 등장하고 있다.

학교폭력은 범죄심리학적 접근 여부에 따라 '비행형'과 '인성형'으로 나눌 수 있다. 비행형 학교폭력은 일회성 폭력으로 그치지 않고 이를 방치할 경우 범죄로 전이될 가능성이 높은 경우이고, 인성형 학교폭력은 우발적, 충동적

---

[27] 학교폭력을 경험한 적이 있다고 응답한 학생 수가 전체 모집단 학생 수에서 차지하는 비율을 집계

으로 발생하기 때문에 범죄로 전이될 가능성이 낮은 경우이다.

이른바 '일진'이라 불리는 조직적 학교폭력이 비행형의 대표적인 예이며, 왕따 같은 집단 따돌림은 인성형의 대표적인 예이다. 인성형 학교폭력은 기실 모든 학교에서 벌어지고 있으며 이러한 학교폭력이 법적 분쟁으로 확대된 경우도 적지 않다.

피해자는 계속된 집단 괴롭힘으로 말할 수 없는 고통을 당했지만 가해 청소년들은 여럿이 했다는 이유로 자기 행동에 별다른 죄의식을 갖지 않았다. 일부 학생의 장난이 전체 학생의 집단 괴롭힘으로 발전할 수 있고, 전체 가해자의 비행 내용이 피해자의 입장에서는 가혹하기 짝이 없는데 가해자들은 피해자의 입장에서 생각하려는 노력조차 하지 않았다. 사태의 심각성과 책임을 인정하고 수습하기 위해 노력하는 것이 교육이다. 사죄와 용서를 통해 성장할 기회를 아이들에게 주어야 한다.

역경 후에는 붕괴되는 과정, 즉 개인이 본래 가지고 있는 삶의 패러다임이 변하는 과정을 겪게 된다. 이 과정에서 혼란이나 불안, 공포, 우울과 같은 부정적인 정서가 나타나게 된다. 학교폭력이라는 역경 상황으로 인해 우울, 공격성 등의 부정적 정서와 신체 증상, 사회적 위축, 학업성적 하락 등의 붕괴를 경험한다(김현숙, 2013).

아이들이 폭력에 노출된 기간이 장기화될수록 자기파괴적이거나 공격적으로 행동할 수 있다. 이들을 위한 전문적인 심리 치료가 절실하게 필요한 실정이다. 여학생이 남학생에 비해 폭력 경험을 내재화하는 경향이 강해 더 위험하다는 경고도 있다. 세심한 배려가 필요하다. 물론 이러한 역경을 비교적 우수하게 회복하는 청소년들도 있다. 이들은 그렇지 못한 피해자에 비해 높은 자존감과 학업성취 수준을 보였다(김은향, 이자명, 2013).

학교폭력 피해 경험으로 인한 부정적 영향을 최소화하고 이들의 적응을 돕기 위해서는 무엇보다도 개인 차원의 강점을 강화시킬 수 있도록 돕는 것이 필요하다.

Education
for
a Happy Society

Chapter 9

사귀고

사귀고

■ **나**는 너에게 관심이 없어

아이들은 두 돌이 되기 전에 사람들의 욕구를 이해할 뿐만
아니라 다른 사람의 욕구가 자신과 다를 수 있음을 이해한
다. 발달심리학자 엘리슨 고프닉은 동료와 다음과 같은 실
험을 했다(Repacoli & Gopnik, 1997).

아이들 앞에 두 개의 그릇을 놓는다. 한쪽에는 아기들이
좋아하는 비스킷이 담겨 있고 다른 한쪽에는 브로콜리가
담겨 있다. 실험자는 즐거운 표정으로 브로콜리를 보고
"냠냠!"이라고 말한다. 그런 다음 실험자가 손을 내밀어
"좀 줄래?"라고 부탁한다.

실험자가 호감을 갖고 있다고 암묵적으로 표현한 음식을
달라고 요청한 것이다. 14개월이 된 아이는 실험자가 원하
는 것을 집어주지 않고 자신들이 좋아하는 비스킷을 집어
준다. 하지만 18개월 된 아기는 자신이 좋아하는 것이 아
니라 실험자가 선호한다고 표시한 브로콜리를 건네준다.
그런데 모든 아이들이 다른 사람에게 관심을 갖거나 사람
의 마음을 이해할 수 있는 것은 아니다.

다른 사람과 적절히 교류할 수 있는 능력이 떨어지고
사회화에 문제가 있을 때 자폐증이라는 병명을 붙이게 된
다. 자폐아의 약 1/3은 아예 말을 하지 않는다. 상상 놀이
도 하지 않는다. 이들은 의사소통과 상상력에 문제가 있으
며 다른 사람과 함께인 것을 즐기지 않으며, 끌어안지 않
고, 손을 뻗어 잡는 것도 어려워한다.

2세 영아를 대상으로 구조화된 관찰 방법으로 조기에 자폐증을 진단할 수 있다.

- 관찰하는 동안, 아동이 눈맞춤을 한 적이 있습니까?
- 아동의 주의를 끈 후, 방 저편에 있는 흥미로운 사물을 지적하며, "저기, ○○(장난감 이름)이 있네!"라고 말한 후 아동의 얼굴을 관찰하십시오. 아동이 방 저편을 보며 검사자가 지적한 것을 봅니까?
- 아동의 주의를 끈 후, 아동에게 소형 장난감 컵과 주전자를 주면서 "○○야, 코코아 타서 마실까?"라고 말하십시오. 아동이 코코아를 따르거나 마시는 시늉을 합니까?
- "○○야, 공 어디 있지?"라고 아동에게 말하십시오. 아동이 손가락으로 공을 가리킵니까?
- 아동이 벽돌로 탑을 쌓을 수 있습니까? 만약 쌓는다면, 몇 개까지 쌓을 수 있습니까?

자폐증의 원인에 대해서는 아직 알려진 바가 거의 없다. 심지어 자폐증이 병의 정도에 따라 차이가 나는 단일한 장애인지, 아니면 여러 가지 복합적인 장애인지조차 가늠하지 못하고 있다. 다만 부모의 냉담한 양육 탓은 아니라는 것이 알려진 정도이다.

대부분의 자폐증 환자는 남아들이다. 남아들이 여아들보다 공감 능력이 떨어진다는 것은 잘 알려진 사실이다. 여아와 남아의 차이를 살펴보자(Baren-Cohen, 2002).

- 생후 하루가 지난 여아는 움직이는 모빌보다 사람의 얼굴을 더 오래 쳐다본다. 남아의 선호도는 그 반대이다.
- 1세 여아는 남아보다 시선을 더 많이 맞춘다. 이 또래 아이들의 눈 맞춤 정도는 남성호르몬인 테스토스테론 수치로 예측할 수 있다. 테스토스테론이 많을수록 시선을 덜 맞춘다.
- 1세 여아가 남아보다 곤란에 처한 사람을 잘 도와준다.
- 다른 사람이 무엇을 생각하는지 추론하는 과제에서는 언제나 여아가 남아

보다 뛰어나다. 표정과 비언어적 몸짓을 해독하는 데도 여아가 우월하다.
• 남아가 자폐증, 행동장애 및 정신이상 등의 징후를 보일 확률이 더 높다.

일반적으로 여성이 남성보다 상대방의 생각을 읽는 데 더 뛰어나다. 여성은 다른 사람의 정서에 더 민감하며 타인의 믿음과 욕구를 남성보다 잘 추론한다. 이렇게 말하는 것이 조심스럽긴 하지만, 전형적인 남성의 특징을 극단적이고 과장된 형태로 앓는 사람이 자폐증 환자일지 모른다. 물론 여러분의 남자친구야 다정다감하겠지만.

평균적으로 여성은 사람을 다루는 일에, 남성은 사물을 다루는 일에 더 큰 흥미를 느낀다. 직업적성검사를 하면, 남학생들은 '현실적'이고 '이론적'이고 '연구하는' 직업에 관심이 많고 여학생들은 '예술적'이고 '사교적인' 직업에 관심이 많다(Pinker, 2004).

여자들은 분노를 제외한 기본적인 감정을 더 강렬하게 느낀다. 여자들은 아기의 일상적인 울음에 더 민감하고, 모든 자식에게 골고루 신경을 쓴다(Harris, 2000). 물론 극단적인 고통을 담은 울음소리에는 양성이 똑같이 반응한다.

남자 어린이들은 심리학자들이 '엎치락뒤치락 놀이 rough-and-tumble play'라는 이름을 붙인 활동을 통해 폭력적 싸움을 연습하는 데 많은 시간을 보낸다(Maccoby & Jacklin, 1987). 마음속에서 3차원의 물체를 회전시키고(심적 회전) 공간을 조작하는 능력은 남자들에게서 높게 나타난다(Geary, 1998).

무의식적 눈감기

아이들은 말귀가 트이면서 주위 사람들의 기대와 규칙에 대해 배우기 시작한다. 그러면서 용납되는 일과 그렇지 않은 일, 해야 되는 일과 해서는 안 되는 일에 대한 가치 체계를 내면화한다. 본능은 즉각적인 만족을 요구하지만, 이를 통제하는 외부 규칙을 인지하게 되면서 '본능이냐', '사회적으로 용납되는 행위냐'라는 선택의 기로에 놓인다.

지그문트 프로이트 Sigmond Freud의 용어로는 현실을 파악하는 자아가 내면화한 가치 체계, 즉 초자아를 바탕으로 문제를 해결할 시점이다. 본능과 초자아 간의 긴장이 불러온 불안은 때때로 자아로 하여금 문제해결이라는 정면충돌을 피하고 현실 판단을 왜곡하여 긴장을 해소하게 한다. 이를 방어기제라 하는데 대표적인 방어기제로는 억압, 퇴행, 투사, 승화, 반작용 형성, 합리화 등이 있다.

- 억압은 불안한 생각과 경험을 의식으로부터 밀어내 전의식이나 무의식으로 감춘 상태를 뜻한다.
- 퇴행은 불안하거나 괴로울 때 거의 어떤 제재도 받지 않았던 어렸을 때로 돌아가 안정을 찾으려 하는 것이다. 동생을 보게 된 어린아이가 손가락을 빨거나 이불에 오줌을 싸는 것 등이 바로 퇴행의 예이다.
- 투사는 불안을 일으키는 생각이나 상황을 다른 사물이나 사람의 탓으로 돌림으로써 불안에서 벗어나려 하는 것이다. 시험 성적이 나쁠 때 자기의 학업 태도를 돌아보기보다 문제 출제가 잘못되었다고 탓하는 경우가 이에 속한다.
- 승화는 부적절한 성적 또는 공격적 충동을 공부나 일, 운동 등 사회적으로 용납되는 행동으로 분출시켜 불안을 해소하는 것이다.
- 반작용 형성은 근심스러운 감정을 그와 정반대되는 행동으로 대치하는 경우를 말한다. 싫어하는 사람에게 오히려 친절하게 대한다든지, 하고 싶은 일을 하면서 흥미가 없다는 태도를 보인다든지 하는 것이다.
- 합리화는 하고 싶은 일이나 해야 할 일을 못 했을 때 또는 정당하지 않은 행동의 이유를 사실과 다르게 이야기하여 불안을 해소하고 편안해지려 하는 것이다.

일상생활에서 흔하게 접하는 성숙한 방어기제로는 다소 불쾌한 상황에 부딪히더라도 심각한 상황으로 몰아가는 일 없이 긍정적으로 전환하는 능력을 들 수 있다. 우리는 사랑하는 사람들과 교제하면서 유머 감각이나 이타주의 같은 적응적 방어기제를 발전시킨다.

친구

지난 토요일 친구 혜원이랑 동생 희관이, 나 그리고 각자의 배우자들과 같이 저녁을 먹고 오페라 〈토스카〉를 감상했다. 이제 쉰이 가까워 오는 희관이가 멋지게 자란 것에 대해 때 늦은 축하의 말을 건네며 우리는 기뻐했다. 어릴 적 친구란 나의 '찬란하고 매력 있고 젊은' 과거를 기억해주는 고마운 존재가 아닐까?

호메로스 Homeros의 《일리아스 *Ilias*》에는 이런 이야기가 실려 있다. 어느 날, 그리스의 장군 디오메데스 Diomedes와 트로이의 글라우코스 Glaucos는 전쟁터에서 대치하게 되었다. 디오메데스는 과거에 자기 할아버지가 글라우코스의 영지에서 손님으로 대접받은 것을 기억하고 있었다. 그는 할아버지들의 우정에 보답하기 위하여 다음과 같이 제안한다. "그래서 우리는 서로 창끝을 겨누지 말아야 합니다. 신께서 허락한다면, 나는 다른 트로이인을 많이 죽일 기회가 있을 테고, 당신도 그리스인을 죽일 기회가 있을 것입니다. 우리 각자 서로의 용맹을 다른 곳에서 뽐냅시다(박경철, 2013)."

물론 그리스와 트로이의 장군만 이런 우정을 뽐내는 것은 아닐 터이다. 또래집단은 평생 우리 삶에 영향을 미친다. 발달심리학자 주디스 해리스 Judith Harris의 또래집단의 영향력 연구에 의하면 아이들은 또래집단과 자신을 동일시하고 집단의 태도, 행동, 말, 패션 스타일을 흉내 낸다. 같은 음식을 먹고 같은 음악을 좋아한다(Harris, 2009).

엄마와 같은 옷을 입고 엄마와 같은 음악을 듣는 아이를 본 적이 있는가? 아마 거의 없을 것이다. 엄마가 장만한 음식을 먹고 자란 아이들조차 자라서는 입맛이 또래집단과 유사해진다. 또래와 어떤 세계를 공유하느냐에 따라 타고난 성격이 변하고 행동도 변한다. 어떤 또래집단을 만나느냐에 따라 커서 어떤 부류의 존재가 될 것인지도 결정된다. 또래의 영향력은 부모의 영향력보다 크다.

또래집단은 대개 미성숙하고 위험한 경향이 있다. 그것은 바로 집단사고

groupthinking에서 나타난다. 집단사고란 응집력이 강한 집단에 깊이 연루된 구성원들이 만장일치를 열망함으로써 현실적인 대안 행동을 모색하는 소수의 의욕을 짓밟을 때 나타난다(Grigoriadis, 2005). 집단사고는 설령 본능적으로 결정에 의심이 든다 해도, 다수의 뜻을 대변하는 것으로 보이는 의사 결정이나 지시를 검토할 필요가 없다고 믿게 만든다.

1951년, 솔로몬 애시 Solomon Ash는 8~10명으로 구성된 대학생 그룹을 대상으로 시각 감지 실험을 했다. 이 실험은 사실 참가자가 한 명뿐이고 나머지는 인원은 전부 들러리다. 애시는 들러리에게만 실험의 목적을 제대로 설명하고, 그들에게 틀린 대답을 하라고 지시했다. 애시에게 사전에 설명을 듣지 않은 참가자는 집단을 구성하고 있는 대다수의 들러리가 대답한 것을 들은 후에 답을 하게끔 했다.

애시는 학생들에게 직선이 하나 그어진 카드를 한 장 보여주었다. 그런 다음 길이가 서로 다른 직선이 세 개 그어진 카드를 보여주며, 앞서 보여준 카드에 있는 직선과 길이가 같은 직선을 찾게 하였다. 세 개의 직선 중 하나는 처음에 본 직선과 길이가 분명히 같았다. 들러리들은 정답이 아닌 카드를 가리켰다. 참가자는 무엇을 선택했을까? 대부분의 참가자가 오답이 분명한 데도 불구하고 들러리들과 같은 대답을 내놓았다. 집단사고의 위력이다.

참가자들은 "튀는 행동을 하고 싶어서 오답인 줄 알면서도 그랬다."고 실험 후 면담에서 밝혔다. 하지만 애시의 결론은 이렇다. "우리 사회에는 순응의 경향이 매우 강해서, 충분히 지적이고 착한 젊은이라도 기꺼이 하얀 것을 검다고 말한다. 이것은 염려스러운 문제가 아닐 수 없다. 이것은 우리의 교육방식에, 그리고 우리의 행동을 유도하는 가치관에 의문을 제기한다(Robinson, 2010)."

집단자아

또래집단에 속한 즐거움 혹은 왕따를 당하는 괴로움은 분명한 실체가 있는 감정이다. 육체적 고통을 조절하는 신경 화학물질은 사회적 손실에 대한 심리적 고통도 조절한다. 우리가 사회적 관계를 구축하고 그 관계를 인정할 때, 기분을 좋게 만드는 오피오이드펩타이드 opioid-peptide라는 물질의 생성이 촉진된다. 사회적 관계가 끊어지면 오피오이드펩타이드는 생성되지 않고 우리는 두려움을 느낀다(Panksepp, Siviy & Normansell, 1985).

묵살당하는 존재가 되는 것은 일종의 벌이다. 힘과 자존감의 원천이 거세당한 느낌을 받기 때문이다. 제외된다는 것은 외롭고 무기력하게 된다는 의미이다. 반대로 나와 비슷한 생각을 가진 집단에 합류하면, 우리는 더욱 중요한 사람이 된 것 같은 느낌을 받고, 지름길을 배우며, 자신의 정당성을 입증한 것 같은 기분을 느낀다.

서구에서 소중하게 생각하는 자유에는 책임과 차이에 대한 관대한 마음이 필요하다. 순응하는 문화에서 나고 자란 사람은 개인적 문화의 다양함을 불편하게 여기기도 한다. 그런 사람이 급격한 변화에 자신을 열지 못하면, 집단의 자아가 개인을 잠식하기 시작한다. 집단적 문화가 중시되는 우리 사회에서는 단체로 일하고 협동하여 전체가 발전하는 것을 중시한다. 또한 집단에 순종하는 대가로 보호를 받으며 개인의 자유가 제한된다. 따라서 개인이 자기표현을 할 때마다 집단을 배신한다거나 전체에게 피해를 준다는 부담을 느끼기 십상이다.

머레이 Murray(1953)는 인간이 지니고 있는 많은 동기를 분류하면서 성취 욕구라는 특수한 동기를 포함시켰다. 머레이에 의하면 인간의 행동을 결정짓는 요인은 욕구와 압력이다. 성취 욕구는 장애물을 극복하고 권력을 행사하며 가능한 한 훌륭하고 신속하게 어려운 일을 하기 위해 노력하려는 욕망, 또는 가능성으로 분류된다.

성취 욕구가 외부에서 무언가를 이루고자 하는 욕망이라면 내부적으로 성장하고자 하는 욕구 또한 인간에게 잠재되어 있다. 기본적인 욕구가 충족되면 사람들은 즉각적인 만족감을 넘어서는 어떤 것에 헌신하기를 원한다. 더 위대한 목적을 발견할수록 사람은 행복해지고 건강해지며 심지어 더욱 오래 살기도 한다.

고립된 상태에서 원대한 목적을 성취할 수 있는 사람은 거의 없다. 우리는 다른 사람과 어울리고 자신의 자율성을 기꺼이 포기하면서 서로 영향력을 주고받으며 더욱 많은 것을 성취하고 생존한다. 우리는 대의의 권위에 항복하고 그렇게 함으로써 대의에 대한 책임을 다한다. 이러한 행위가 사회 공동체 안에서 일상적으로 일어나고 있다. 사회 구성원이 내면화한 집단의 가치를 이데올로기라 한다면, 집단 자아는 이데올로기를 포함해서 이미 나를 규정하고 있는 집단의 특성이다. 집단 자아가 벌이는 의식적·무의식적 게임이 권위와 복종 사이에서 일어난다.

심리학자 스탠리 밀그램 Stanley Milgram이 1960년대에 실시한 세계적으로 가장 유명한 실험 중 하나를 살펴보자. 이 실험은 '누군가에게 도덕적으로 용납할 수 없는 임무를 부여받은 경우, 복종에 대한 보상도 없고 불복종에 대한 질책도 없다면 개인은 그 권위에 복종할 것인가?', '한다면 그 이유는 무엇인가?'를 밝히는 실험이다(Milgram, 1974).

참여자는 예일대학의 지하실에 있는 밀그램의 실험실에서 실험에 대한 설명을 들었다. 그들은 체벌이 학습에 미치는 영향을 알아보는 실험에 참가한다고 알고 있다. 설명을 들은 참여자는 교사의 역할을 맡아 학습자에게 한 쌍의 단어를 읽어 준다. 학습자는 교사에게 전해들은 단어를 가리키면 된다. 학습자가 잘못된 단어를 가리킬 때 교사는 학습자에게 전기쇼크를 가하라는 지시를 받는다. 전기쇼크는 학습자가 실수할 때마다 점점 강해지는데, 처음에는 15볼트에서 시작하던 것이 나중에는 450볼트, 치사량에 가까운 수준까지 올라간다. 학습자는 전기쇼크를 받을 때마다 교사가 실제라고 믿게끔 고통스러운 연기를 한다. 밀그램은 참여자인 교사가 양심의 갈등을 고조시키는 지시에 어느 수준까지 복종할 것인지를 알고자 했다.

과연 교사는 학습자에게 명백한 고통을 주고, 어쩌면 죽음에 이를 수도 있는 전기쇼크를 가할 것인가? 지시에 불복종하더라도 그에 따른 처벌이 없고, 복종에 대한 보상도 없는 상황에서 참여자는 어느 수준에 이르러야 지시를 거부할 것인가?

실험 결과, 참여자 중 65%가 명령에 완전히 복종했다. 밀그램은 정신과 의사, 대학생, 중산층의 성인 등을 대상으로 실험을 연속 진행했다. 결과는 비슷했다. 보상도 질책도 없는 상황에서 예일대학이라는 권위가 개인에게 거는 기대에 부응하려고 노력한 것이다.

밀그램은 참여자들의 행동을 전쟁 중에 폭탄을 투하하는 병사에 비유한다. 병사는 한 마을을 파괴하는 일에 수치심이나 죄책감을 느끼지 않는다. 자신에게 부여된 임무를 얼마나 잘 수행했는지 여부에 따라 자부심이나 부끄러움을 느낀다. 개인이 혼자서 일할 때는 양심에 따른다. 그러나 위계 체제 내에서 일할 때에는 권위가 양심을 대신한다.

오하이오 Ohio의 정신과 의사로 구성된 한 팀이 위계질서 안의 복종을 현실 세계에서 확인한 실험이 있다. 의사가 환자의 생명을 위태롭게 할 것 같은 지시를 내린 경우, 간호사가 이 지시를 따르는지를 본 것이다.

어느 날 시립 병원과 개인 병원의 간호사들은 승인되지 않은 약품을 명백하게 과량 투여하라는 지시를 받았다. 지시는 간호사들이 잘 알지 못하는 의사들이 전화상으로 내렸다. 실험 결과, 간호사 21명은 지시에 대한 심리적 갈등을 겪을 때 보이는 저항을 표시하지 않고 지시받은 약품을 준비하였다. 지시대로 했을 때 문제가 발생할 것이라는 의심도 하지 않았다. 복종에 아무런 갈등을 느끼지 않고, 환자를 돌봐야 한다는 최우선의 의무도 떠올리지 않은 것이다(Heffernan, 2012).

맹목적인 사람이 되지 않기 위해서는 솔직한 진실과 제한 없는 탐구가 이루어져야만 한다. 우리는 스스로 불편한 질문을 해야 한다. 스스로 아웃사이더가 되어 자신의 본래 이미지와 정반대로 행동하고 결과를 관찰해야 한다.

또래집단은 개인이 자신들의 기대치를 충족시키길 바라고, 개인은 그런 또래집단의 기대치에 맞추어 행동한다. 기대치의 속박에서 벗어난 일탈 행동만이 그 고리를 끊을 수 있다. 우리는 다른 사람의 기대나 바람에 따라 행동하고 생각할 필요가 없다. 그럴 때 자기다워진다.

누구에게 끌리는가

우리는 자라면서 우리와 반대 성의 부모 또는 형제와 아주 유사한 사람을 찾는다. 어려서 함께 자란 사람은 유사한 문화를 공유한다. 그렇다면 우리는 결혼 상대자로 나와 비슷한 문화에서 자란 사람을 찾는 것일까?

하지만 그렇다고 해서 한집에서 자란 이복남매가 결혼하는 경우는 거의 없다. 물론 이복남매간 결혼 회피에는 또 다른 이유가 있을 수 있다. 사회가 이를 금기시하기 때문이다. 그렇다면 같은 문화 속에서 자란 남은 어떠한가? 이스라엘 키부츠 출신의 결혼에 관한 통계에 의하면, 같은 키부츠 출신이 결혼하는 예는 2,769쌍 중 13쌍뿐이었다(Diamond, 1992). 같은 공동체 출신 간 결혼에 대한 금기가 없는데도 대부분 서로 결혼하지 않은 것이다.

결혼한 13쌍의 경우를 조사해보니 모두 여섯 살 이후 키부츠에 들어온 사람들이었다. 아주 어린 시절부터 함께 자란 사람들끼리 결혼한 경우는 없었다. 아마 서로가 형제나 마찬가지여서 이성으로 느껴지지 않았을 것이다. 이를 통해 알 수 있는 것은 우리가 결혼적령기에 찾는 사람이 내가 자란 문화와 유사한 문화를 지닌 사람은 아니라는 것이다. 그렇다면 우리는 부모나 형제와 유사한 이미지를 선호하는 것인지도 모른다. 이것은 각인 효과일까?

찰스 다윈Charles Darwin, 1809~1882에 의하면 우리는 결혼 상대자를 고를 때 유방, 머리카락, 피부색에 큰 관심을 쏟는다고 한다. 각기 다른 문화권에 사는 사람들은 자신들에게 익숙한 유방, 머리카락, 피부색을 아름답다고 규정한다. 그래서 피지나 스웨덴 사람들은 자신들만이 학습한, 애매한 미의 기준을 갖는다. 각 지역의 인구가 이러한 기준에 부합되어야만, 유전자 선택에 의해 점차 기준에서 아주 동떨어진 개인을 찾기가 어려워질 것이기 때문이다.

가족관계

우리 대부분은 결혼생활에 대한 환상과 결혼한다. 결혼은 애정 어린 돌봄과 배려, 사랑과 공감, 심지어 가족도 하지 못했던 훌륭한 조언을 얻을 수 있는 행복한 상태일 거라 생각한다. 결혼을 하고 사람들은 처음 얼마 동안은 서로에게 진정으로 위로가 되고 의지가 되기도 하지만 시간이 지나며 결혼 전 자신의 문제, 그리고 자라면서 보았던 원가족의 모습을 재현하게 된다(Napier & Whitaker, 2012).

톨스토이의 소설 《안나 카레니나》는 이런 문장으로 시작한다. "행복한 가정은 모두 엇비슷하고 불행한 가정은 불행한 이유가 제각기 다르다." 이 문장에서 톨스토이가 말하려고 했던 것은 결혼생활이 행복하려면 수많은 요소를 갖추어야 한다는 것이다. 행복한 결혼생활이란 부부가 서로 성적 매력을 느끼고 돈, 자녀 교육, 종교, 친척 등의 중요한 문제에 대해 합의하는 것이다. 이 중 한 가지라도 어긋나면 그 나머지 요소가 모두 성립해도 그 결혼이 행복하지 않다는 것이다. 가족 간의 문제는 가족 전체를 하나의 시스템으로 보아 접근하는 것이 효과적인 치유 방법이라고 전문가들은 조언한다.

부부는 오랜 시간을 같이 하면서 상대방에게 혐오를 느끼고 이를 극복하지 못할 때 헤어지기도 한다. 다음은 켄터키 주 루이스빌 대학의 연구자들이 뽑은 부부 사이에 문제를 일으키는 가장 짜증 나는 습관 목록이다(Hoggard, 2006).

- 저녁 파티에서 실없는 농담을 너무 많이 하는 것
- 쇼핑을 하면서 상점에서 배우자를 너무 오래 기다리게 하는 것
- 축축한 타월을 그대로 걸어두는 것
- 자기 농담에 자기가 웃는 것
- 허세를 부리는 것
- 휴가를 떠날 때 짐이 너무 많은 것
- 화장실 휴지를 다 쓰고 새것으로 갈지 않는 것

- 다른 사람이 있을 때도 어리광부리듯 말하는 것
- 남자가 공포 영화를 무서워하는 것
- 배우자의 옷차림을 불평하는 것
- 미리 맞추어 놓은 자동차 주파수를 바꾸는 것

부부 사이의 문제가 반복되어 쌓이면 사회적인 알레르기가 된다. 즉, 극도로 예민한 짜증이나 혐오감으로 변할 수 있다.

관계의 질적 수준은 대상을 향한 강렬한 감정으로 결정되는 것은 아니다. 프랑스 소설가 발자크의 《고리오 영감》에는 다락방에서 금덩어리를 만지며 사는 노인이 등장한다. 그는 금화를 마치 연인처럼 매만지며 무척 행복해한다. 하지만 노인의 강렬한 애착에도 불구하고 그 관계가 건강하다고 진단할 사람은 아무도 없다. 왜냐하면 탐욕의 일부만으로 삶을 이어가기에는 잃어버리는 것이 너무나 많기 때문이다. 노인은 자기이해, 지혜, 자비, 친절, 새로운 경험에 대한 욕구 등 좋은 관계에 필요한 거의 모든 것을 외면하고 살아가며 독자에게 안쓰러움을 남긴다.

그럼 이쯤에서 마음을 털어놓는 방법을 배워보기로 하자. 자리에 있는 사람이 두 사람이라면 서로 마주 보고, 여러 사람이라면 모두가 서로 볼 수 있도록 둥글게 자리를 잡고 앉는다. 1~2분 정도 가만히 앉아서 자신과 상대방에 대한 감정을 찬찬히 생각해보자. 그리고 다음 5단계를 따르자(Perry, 2013) 표 9.1 참조.

- 1단계: 감사하기

구체적이며 두루뭉술하지 않게 표현하며 "하지만……." 같은 군소리를 덧붙이지 않는다. 상대방의 얘기를 들을 때에는 괜히 트집을 잡거나 되받아치지 않도록 유의한다. "사돈 남 말하네."처럼 비아냥거리지 않는다.

- 2단계: 새로운 소식과 근황 주고받기

"나는"으로 말문을 연다. "너는"으로 시작하지 않는다.

표 9.1 마음을 털어놓는 5단계 방법

단 계	방 법
1단계	감사하기
2단계	새로운 소식과 근황 주고받기
3단계	질문하기
4단계	불만 이야기하기
5단계	바라는 것, 희망하는 것, 꿈꾸는 것에 대해 이야기하기

• 3단계: 질문하기

혼자만의 추측을 털어버리는 과정이다. "어제 네가 방에서 나갈 때 문을 꽝하고 세게 닫았잖아. 그거 혹시 네가 화나서 세게 닫은 거야, 아니면 바람 때문에 그렇게 닫힌 거야?" 같은 오해의 소지가 있는 추측을 상대방에게 물어보고 확인한다. 대답하고 싶지 않은 질문을 받았을 경우, 상대방에게 물어봐서 고맙다는 말만 남겨도 괜찮다. 질문에 대답할 의무는 없다.

• 4단계: 불만 이야기하기

인간관계에서 문제를 유발하는 것은 서로의 차이가 아니라, 그 차이를 다루는 방법이다. 자라온 환경도 다르고 현재 처한 상황도 다르기 때문에, 우리는 누군가가 자신에 대해 불만을 털어놓으면 방어적인 반응을 보이기 쉽다. 공감하고 이해하려는 마음을 가지고 귀담아 듣는 습관을 들일 필요가 있다.

내가 품고 있는 불만은 상대방의 말이나 행동이 아니라 내 마음이 만들어 내는 것이다.

"왜 맨날 내가 쓰레기를 버려야 해. 내가 당신 하녀야?"

위와 같이 자신을 희생양으로 내세운 표현은 다음과 같은 부탁으로 바꿀 수 있다.

"어젯밤에 쓰레기통을 들고 나가는데, 내가 아니면 아무도 이런 일을 신경 쓰지 않는 것 같다는 생각이 들어서 서글펐어. 다음번엔 당신이 좀 버리는 것이 어떨까?"

내가 옳다고 우길 것인가 아니면 우리 두 사람이 화목하게 지낼 것인가를 염두에 두도록 한다.

우리는 인간으로서, 스스로에 대한 좋은 감정을 만들고 안정감을 심어줄 관계를 발견하고 지키려는 강한 의지를 갖고 있다. 그래서 서로의 거울이 되어 자존감에 확신을 줄 닮은 사람과 결혼하고, 비슷한 사람과 이웃이 되며, 비슷한 사람들과 어울려 일한다. 사랑이 하는 역할도 이와 같다. 우리는 스스로를 좋게 생각한다. 왜냐하면 사랑받기 때문에, 또 자신의 가치를 굳건히 할 중요한 관계를 지키기 위해 싸우기 때문이다.

젊은 연인들을 대상으로 상대방을 바라보는 시각과 자기 자신을 바라보는 시각을 비교했더니 커다란 차이가 있었다(Hitsch & Hortacsu, 2009). 사랑하는 사람이 나를 본 모습이 내가 스스로를 본 모습보다 더 긍정적이었다. 이런 이상화가 일어나면 관계를 지켜나갈 확률이 커진다. 스스로 발견하지 못한 장점을 상대방이 발견했을 때 사람들은 관계에 더욱 만족한다. 관계가 지속되기를 원하면 상대를 계속 이상화하라!

사랑을 할 때 활성화되지 않는 부분은 주의, 기억, 부정적 감정을 주관하는 부위와 부정적 감정, 사회적 판단력, 다른 사람의 감정과 의도를 구별하는 능력과 관련된 부위이다(Heffernan, 2011). 다시 말해 사랑할 때 일어나는 뇌의 화학작용으로 우리는 사랑하는 사람에 대한 비판적인 생각이 불가능하다.

우리는 사랑하면서 상대방이 가진 환상에 스스로를 적응시킨다. 따라서 일종의 긍정적 순환이 일어난다. 사랑하는 사람을 더 좋게 생각하면 상대방은 그 생각에 맞도록 노력할 것이고 그럴수록 사랑은 더 깊어진다. 환상이 현실을 바꾸는 것이다. 우리는 그 사람이기 때문에 사랑하는 것이 아니라 그 사람이 자신이 생각하는 사람이기 때문에, 혹은 그 사람이 자신이 생각하는 사람이 되어야 하기 때문에 사랑한다.

Education
for
a Happy Society

Chapter **10**

키우고

키우고

사람은 무엇으로 사는가

2012년 우리나라의 15세부터 49세까지의 가임 여성 한 명당 출산율은 1.3명이다. 저자는 1962년생이다. 한국동란의 혼란기를 벗어나 살 만하게 되면서 여기저기서 아이를 출산하던 베이비붐 시대에 태어났다. 언니 하나, 동생이 넷이다. 아들 보려고 부모님이 애쓰신 결과다. 내 또래에 흔한 경우다.

70~80년대에는 매스컴에서 "셋만 낳아 잘 기르자.", "잘 키운 딸 하나, 열 아들 부럽지 않다." 등의 산아 제한 구호가 유포됐다. 하지만 어느새 아이 낳아 기르기가 너무 비싼 나라 그래서 세상에서 가장 아이를 낳지 않는 나라 중 하나가 되어 버렸다. 이제 6세 이하의 형제가 없는 아이들이, 있는 아이들보다 더 많다.

러시아의 대문호 레오 톨스토이 Leo Tolstoy, 1828~1910는 《사람은 무엇으로 사는가?》에서 다음의 세 가지 질문을 던진다. 사람 안에는 무엇이 있는가?, 사람에게 없는 것은 무엇인가? 사람은 무엇으로 사는가?

세간에 널리 알려진 단편인데도 학교교육에서 잘 언급되지 않는 이유를 나는 두 번째 질문에서 찾는다. 없는 것에 초점을 맞추지 않고, 이미 가지고 있는 것에서 출발하는 것이 현대의 교육철학이기 때문이다. 가지고 태어나는 도덕적 감정(MacIntyre, 2007; Smith, 2009), 발현될 기회에 품어 나올 잠재력, 그리고 원하는 것이 무엇인지를 아는 판단력, 아동 권리헌장과 교육과정은 이러한 것을 기초로 하여 짜인다.

표 10.1 출산 준비물 목록

구 분	목 록
쿵산족 아기 (수천 년 전부터 1980년대 중반까지 아프리카 칼라하리 사막)	카로스 1장 (동물가죽의 안에 풀을 깔아 허리에 걸치게 한 포대기)
이탈리아의 아기 (1417년 피렌체의 중산층)	• 안감을 댄 망토 　　　• 작은 셔츠 • 실내복, 소매가 있는 것과 없는 것 • 턱받이 　　　　　　• 모자 • 배냇띠 6장 　　　　• 모직 속싸개 6장 • 은반지를 끼운 산호가지 • 요람 및 요람 덮개와 베개
오늘날 선진국의 아기 (2001년 잉글랜드)	• 어울리는 벽지와 커튼이 있는 아기방 • 안전 매트리스가 있는 아기침대 • 시트, 담요, 깃털이불 • 장식모빌 • 아기 모니터기 • 야간조명등 • 분유용 온도계 • 배내옷, 조끼, 모자, 손싸개, 카디건, 양말. 외투, 부드러운 신발 • 일회용 기저귀 • 기저귀 가는 매트와 기저귀가방 • 일회용 물휴지 • 뚜껑 달린 통, 탈지면 • 유축기, 수유패드 • L자형 수유베개 • 젖병, 젖꼭지, 젖병 소독용구 • 베이비 로션, 목욕로션, 자외선 차단크림, 기저귀 습진크림, 베이비오일 • 체온계, 해열제, 복통약, 상처소독약 • 플라스틱 목욕통 　　　• 사각 모슬린천 • 아기 손톱가위 　　　• 아기 머리빗 • 큰 유모차, 유모차 시트와 담요 • 차양과 빗물 커버가 있는 접이식 유모차 • 자동차 시트와 목 지지대 • 여행용 아기침대 • 놀이기구와 놀이매트 　• 딸랑이, 귀여운 인형들 • 인형 물품들 　　　　• 비닐 안감을 댄 수영복 • 후드가 달린 베이비타월 • 치아 발육기 • 플라스틱 접시와 숟가락 • 아기 식탁의자, 턱받이 • 문간에 다는 아기 울타리 • 천으로 된 안락의자 • 카메라와 앨범

여기서 나는 톨스토이의 세 번째 질문에 주목한다. 그리고 가장 물질적인 답을 준비했다. 수천 년 전부터 1980년대 중반까지 아프리카 칼라하리 사막에서 살아온 쿵산족, 지금으로부터 600여 년 전 15세기에 가장 문명이 발달했던 이탈리아의 피렌체, 지금 선진국이라는 영국에서 아이가 태어날 때 준비하는 출산 준비물 목록이다(Jackson, 2006) 표 10.1 참조.

각인

예전에는 다들 사인 대신 도장을 썼다. 내가 본 도장 중에서 제일 멋진 게 뭐였더라? 박물관 전시에서 본, 녹은 촛농 위에 돌려 찍게 되어 있던 원통형 로마 황제 도장이 멋졌던 것 같은데……. 역시 이탈리아인들은 멋을 안다는 생각을 했던 것 같다. 이렇듯 도장에 새겨진 이미지, 각인이라는 개념은 구세대에게 친숙하다.

콘라트 로렌츠 Konrad Lorenz, 1903~1989는 기억에 새겨진 이미지, 너무 또렷해서 평생 잊을 수 없는 자취에 각인이란 이름을 붙였다. 오스트리아의 자연학자인 그는 집에서 야생동물을 키우며 동물의 본능이 행동에 중요한 역할을 한다는 것을 알게 되었다. 그에 의하면 동물 중에 어느 종은 시각에 맺힌 첫 이미지가 각인된다는 것이다.

인공지능 시대의 용어로 표현하자면, 엄마라고 믿게끔 프로그램이 되어 태어난다는 것이다(Ridley, 2003). 1973년 노벨생리학·의학상을 탄 로렌츠에 의하면 본능은 특수한 외부 자극으로 일어나는 생득적 행동의 메커니즘으로, 학습되지 않은 행동이다. 이는 종 특유의 특정 행동 패턴으로 대개 어떤 고정된 반응 패턴을 포함한다.

만지고 느끼며

포유류는 서로 몸을 부비부비 비빈다. 팔이 달린 포유류는 안는 것을 좋아한다. 접촉 연구의 아버지 해리 할로우 Harry Harlow, 1905~1981는 천 원숭이와 젖병이 고정된 철사 원숭이를 배치한 관찰실에 부모와 떨어진 새끼 원숭이를 들여보냈다. 새끼 원숭이는 주린 배를 철사 원숭이에 고정된 젖병으로 채우고는 하루 24시간 중 식사 시간 외 나머지 시간에는 천 원숭이와 붙어 지냈다. 새끼 원숭이에게 천으로 만든 원숭이는 친어미와 다를 바 없었다. 그만큼 스킨십은 중요했다.

이듬해가 되자 천 원숭이 밑에서 자란 원숭이에게 문제가 나타났다. 할로우가 천 원숭이와 자란 원숭이들에게 놀이와 짝짓기를 시키려 하자 새끼 원숭이들은 폭력적이고 반사회적인 반응을 보였다. 암컷은 수컷을 공격하였고, 제대로 된 성체위가 어떤 것인지도 전혀 알지 못했다. 그중 일부는 몸을 흔들고 자신을 물어뜯었으며, 팔에 난 상처를 벌려 피가 나게 하는 등 자폐적 증상을 보였다. 천 원숭이 밑에서 자란 원숭이 한 마리는 자신의 손을 통째로 씹어 먹었다(Slater, 2004).

할로우는 사랑의 다른 변수가 얼굴이라는 가설을 세웠다. 갓 태어난 원숭이에게 얼굴이 예쁜 가짜 어미를 보여주었을 때 애착을 느끼는지를 알아본 것이다. 하지만 원숭이를 닮은 가면이 완성되기도 전에 실험실에서 원숭이가 태어났고, 할로우는 눈과 코 없이 담요만 뒤집어씌운 천 원숭이와 새끼 원숭이를 우리 안에 서둘러 집어넣었다. 하지만 첫 실험과 비교했을 때 아무런 변화가 없었다. 새끼 원숭이에게 얼굴은 중요하지 않은 듯했다. 그들은 얼굴 없는 어미를 사랑했으며, 키스를 퍼붓고 이로 깨물었다. 나중에 매력적인 원숭이 가면이 완성되었지만 새끼들의 관심을 끌지 못했다.

연구자들이 가짜 어미의 얼굴에 가면을 씌우려 하자, 새끼들은 공포심에 비명을 지르고 한쪽 구석으로 달려가 난폭하게 우리를 흔들고 성기를 움켜쥐었다. 연구자들이 가면을 쓴 어미를 새끼 원숭이 근처로 데려가자 손을 뻗어 맨얼굴이 드러나게 했다. 이후에도 가면을 벗기는 행동은 계속되었다. 나중에는 머리를 아예 통째로 없애버리기도 했다. 새끼 원숭이들은 처음 태어났을 때 각인된 특징 없는 얼굴을 선호했다.

할로우는 어미 노릇에 스킨십 외에 다른 변수가 있음을 포착했다. 바로 움직임과 관계가 있다는 가설이다. 움직이는 가짜 어미 밑에서 자란 새끼들은 완벽하지는 않지만 거의 정상적으로 성장하였다. 몸을 흔드는 가짜 어미와 함께, 하루 30분 동안 살아 있는 원숭이와 놀게 해주었더니 새끼 원숭이는 완전히 정상이 되었다. 스킨십과 움직임, 그리고 놀이, 세 가지가 영장류가 성장하는 데 필요한 조건을 충족시킨 것이다.

사랑하고 집착하며

제2차 세계대전 후 남자들이 일자리를 얻기 힘들어지고 더 이상 작업장에 여자들이 필요하지 않게 되자, 존 보울비 John Bowlby, 1907~1990는 여자들에게 "이제 집으로 돌아가라. 일보다 더 중요한 게 거기 있다!"는 메시지를 강력하게 던졌다.

그는 어려서 부모와 헤어져 지낸 유아는 정서적으로 회복하기 어려운 상처를 갖게 된다는 애착이론을 발표했다. 여기서 애착 attachment이란 생후 1~2년간 아이와 그를 돌보는 일차 양육자 간의 정서적 유대 관계를 일컫는다.

보울비는 애착 관계에서 양육자의 태도가 유아에게 영향을 미친다고 주장했다. 편안하고 안정적인 양육자는 아이를 안정적이며 주위를 돌아볼 수 있을 만큼 능동적이고 탐색적으로 키운다고 했다. 반대로 과잉 반응하거나 일관적이지 못한 양육자는 아이가 어찌할 바를 모르고 움츠러들거나 떨게 만든다는 것이다.

그런데 이런 영향은 다만 일시적이지 않고, 아이가 자라면서 대인관계를 맺을 때 내적작업모형 internal working model이 된다. 전 생애에 걸쳐 사람은 영아 때 엄마와의 관계를 떠올리며 다른 사람과 상호작용한다는 것이다.

표 10.2 존 보울비의 애착 형성 과정

1단계: 전애착기	2단계: 애착시작기	3단계: 애착기	4단계: 동반자 관계 형성기
• 출생에서 6주 • 개개인에 대해 비변별적 반응 • 웃음, 옹알거림, 울음	• 6주에서 6~8개월 • 낯익은 사람에게 초점 맞추기	• 6~8개월에서18~24개월 • 능동적 접근 추구 • 배타성을 보여 경계하거나 울음	• 24개월 이후 • 아이와 양육자가 요청이나 타협으로 서로의 요구를 조절

내적작업모형 따르면, 육체적·정신적으로 방치된 아이들은 사람들이 자신의 욕구에 반응이 없으며 그들이 자신에게 도움이 되지 않고 자신을 꺼린다고 생각한다. 학대당한 아이들은 다른 사람들이 자신을 거부하고 자기에게 적대적이며 도움을 주지 않으려 한다고 생각한다. 이러한 주장은 아이를 집에 두고 와 가뜩이나 심기가 편치 않은 직장 엄마들에게 메가톤급 공포를 던지는 주장이었을 것이다.

아이가 양육자와 심리적으로 건강한 관계를 맺고 있는지 어떻게 판단할 수 있을까? 어린 영아에게 엄마와의 관계를 물어봐도 신통한 대답은 기대하기 어려운 일이다.

메리 에인즈워스Mary Ainsworth는 애착의 질을 극장식으로 측정하기로 했다. 참 서양인다운 발상이다. 낯선 상황에 대한 실험을 고안하였는데, 실험 대상은 12개월에서 24개월이 된 영아이다. 낯선 장소와 낯선 사람의 조합을 통해 아이의 행동 패턴을 관찰한다. 시나리오는 다음과 같다.

- 엄마와 아기가 낯선 방에 들어온다.
- 엄마는 아기의 탐색에 동참하지 않는다.
- 낯선 사람이 방으로 들어온다. 엄마가 떠난다.
- 낯선 사람이 아이에게 다가온다.
- 엄마가 들어온다.
- 낯선 사람이 떠난다. 엄마가 떠난다. 아기가 혼자 남겨진다.
- 낯선 사람이 들어온다.
- 엄마가 들어온다.

아이들이 낯선 상황을 불안해하고 엄마에게서 떨어지지 않으려 하는 것은 당연하다. 아이의 불안은 엄마가 함께 있을 때 줄어든다. 관찰의 초점은 엄마가 돌아온 후 아이들의 반응이다.

- 양육자가 돌아왔을 때 아이는 편안해하고 양육자를 안전기지 삼아 주위 탐색에 나서는가?
- 양육자의 존재에도 불구하고 불안감을 없애지 못하고 달랠 수 없거나 발로 차면서 저항하는가?
- 이도 저도 아니게 혼란스러운가?

양육자에 대한 아이의 기댐, 이것이 양육의 질을 결정한다. 에인즈워스는 애착 유형을 안정 애착, 불안정 회피 애착, 그리고 불안정 혼란 애착, 세 가지 유형으로 나눴다. 안정 애착형의 아이들이 전체의 70%, 불안정 회피형과 혼란형이 각각 15%이다. 이후 불안정 저항형의 한 형태가 추가되었다 (Ainsworth, 1978).

최근 한 연구는 안정 애착 아기와 불안정 애착 아기가 사랑에 대해서 다른 기대를 가지고 있음을 보여 준다(Gopnik, 2009). 수잔 존슨 Susan Johnson은 생후 1년 된 아기의 애착 형성을 검사하였다. 그리고 애니메이션 하나를 보여 주었다.

- 큰 엄마 원이 경사진 언덕을 올라간다.
- 작은 아기 원은 비탈 아래에 서 있다.
- 두 원이 사람처럼 상호작용하는데 순간 어디선가 아이 울음소리가 들려온다.
- 한 비디오에서는 큰 원이 작은 원에게 다가가려 비탈을 내려오며, 다른 비디오에서 큰 원이 작은 원과 점점 멀어져, 가던 길을 올라간다.

아기들은 둘 중 하나를 시청하였다. 안정 애착 아이는 엄마 원이 아기 원에게 다가갈 거라고 기대했다. 그들은 멀어지는 큰 원을 이상한 듯이 오래 응시했다. 불안정 애착 아이들은 정반대의 반응을 보였다. 엄마 원이 가던 길을 멈추고 돌아오는 것을 오래 보았다.

존슨은 다른 실험에서 작은 원의 움직임에 대한 아기들의 반응을 비교하였다. 안정 애착 아기들은 작은 원이 큰 원에게 다가갈 거라 예상하였으나, 불안정 애착 아기들은 그렇지 않았다. 이 아기들은 태어난 지 1년 밖에 안 되었으나, 사랑에 대해 기대하는 법을 이미 배웠다.

두 가지 유형의 아이들 모두, 사람들이 자기가 예상한 대로 자신을 대할 것이라는 믿음에 따라 행동했다. 애착에 관한 연구를 통해 우리는 아이가 처음 인식한 관계 유형에 상당히 지속적으로 영향을 받는다는 것을 알 수 있다. 아이들이 5~6세가 되어 사랑에 대해 말하거나 생각하는 것은 아기 때의 반응과 연관되어 있다. 30~40년의 기간 동안 행해진 종단 연구들은 초기 애착 유형이 성인기의 애착 유형과 상관관계에 있다고 보고한다.

하지만 종종 새로운 경험을 통해 아이들이 가진 사랑에 대한 믿음이 변화하기도 한다. 양부모나 헌신적인 선생님, 또는 친구를 통해 접하는 따뜻한 가정은 불안정 애착 아동을 변화시킬 수 있다. 안정 애착 아동 역시 마찬가지다. 부모가 병들거나, 죽거나, 이혼할 경우, 안정 애착 아동은 사랑을 믿는 데 주저하게 될 수 있다. 아기의 요구와 감정에 민감하게 반응하는 엄마조차도 때때로 다른 데 정신을 쏟는다. 엄마도 사람이다.

존 러스킨 John Ruskin, 1819~1900은 이렇게 물었다. 왜 우리는 누군가의 목숨을 구한 사람에게는 깊이 생각하지 않고 단번에 상을 주면서 오랜 세월 동안 아이를 양육하는 데 헌신한 사람에게는 상을 주지 않는가(Fintoff, p.68에서 중복 인용)?

그렇다면 어떻게 자녀를 행복한 사람으로 키울 것인가? 다음은 행복심리학자의 대가 마틴 셀리그먼 Martin Seligman이 꼽는 자녀 양육의 세 가지 원칙이다(Seligman, 2006).

• 첫째는 긍정적 정서 계발이다. 이는 훗날 활용할 지적·사회적·신체적 자산이 된다. 부모는 자녀가 성인이 되었을 때 나무 그늘이 드리운 놀이터, 짭조름한 바다 냄새가 나는 소풍, 다정한 엄마 아빠를 기억하도록 해줄

수 있다.

- 둘째는 긍정적 정서의 증대이다. 긍정적 정서를 신중히 받아들이고 긍정적 정서의 연쇄적 상승이 더 많이 일어나도록 반응하는 것이다. 긍정적 정서는 호기심을 낳고, 호기심이 커지면 다양한 능력을 익힐 수 있게 되며, 그 능력이 다시 긍정적 정서를 자아낼 수 있다.
- 셋째는 강점에 큰 관심을 기울이는 것이다. 부모는 어떤 것이든 아이가 강점을 발휘하는 것에 대해 보상해야 한다. 가정생활 속에서 강점을 발휘할 수 있도록 아이의 강점에 이름을 붙이고 칭찬해야 한다.

한부모 가정의 실태

우리나라는 2005년을 기점으로 여성의 경제활동 참가율이 50%를 넘어섰다. 미혼 여성보다는 기혼 여성이 더 많이 경제활동을 하고 있으며, 이들 중 학령전기 자녀가 있는 경우는 60% 이상이었다. 기혼 여성의 72%가 자녀 양육에 어려움을 호소하고 있다. 2010년 이혼 건수(124,000건)에서 결혼 20년 차 이상 부부가 차지하는 비율 22.8%를 차지하고, 결혼 4년 차 미만 부부도 27.2%나 된다.

2010년 한부모가정사랑회와 조선일보가 공동으로 한부모 가정 300가구를 조사한 결과를 보면 다음과 같은 사실을 알 수 있다. 만약 한부모 가정이 10명이라면 그중 몇 명은 아래와 같은 상황에 처해 있다.

- 10명 중 8명이 수입 150만 원 이하(78%)
- 10명 중 8명이 생활비 150만 원 이하(79%)
- 10명 중 7명이 월 저축액 30만 원 이하(71%)
- 10명 중 4명이 월 식비 20만 원 이하(44%)
- 10명 중 2명이 월 양육비 15만 원 이하(23%)
- 10명 중 9명이 월 옷값 10만 원 이하(88%)
- 10명 중 7명이 월 병원비 5만 원 이하(67%)

• 10명 중 6명이 이혼 또는 사별 직후 중산층에서 빈곤층으로 전락(64%)

2011년도 한 지방법원 통계에 의하면, 소년보호처분을 받은 전체 소년 중 46.5%가 한부모 가정 출신이다. 또한 한부모 가정이 아닌 나머지 53.5% 중 적어도 반 이상의 가정이 저소득층이나 빈곤층에 해당되는 것으로 추정된다.

빈곤은 청소년의 신체 건강에 부정적 영향을 미칠 뿐 아니라 정신 건강에 도 악영향을 미친다. 경제 수준이 낮다고 지각한 청소년들은 그렇지 않은 청소년보다 더 우울감을 느낀다(김광혁, 유미애, 2012). 다시 말해 빈곤 가족이나 한부모 가족에서 자란 아동과 청소년이 적응의 문제를 경험할 확률이 더 높다.

부모 됨의 권리와 의무

부모가 19세 미만 자식에 대해 갖는 법적 권리 및 의무는 세 가지로 구분된다 표 10.3 참조.

부모가 자신의 역할을 무능력하게 수행했을 때, 사회가 부담하게 되는 예상 비용 항목은 다음과 같다.

• 수양부모 양육비
• 정신병원 비용
• 청소년 감호 시설
• 성인 교정 기관
• 청소년 쉼터

표 10.3 19세 미만 자식에 대한 부모의 법적 권리 및 의무

친 권	양육권	면접 교섭권
미성년 자녀를 교양하고 살 곳을 정하고, 교육을 시키며 재산을 관리하는 등의 권리이자 의무	함께 살며 기를 권리	면회, 단기간의 숙박과 여행, 편지, 전화, 사진, 선물을 교환할 권리

- 청소년 법적 구속 및 법정 비용(화해 권고 **28** 및 법률 조력 **29** 등의 변호 사비)
- 사회복지 예산

최근 연구를 보면, 한 아이를 양육하고 교육하는 비용은 늘어나고 있지만 부모 됨의 만족도는 아이가 학년이 올라갈수록 낮아진다고 한다(강상경, 2013). 세상의 모든 부모는 알 것이다. 나름 최선의 노력이었지만 최상의 결과는 아닌 것 같은 심정을.

아동학대

가족의 스트레스는 자칫 부부 폭력과 아동학대를 부른다. 아동학대는 아동의 부모 또는 보호자를 포함한 성인이 아동에게 계속적으로 폭력을 가하거나 방임함으로써 아동의 정상적인 발달을 저해할 수 있는 행위를 일컫는다.

아동학대 신고 접수는 2012년에 10,943건이 발생했으며 이 중 학대 아동 보호가 6,403건 이루어졌다. 전년도에 비해 아동학대 사례 건수가 345건 증가하여 5.7%의 증가율을 보였다. 이는 다양한 아동복지 관련 인프라가 활발하게 구축되고 아동학대에 대한 사회적 관심이 높아지고 있음을 반영한다.

2012년 아동학대사례 유형별 통계를 보면 중복학대가 47.1%로 가장 많았고, 방임 26.8%, 정서학대 14.6%, 신체학대 7.2%, 성학대 4.3%의 순으로 나타났다. 피해아동의 성별을 살펴보면 남아가 37%, 여아가 63%이다. 피해아동의 연령 분포를 살펴보면 만 13~15세의 아동이 전체의 22.7%로 가장 많았고, 다음으로는 만 10~12세가 22.6%, 만 7~9세가 16.8%인 것으로 나타났다.

---

28 피해자를 보호하는 동시에 비행 청소년의 잘못된 품성과 행동을 바로잡을 수 있도록 둘 사이의 화해를 권고하고 피해를 변상하게 하는 화해 권고 제도

29 2008년 소년법 개정으로 성폭력 피해를 당한 어린이와 청소년에게 국선 변호사를 지정해 수사 과정에서 공판에 이르기까지 세심하게 배려하는 법규 조력인 제도가 도입됨.

2012년에 발생한 아동학대 사례에서 학대 행위자를 살펴보면, 부모가 83.9%로 10건 중 8건 이상이 부모에 의해 발생했음을 알 수 있다. 이를 세부적으로 살펴보면, 친부가 47.1%이며 친모가 32.6%이다. 부모가 아닌 경우, 친조모를 포함한 친인척이 6.8%, 보육 교직원이 1.7%, 아동복지시설 종사자가 1.5%를 차지한다.

보육 교직원과 아동복지시설 종사자는 아동학대 신고 의무자이며, 이들에 의한 아동학대 발생은 아동보호체계망에 문제가 있음을 나타낸다. 아동학대 예방을 위한 정규 교육과 체계적인 관리·감독이 반드시 이루어져야 할 것이다(보건복지부, 2013).

아동학대는 거의 집에서 이루어지며 발생의 횟수 또한 빈번하다. 2012년에는 전체 아동학대 사례 중 40.8%가 거의 매일 발생이었고, 2~3일에 한 번 발생한 경우가 16.5%에 해당했다. 거의 매일 혹은 2~3일에 한 번 꼴로 빈번히 학대를 당한 아동은 전체 사례 중 57.3%로 그들은 지속적·반복적으로 학대받고 있다.

이처럼 지속적이고 반복적인 학대를 경험한 아동들은 심각한 후유증을 나타낼 가능성이 크므로 조기 발견이 중요하고 반드시 지속적인 치료가 뒤따라야 한다.

피해 아동에게 취한 최종 조치를 살펴보면, 2012년 한 해 동안 원 가정에 보호되는 경우는 63.7%를 기록했으며, 격리된 경우는 30.3%로 나타났다. 세부 유형 중에서는 장기 보호 11.7%, 친족 보호 18.3%, 일시 보호 8.3%가 비교적 높은 수준이었다. 여기서 아동이 위탁가정에 연계된 사례는 31건(0.5%)으로 매우 미비한 수준이었다. 2012년 심각한 학대로 사망한 경우는 10건(0.2%)이다.

격리 보호는 피해 아동의 보호자가 아동을 보호할 능력이나 의사가 없어 재학대 발생 위험이 있는 경우와 재학대 위험이 높은 학대 행위자를 가정에서 격리하지 못하는 경우, 그리고 유해한 환경이 아동에게 해가 될 것으로 판단되는 경우에 취해지고 있다.

사례 10건 중 7건의 피해 아동을 가정에 보호하는 이유는 아동학대 예방 사업의 궁극적 목표인 '가족 보존'을 반영한 것으로 아동 전문 기관은 원 가정이 아동에게 최선의 환경이라는 가치를 전제하고, 비록 학대가 발생하였다 하더라도 아동의 안전에 심각한 위협이 되지 않는 한 피해 아동을 격리시키기보다는 원 가정의 기능을 강화하고 학대 발생 요소를 최소화하여 가족을 보존하려 하기 때문이다.

아동은 원 가정과 격리 보호될 때 상당한 심리적 충격과 위축을 경험할 수 있으며, 피해 아동의 격리 보호와 함께 가정 해체의 가능성도 있다. 피해 아동의 격리 보호는 매우 신중한 판단에 의해 이루어져야 한다.

학대 대물림에 대한 연구 결과도 있다. 미네소타 대학의 연구 결과에 따르면 어릴 때 성 학대를 받은 경험이 있는 여성의 61%가 자녀를 학대하는 것으로 나타났다. 이 보고서는 사람들의 정서적인 도움과 장기간의 집중적 심리 치료가 학대의 재발 방지에 상당한 효과가 있음을 밝혀냈다. 누군가가 아이들이 겪은 모든 것에 대해 사과해야 한다. 아이들이 훈련받은 어른과 강도 높은 애착 관계를 형성하도록 도와주면, 더 이상 학대가 확산되지 않을 것이며 피해 아이들 안에 공감 능력이 자라나게 된다(Flintoff, 2013).

소년범죄

소년사범은 2000년 이후 꾸준히 감소 추세에 있었다. 하지만 2007년에 경찰에 의한 학교폭력 및 청소년 절도에 대한 집중 단속을 실시하면서 절도 및 폭력사범이 크게 증가하였고, 이륜차에 의한 교통사고 빈발에 따라 이륜차 무면허 운전을 집중 단속하면서 일시적으로 소년사범이 증가하였다. 또한 게임물 불법 업로드 등의 증가로 소년 저작권법 위반 사범이 증가하면서 2008년 이후 소년범 접수 인원이 크게 증가하였으나, 2010년부터 소년범죄 억제 및 재범 방지를 위해 범죄 유형과 죄질에 따라 적극적이고 엄정한 대처를 실시하여 소년범죄가 소폭 감소하고 있다.

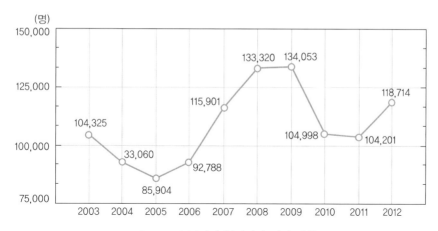

(명)

그림 10.1　소년사범 형사사건 처리 현황
자료: 나라지표

소년범죄의 증감을 살펴보면 여자 소년범의 증가가 눈에 띤다. 1998년 전체 5.9%를 차지하던 여자 소년범죄는 10년 사이에 17.6%로 늘어났다. 소년범죄의 또 다른 특징으로는 성범죄를 포함한 강력범죄(살인, 방화, 강도, 강간)가 증가했다는 것이다. 강간의 경우, 소년사범이 차지하는 비율이 2001년 6.8%에서 2010년에는 12.4%로, 방화는 2001년 7.4%에서 12.4%로 증가했다.

범죄는 어떻게 일어나는가? 청소년범죄는 그와 관련된 다양한 이론이 존재한다. 범죄가 사물과의 관계를 바라보는 시각에서 시작된다는 이론을 먼저 살펴보자.

첫 번째로 살펴볼 이론은 사회관계에 적대적이고, 미래를 폄하하며, 행위규범에 관한 냉소적 시각 등이 상황을 제대로 인식하는 것을 가로막아 비행이 일어난다는 것이다(Simons & Burt, 2011). 현상을 제대로 바라보지 못하고 자기 행위에 그릇된 의미를 부여하여 비행에 빠진다는 것이다.

적대적 시각을 가진 사람은 대체적으로 다른 사람들이 따뜻하거나 믿을 수 있다고 생각하지 않는다. 그들은 타인을 공격적이며 의심스럽다고 생각한다. 물론 이런 시각은 자신과 공동체의 경험에서 비롯된다. 범죄율이 높은 지역에 살면서 사기와 배신에 노출되는 경우가 잦거나, 주위 사람들이 친절과 이타심으로 서로를 배려하고 상호부조와 공동선을 위해 노력하는 모습을 볼 기회가 적을 때 이런 시각을 가지기 쉽다.

미래폄하적 시각을 가진 사람은 미래에 대한 관심이 부족하고 장기적 보상을 등한시하며 현재에 의미를 부여한다. 이들은 자신의 행위가 훗날 보상을 얻는 데 미치는 영향이 크지 않다거나, 사회 질서가 정의롭다고 생각하지 않는다. 미래의 상태는 사람들의 노력보다는 우연이나 운명에 의한 것이라고 생각하며 위험한 행위를 긍정적으로 평가한다.

냉소적 시각은 일상적 행위의 사회규범에 믿음을 갖지 않는 것이다. 이런 시각을 가진 사람은 사회규범을 경시하고 규범 준수를 도덕적 의무로 생각하지 않는 경향이 있다.

두 번째로 살펴볼 이론은 범죄가 상황에 따르는 행위로 설명할 수 있다는 것으로 범행 동기의 형성, 행위 대안의 지각, 행위 선택의 단계로 범죄의 구성을 나누어 각 단계에서 개인적 특성과 상황적 조건이 미치는 영향을 고려한다(Wilkstöm & Svensson, 2010).

상황적 행위이론의 범행 동기에는 두 가지 유형이 있다. 하나는 유혹이다. 이런 범행 동기는 개인이 특정한 욕망을 가지고 있고 상황적 조건이 이를 충족시킬 때 생긴다. 좋은 성적에 대한 욕망이 있는 학생이 시험 감독관이 자리를 비우는 상황에서 커닝의 유혹을 느끼는 경우이다.

다른 유형은 도발이다. 도발적 범행 동기는 상황에서의 장애나 마찰이 사회를 바라보는 시각과 결부될 때 일어난다. 실직과 같은 상황적 장애가 있을 때 주위 사람을 나쁘게 보는 시각과 연관되어 '복수를 하겠다.', '보복을 하겠다.', '원수를 갚겠다.' 등의 동기가 형성되는 경우이다. 물론 범행 동기가 있더라도 모든 사람이 범죄를 저지르지는 않는다. 상황적 행위이론은 개인의 도덕적 범주와 수행 능력, 상황의 도덕 규칙과 친숙도에 따라 행위 대안의 지각과 행위 선택이 달라질 수 있고, 범죄 여부는 이에 영향을 받는다고 가정한다.

마지막으로 범죄는 행위자가 그것이 합리적인 선택이라고 가정할 때 일어난다는 이론을 살펴본다. 특정 상황에서 범죄로 인한 이익이 손해보다 크다고 판단하면 사람은 범죄를 선택한다는 것이다. 여기서 변수는 규범수준이다.

클레멘스 크론버그는 독일에서 2,000여 명을 피실험자로 하여 상점 절도와 탈세 의향을 조사하였는데, 규범수준이 높은 사람은 범죄를 행위 대안으로 생각하지 않으며 이익과 비용 자체를 고려하지 않는 경향이 있었다. 반면 규범수준이 낮은 사람의 경우, 기대하는 이익이 클수록 범죄 의향이 증가했고 체포될 가능성이 크다고 생각하는 경우에는 범죄 의향이 감소했다(Kroneberg, Heinzte & Mehlkop, 2010).

물론 위에서 살펴본 이론이 청소년이 비행을 저지르기까지 겪는 갈등과 주위와의 마찰을 충분히 설명하고 있다고는 생각하지 않는다. 청소년 스스로가 풀어야 할 자신과 가족 간의 문제가 간과되어 있기 때문이다.

곁에 부모님이 계시는가? 그러면 외쳐라. 한 번, 두 번, 그리고 여러 번 외쳐라.

"어머니, 아버지 잘못했습니다. 다시는 그러지 않겠습니다."

"어머니, 아버지 사랑합니다."

부모도 답해야 한다, 이렇게.

"얘야, 내가 잘못했다. 용서해라."

울음으로 공명하면, 관계 회복의 출발점에 서게 된다(천종호, 2013).

소년법의 주된 목적은 비행을 저지른 소년을 처벌하는 데 있지 않고, 환경 조정과 품행교정을 통하여 건전하게 육성하는 데 있다. 청소년 시기에 만드는 인성은 우리 사회의 미래 모습이다. 소년범죄는 그들만의 문제가 아니라 우리 모두의 미래가 걸린 문제이다.

Education
for
a Happy Society

Chapter 11

재고

재고

정신의 가치를 감정하다

눈에 보이지 않는 것들의 키재기가 문제다. 과학의 힘을 신뢰하고부터 인간은 별별 것을 측정하기 시작했다. 보이는 것 중에서 가장 큰 것을 비교해 놓은 그림은 바로 이것이 아닐까? 그림 11.1 참조.

사람들이 흑인과 백인의 지능에 선천적 차이가 있는지 궁금해하기 시작한 것은 1000년도 더 된 일로, 무어족이 유럽을 침략했던 시절로 거슬러 올라간다.

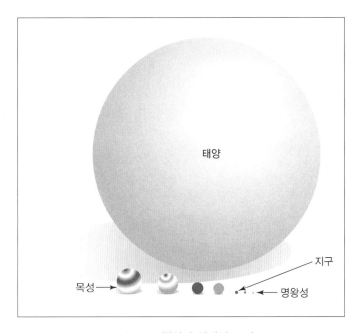

그림 11.1 행성의 상대적 크기

무어족은, 유럽 사람들이 추상적 사고 능력이 없이 태어났다고 생각했다. 사실 1000년 전에는 남부 유럽 사람들도 북부 유럽 사람들에 대해 이 같은 의심을 품었다. 키케로는, 영국인들을 가르치기란 너무 힘든 일이어서 로마인들은 영국인 노예를 쓰지 않는 것이 좋겠다고 했다. 이에 대해 율리어스 시저는 "그래도 험한 일을 시킬 만한 값어치는 있다."고 말했다. 그러나 19세기에 이르자 대부분의 유럽인들은 자신이 아프리카인보다 타고난 지적 능력이 더 우수하다고 믿게 되었다(Nisbett, 2010, p.162).

알프레드 비네 Alfred Binet, 1857~1911가 IQ 테스트를 만든 것은 프랑스 정부의 의뢰로 학교 공부를 따라가지 못할 아동을 입학 전에 선별하여 특수학교로 보내기 위해서였다.

비네와 동료들은 6세 아이들의 정신 연령과 생활 연령을 대비하여 100을 중심에 놓았다. 100보다 더하고 덜한, 해당하는 지능에 아이들을 그 수대로 죽 놓으면 종모양의 표준분포도 곡선이 그려진다. 이것이 1906년에 제작된 비네-시몬 IQ 테스트다. 하지만 비네는 자신이 만든 잣대가 지능의 척도가 될 수 없다고 못 박았다. 지적인 여러 자질은 서로 겹치지 않아서, 직선을 재듯이 잴 수가 없기 때문이다(Robinson & Eronica, 2010).

1916년 스탠퍼드 대학의 루이스 터먼 Lewis Terman은 비네의 IQ 테스트 개정판을 출간했다. 스탠퍼드-비네 검사 Stanford-binet test로 알려진 이것은 현대 IQ 테스트의 근간을 이루고 있으며, 현재 5차 개정판까지 나왔다. 터먼은 저서 《지식의 측정》에서 남자노동자와 하녀들 중에는 정신박약자가 허다한데 이들은 교육을 받아도 민주 시민이 되기에는 어렵다고 주장했다. 나아가 인디언, 멕시코인, 흑인 또한 마찬가지로 정신적 능력이 크게 떨어지리라 예측했다.

이런 우생학적 관점은 유대인 수백만 명을 열등하다는 이유로 학살한 나치를 통해 익히 알려졌다. 지금은 폐기됐지만, 미국에서도 IQ가 심하게 떨어지는 사람을 대상으로 거세를 시키는 강제불임법을 만들어 지난 30년 동안 30개 주에서 정신박약자, 상습 범죄자 등 5만여 명이 강제불임을 당했다. 멍청한 것을 한탄해 한강 물에 뛰어들까 고려해본 사람은 있겠지만 사형을 당할 만큼 사회에 해악이 된다고 여겨본 적은 없을 텐데 말이다.

지능의 본질은 무엇인가

지능이란 무엇이며, 어디에 쓰는가 하는 것은 여간해서 합의를 이끌어내기 어려운 개념 중 하나이다. 하버드 심리학자 하워드 가드너 Howard Garner에 따르면 지능은 하나가 아닌 복수다. 언어, 운동, 음악, 수학, 공간, 인간 사이의, 그리고 자신에 대한 지능 등이 그것이다. 이런 유형의 지능은 각기 다른 강점을 가지며, 다소간 상호 독립적이다. 사람에 따라 한 지능이 더 우세하고 다른 지능은 활성화되어 있지 않을 수도 있다.

로버트 스턴버그 Robert Sternberg는 분석적 지능, 창의적 지능, 실용적 지능의 세 가지 각기 다른 유형의 지능을 주장한다. 분석적 지능은 읽기, 쓰기, 셈하기 등을 이용하는 능력이고, 창의적 지능은 새로운 상황에서 독창적인 해결책을, 실용적 지능은 일상생활의 문제와 도전에 대처하는 능력이다.

그렇다면 지능 향상을 위해 우리가 할 수 있는 일에는 무엇이 있는가?

• 학교교육은 사람을 똑똑하게 만든다. 학교에서 가르치는 상식과 문제해결 기술은 IQ를 높인다. 학교교육 1년은 나이가 두 살 먹는 것만큼의 가치가 있다.

• 일상에서 필요한 기술, 사회에서 중요한 과학이나 산업, 그리고 전문 분야에서 고급 업무를 수행하는 데 필요한 능력이 갈수록 향상되고 있다. 이로 미루어 보면, 현대 사회의 삶의 조건이 사람들을 실제로 더 똑똑하게 만들고 있다.

• 자녀와 말할 때 수준 높은 어휘를 구사하고 책을 읽어 준다. 가능한 한 꾸중을 줄이고, 환경 탐색을 격려하는 말을 최대한 많이 한다. 과도한 스트레스는 피한다.

- 변화 가능성을 가르치고 노력을 칭찬한다. 똑똑하다고 칭찬받은 아이들은 위험을 감수하지 않는 반면, 열심히 노력한다고 칭찬받은 아이들은 자신의 한계를 실험하고 더 나아지는 방법을 배운다.
- 유추와 은유를 이용해 마음속 이미지를 조작하고 변화하는 훈련을 한다.

대니얼 골먼 Daniel Goleman이 정서 지능 EQ과 사회적 지능 SQ의 중요성을 말한 이후, 최근에는 로버트 쿠퍼 Robert Cooper가 지능이란 두개골 속의 뇌에만 있는 것이 아니라 심장 heart과 내장 gut에도 있다고 주장한다. 우리의 직접 경험은 내장과 신경망을 먼저 거쳐 뇌로 간다. 내장 신경 체계는 두개골의 뇌와 독립적이며 상호 연결되어 있다. 그러므로 우리는 흔히 본능에 따라 먼저 반응하게 된다.

왜 일을 하는가

도스토옙스키 Dostoevskii는 모든 인간에게 가장 끔찍한 벌은 평생 아무 쓸모도 의미도 없는 일을 하는 것으로 파악했다. 초기 기독교의 관점에서도 일은 저주다. 에덴동산에서 저지른 죄악에 대한 벌로 하나님은 인간에게 일용할 양식을 직접 땀 흘려 마련하도록 하셨다.

불교에서는 어떠한가? 불교의 가르침에서는 모든 생명이 고통받고 있다. 사람이 힘썼던 것들이 보람 없는 고통으로 가득하기 때문이다. 피라미드 건설에 강제로 동원된 이래 오늘날 최저임금 아르바이트까지 말이다. 일을 뜻하는 러시아어 '로보타 robota'는 노예를 뜻하는 '라브 rab'에서 유래한다. 라틴어 '라보르 labor'는 고역이나 고생을 의미하며, 프랑스어 '트라베유 travail'는 고대 로마 시대 고문에 사용된 3개의 말뚝을 뜻하는 트라팔리움 trapalium에 기원을 둔다(Krznaric, 2013).

독일 철학자 니체 Friedrich Wilhelm Nietzs는 "살아야 할 이유가 있는 사람은 그 어떤 것도 견딜 수 있다."라는 말로 삶의 목표에 무게를 둔다. 히틀러 집권 시절, 아우슈비츠 수용소 생활을 하기도 한 심리치료사 빅터 프랭크 Victor

Frank는 "인간에게 진정으로 필요한 것은 고통이 적은 상태가 아니라 자신에게 가치 있는 목표를 위해 노력하고 투쟁하는 것이다."라 말했다. 그렇다면 자기 일의 목표를 어디에 두어야 하는가?

우리는 직업을 통해 돈을 벌고, 존경을 받고, 사회적 지위가 보장되기를 원한다. 그리고 내가 하는 일이 더 나은 세상을 만드는 데 기여하기를 원한다. 그 일에 열정과 재능이 따라주면 더욱 훌륭하다. 조지 엘리엇 George Eliot의 소설 《미들마치 Middlemarch》에 등장하는 존경스러운 인물 캘럽 가츠는 젊은 사람이 가져야 할 직업관에 대해 조언한다.

"두 가지 명심해야 할 것이 있네. 하는 일을 사랑하고 그 너머에서 놀 궁리하지 말 것. 그리고 한 가지는 자기가 한 일에 대해 창피해 말 것. 다른 일을 했었더라면 더 잘됐을 텐데 하고 생각하지 말 것일세."

1871년에 출간된 영국 소도시를 배경으로 한 이 소설은 미혼의 여학생들이 꼭 읽었으면 하는 책이다. 소설에는 산업 혁명으로 경제가 비약적으로 발전했지만 여전히 종교에 대한 믿음이 강하고, 부에 대한 열망과 정신의 가치에 대한 신념이 혼재했던 시기의 사회상이 그려져 있다. 결혼으로, 아니면 직업으로 물질과 정신적 이상을 추구하는 현재 우리의 모습을 몇 세대 전부터 잘살기 시작한 그때 그 나라 사람들에게서 찾을 수 있을 것이다.

직업의 종류

세계 최초의 직업 관련 상담소는 전직 엔지니어이자 변호사이며 학교 교사였던 프랭크 파슨스 Frank Parsons가 1908년 보스턴에 설립한 직업국 vocation bureau이다. 그다음 해인 1909년에 파슨스는 《직업의 선택 Choosing a Vocation》이라는 책을 출판하게 되는데, 이 책은 미국 초창기 직업상담사들의 필독서가 되었다.

그 내용을 살펴보면 사람의 두상을 자세히 살피라는 조언이 들어 있다. 당시에는 두상을 토대로 한 직업 조언을 과학적인 접근으로 받아들였던 모양이다. 이처럼 수상쩍은 과학을 근거로 삼던 직업상담은 20세기 전반에 들어서면서 머리 안쪽을 살피는 검사 즉, IQ 검사로 대치되었고 1970년 이후에는 심리 측정 검사로 성격 유형을 분석하는 형태로 발전하였다.

그중 대표적인 것으로, 칼 융Carl Gustav Jung의 성격 유형 이론을 바탕으로 한 MBTI 검사가 있다. 이 검사에서는 외향 대 내향, 논리 대 감정, 전체 대 부분 등 사람의 분리된 경향에 따라 인간 성격의 유형을 16가지로 나눈다. 해마다 200만 명이 넘는 사람들이 이 검사를 받고 있는데, MBTI의 문제점 중 하나는 검사와 재검사 간 신뢰도에 있다. 이 검사를 받고 5주 후에 한 번 더 검사를 받으면, 지난번과 다른 성격 유형이 나올 가능성이 거의 50%에 육박한다(Pittenger, 2005).

미국 노동부의 2만 천여 개의 직종이 수록된 《직업사전》에 따르면 소동 꾼, 쿠키 깨뜨리기 전문가, 봉봉크림 데우기 담당자 등은 모두 현재 미국에 존재하는 것들이다. 참고로 《한국직업사전》에는 10,141개의 직업 수가 본 직업 5,501개와 관련 직업 4,640개로 분류되어 있다. 직업명 수는 유사 직업명이 존재하기 때문에 이보다 더 많다.

Education
for
a Happy Society

Chapter **12**

행복
하기

행복
하기

우울과 싸우기

지난 몇 주간 지속된 나의 심리 상태를 표현하는 문장이
몇 개나 되는지 세어보자.

- 기분이 울적하다.
- 쓸데없이 온갖 일에 잔걱정이 많아졌다.
- 먹고 싶은 음식이 없고 식욕이 많이 떨어졌다.
- 세수하고 밥 먹는 일도 귀찮다.
- 미래에 좋은 일이 있을 거란 생각은 전혀 안 든다.
- 잠들기 힘들고 잠들어도 숙면을 못 취한다.
- 남들은 재미있다고 하지만 나는 재미나 흥미를 전혀
  못 느낀다.
- 평상시 늘 하던 일도 몸이 무겁고 처지면서 제대로 해
  내기 힘들다.
- 옛날 생각이 많이 나면서 후회, 원망, 서운함이 자꾸
  떠오른다.
- 나는 참 보잘것없는 사람이란 생각이 들고 자신감이
  없다.
- 머리가 잘 안 돌아가고 집중력, 기억력, 판단력 등이
  떨어졌다.
- 죽고 싶다, 죽는 게 낫지 않을까 하는 생각(자살충동)
  이 들기도 한다.

문장 중 6개 이상이 지난 2개월 동안 당신의 상태를 지속적으로 나타내고 있다면, 우울증이 의심된다. 우울증은 방치하면 치매처럼 뇌 속 모양을 변형시키며, 심한 경우에는 자살에 이르게 하는 무서운 병이다.

우울증은 흥분을 가라앉히고 불안을 덜어주어 편안함을 유지하게 하는 세로토닌 serotonin이라는 신경 물질이 제대로 전달되지 않아 생긴다. 신체의 일부분인 뇌라는 하드웨어의 병이기도 하고, 세상과 자신에 대한 부정적인 느낌에서 빠져나올 수 없게 만드는 마음이란 소프트웨어에 난 병이기도 하다.

우울증은 유전자 검사로 취약한 사람을 가려낼 수 있다. 어떤 사람은 세로토닌 전달물질인 5-HTTPLPR이 DNA의 양쪽 모두 길게 있으며, 또 어떤 사람은 DNA 한쪽 또는 양쪽 모두 해당 물질이 짧게 있다. 신생아 중 양쪽 DNA에 짧은 5-HTTPLPR을 보유한 자는 부정적인 정서를 보이게 된다 (Auerbach, et al, 2005. Belsky, 2013에서 재인용). 짧은 세로토닌 전달물질 DNA를 가진 사람이 성인기에 부정적인 사건이 일어났을 때 우울증에 더 취약한 것으로 나타났다(Caspi, et al, 2003).

유전자에서 우울 성향이 결정되었다고 해도 희망이 없는 것은 아니다. 가깝게는 정신과에서 처방하여 주는 약물치료 방법이 있고, 상담이나 명상을 통해 다른 방식으로 세상을 이해하는 법을 길러낼 수도 있다.

이런 방법을 통하면 우리 뇌가 변화하게 된다. 우리 뇌는 놀라운 가소성을 가지고 있어 없던 회로가 만들어지기도 하고 한쪽 뇌가 기능을 못 할 때 다른 쪽이 그 기능을 담당하기도 한다. 우리 뇌에서 가장 늦게 진화하고 뇌세포의 생성이 가장 활발한 전전두엽과 해마가 행복감을 담당하고 있어서 변화에 더 가능성이 있다(정보연, 2013).

발달심리학자 벨스키에 의하면, 이런 유전적 취약자들은 그렇지 않은 사람보다 환경에 훨씬 민감하다. 이들은 환경이 열악할 때 평균을 밑도는 학습 효과를 보이지만, 반대로 환경이 좋을 때는 극적으로 향상된 학습 효과를 통해 비취약자보다 더 나은 결과를 나타낸다(Belsky, 2013).

여러 통계를 보면 여자가 남자보다 평생 동안 우울증에 걸릴 가능성이 네

배 정도 높은 것으로 나타난다. 우울증은 어떤 나이에도 나타날 수 있다. 누구나 우울증까지는 아니더라도 분노, 두려움, 그리고 슬픈 감정에 휩싸이기 쉽다. 그런 때 사람들은 온통 탐욕과 이기심밖에 보이지 않고 강해지고 잔인해야겠다고 마음먹기도 한다. 하지만 결과적으로는 다른 사람들이 하는 일을 믿지 못하고 여유 없는 사람이 되어버린다.

노벨상 수상자 다니엘 카네먼 Danial Kahneman은 아모스 트버스키 Amos Tversky 와 함께 실시한 실험을 통해 사람들은 얻는 것보다 잃는 것을 두 배 더 싫어한다는 결과를 얻었다(Kahneman, 2011). 사람들이 긍정적인 자극보다 부정적인 자극에 훨씬 민감함을 보여준 것이다. 우리의 기분을 좋게 만들 수 있는 것은 한정되어 있지만, 나쁘게 만들 수 있는 것은 무궁무진하다.

세상 모두가 나를 알아주더라도 스스로 행복하지 않다면 무슨 의미가 있겠는가? 지금까지 우리 자신과 우리가 놓인 상황을 살펴보았다. 마지막으로 현자들이 가르쳐주는 행복과 그 길에 대해 알아본다.

놀기

인간은 놀이하는 존재, 호모 루덴스 Home Ludens [30]다. 삶이 삶 같지 않게 느껴진다면 이는 놀이를 잃어버렸기 때문이다. 인류가 진화 과정을 거치는 동안, 세상을 낙관적이고 탐험적인 관점으로 바라보고 조화롭게 상호작용을 하며 살아가기 위해 놀이가 생겼다(Brown & Vaughan, 2009).

자연스럽게 놀이를 하고 안전하게 양육된 아이라면, 내면에서 자유로운 상상력이 즉흥적으로 흘러나와 다양한 가능성을 빚어낸다. 우리는 놀이를 통해 인생의 성패를 기품 있게 다루는 법을 배운다. 통쾌하게 악수를 하고 감정을 흘려보내는 법도 배운다.

---

30 네덜란드의 역사가이자 문화이론가 요한 호이징가(Johan Huizinga)에 의해 창안된 개념. 호이징가는 저서 《Homo Ludens》(1938)에서 문화전승의 필요조건으로 놀이를 제안함.

세계에서 게임 문화가 발전한 나라로 손꼽히는 한국에서는 9세에서 39세 사이의 인구 8명 중 1명이 게임 중독이거나 중독 직전의 강박 증세에 시달리고 있다는 보도가 있었다. 〈워싱턴 포스트 _The Washington Post_〉에 따르면, 2005년 한국에서 장시간 똑같은 자세로 앉아 있다가 피가 굳어 죽은 게이머가 적어도 10명 이상이라고 한다. 또한 공격적인 놀이가 폭력적 성향을 발전시키기도 한다. 독점욕을 자극할 수도 있다. 진정한 스포츠맨의 정신을 발휘하지 못하면 게임에서도 인생에서도 제대로 놀지 못한다.

성장하기

멍게는 우리의 아주 먼 친척이다. 멍게 유생은 5억 5천만 년 전 인간의 조상(최초의 척추동물)이 지녔을 것으로 추정되는 모습과 매우 흡사하다. 멍게 유생에게는 기능상 뇌 역할을 하는 원시적인 척수와 신경절 다발이 있다. 이 작은 뇌가 멍게가 영양분이 있는 곳으로 가까이 다가가고, 해로운 것은 피할 수 있도록 선택적으로 움직이게 도와준다. 어린 멍게는 바다를 탐험하며 성장한다.

멍게는 성숙한 형태로 자라 바위나 배의 말뚝 또는 선체에 영구적으로 달라붙는다. 성숙한 멍게는 더 이상 어릴 때처럼 세상을 탐험하지 않고, 흘러가는 해류에서 영양분을 충분히 섭취한다. 멍게의 삶은 완전히 수동적으로 변한다. 섬뜩한 이야기지만 멍게 성체는 자기 뇌를 먹는다. 생계를 유지할 자양분을 구할 필요가 없거나 탐험할 욕구가 없는 이 생명체는 자기 뇌의 신경절을 먹어치운다.

성장을 멈추면 궁극적으로 우리는 멍게의 운명을 맞이한다. 식물처럼 한 지점에 붙박여 세계와 제대로 상호작용을 하지 못하고 살아가게 된다. 성장을 멈추면 죽음에 가까워진다. 남은 문제는 지속적인 성장이다. 어떻게 성장할 것인가?

우선 자신을 높게 평가해야 한다. 나를 가치 있게 여기지 않으면 나의 가치를 높이기 어렵다. 다른 사람의 눈보다 내가 나를 어떻게 보는가에 더 신경 써야 한다. 그러면 세상도 당신이 믿는 것처럼 당신을 평가할 것이다.

잠재력을 발휘하고 싶다면 스스로의 가능성을 믿어야 한다. 그러려면 내가 지닌 훌륭한 자질을 인지하고 그것을 잊지 않도록 주지해야 한다. 필요하다면 나의 가치를 목록으로 만들어보자. 목록 채우기가 어렵다면 친한 친구에게 물어보는 것도 좋다. 친구의 가치 찾기에 동참하는 것도 좋은 방법이다<표 12.1 참조>.

재능이나 기회의 많고 적음을 떠나 성장의 열쇠는 끈기다. 오래가려거든 같이 가라는 러시아 속담이 있다. 한 가지를 오래 하려면 그 길을 같이 가는 동료가 필요하다. 그 동료들이 좋은 사람이어야 함은 말할 것도 없다. 우리가 습관적으로 어울리는 사람을 '준거집단'이라고 한다. 그들이 가는 방향으로 우리는 가고 있다. 그들이 먹는 대로 먹고, 그들이 말하는 대로 말하고, 그들이 읽는 대로 읽고, 그들이 생각하는 대로 생각하고, 그들이 보는 대로 본다. 그들은 나를 비추는 거울이다. 거울이 맑고 깨끗해야 거기 비친 나도 어여쁘게 보이도록 노력하게 된다.

표 12.1 친구와 나의 가치 목록

구 분	나의 가치	친한 친구의 가치
1		
2		
3		
4		
5		
6		
7		
8		
9		
10		

주위 사람만 바꿔도 성공 가능성은 크게 높아진다. 주위를 둘러보고 자기보다 큰 인물이 누구인지 확인하자. 큰 인물이란 자기보다 더 재능이 있는 사람, 직업적으로 앞선 사람, 성품이 더 좋은 사람 등 무엇이든 눈여겨볼 만한 차이점이 있는 사람을 말한다. 만약 대부분이 긍정적인 자극을 주지 못한다면 성장을 도와줄 사람들을 찾아야 한다(Maxwell, 2012).

건강

스파르타인은 부실한 아이는 본인을 위해서나 국가를 위해서 더 자라기 전에 죽는 것이 낫다고 여겼다. 때문에 어린 시절부터 품위 없이 울지 않도록 가르쳤다. 아이들은 일곱 살이 되면 집단으로 체력 훈련을 받았다. 1년에 한 벌의 외투만 지급받았으며, 목욕은 1년에 며칠만 허락되었고, 강변에서 자라는 갈대를 손으로 꺾어 다듬지 않은 채로 그 위에서 잠을 잤다. 청년들은 후배 소년들을 지도했다. 소년들은 밥을 먹을 수 없어 공동 식당에서 식량을 도둑질했다. 이때 도둑질을 하다 들키면 죽을 만큼 매질을 당했다. 도둑질에 대한 벌이 아니라 부주의로 들킨 것에 대한 벌이었다. 그래서 스파르타가 없어졌을까?

강한 체력이 바탕이 되어 탁월함을 만들고 자부심이 된다. 건강한 육체에 건강한 정신이 깃든다. "스파르타에는 왜 성벽이 없느냐?"는 질문에 그들은 "도시를 둘러싼 것이 벽돌이 아니라 전사들이어야 제대로 된 성벽이라 할 수 있지요."라고 대답했다.

한번은 스파르타의 민회에 침묵이 흘렀다. 아테네에서 온 어느 웅변가가 "왜 다들 할 말이 없느냐?"고 비웃자, "말할 줄 아는 사람은 말하지 않을 때도 알고 있는 법이지요."라고 답할 정도였다. 한 이방인이 스파르타에 매료되어 "나는 우리나라에서 늘 스파르타를 사랑하는 이로 불린다."고 아부하자 "그대의 나라를 사랑하는 이로 불리는 편이 자랑스러운 일이 아니오."라며 퉁명스러운 대답이 돌아왔다고 한다. 또 한번은 어떤 스파르타인에게 "죽을 때까지 싸우는 쌈닭을 주겠다."는 제안을 하자 "그런 건 필요 없소. 주려면 죽일 때까지 싸우는 쌈닭이나 몇 마리 주시오."라고 답했다 전해진다(김경철, 2013).

고통에 대처하기

인생의 고통은 뜻밖의 일이 아니라 삶의 일부분이다. 우리가 고통을 깊이 살필 때 고통에서 벗어나는 길을 알 수 있다. 그러나 고통이 없는 척한다면 어떻게 그 고통을 볼 수 있단 말인가? 행복은 '인생의 고통에 어떻게 대처하는가'에 달려있다고 미국 정신과 의사 베일런트는 주장한다(Vaillant, 2010).

캔두코 무용 Candoco dance을 본 적 있는가? 캔두코는 1982년에 창단된 영국의 전문 현대무용단이다. 무용단원 중에는 한두 가지 절단 수술을 받았거나, 하반신 마비로 휠체어를 타는 등 광범위한 장애를 가진 사람들이 포함되어 있다. 그들은 장애나 치료가 목적이 아니라 높은 완성도를 목표로 공연을 준비하기 때문에 전문 무용 평론가들에게 좋은 평을 받거나 세계 각국의 축제에서 수상하고 있다.

캔두코 무용을 제대로 이해하려면 춤추는 육체에 대한 전통적 개념을 모두 버려야 한다. 완벽한 움직임, 완벽한 신체에 대한 개념을 모두 말이다. 이 무용은 시각적·심리적으로 기대를 벗어날 뿐 아니라 가슴을 뜨겁게 하고 정신을 어루만지는 등 여운을 길게 남긴다. 편견을 이겨내고, 남들이 미처 생각하지 못한 일에 도전하는 사람들은 의외로 많다.

불행한 사건에서 회복탄력성을 갖추려면 사회적 관계 속에서 건강하게 사랑을 주고받을 대상을 찾아내야 한다. 자기관리를 철저히 하고 늘 의욕적으로 생활하며 절친한 친구를 곁에 두고 정신건강을 유지해야 한다. 그렇게 하면 실제로 '병'에 걸렸더라도 '아픔'을 모르고 살아갈 수 있다. "보살피고 노력하는 것이 중요하다. 누군가의 보살핌과 노력이 쓸모없고 어리석어 보일지라도, 그 영향력이 미래의 어딘가에 이르게 되어 있다."는 믿음이 중요한 것이다.

행복해지려면 노력하라.

창조적으로 세상과 관계 맺기

외적인 부를 중요하지 않게 여길 수 있는 내면의 힘은 어디에서 찾을 수 있을까? 일상과 습관에 의해 질식당하지 않고 관계와 에너지를 경험하기, 놀이를 위한 자리, 창조의 기쁨 나누기, 나만의 특별한 일하기를 추천한다.

- 아이 옷을 성인 치수로 만들기
- 나무 끝에 올라가서 풍경 사진 찍기
- 친구의 욕망 초상화 그리기
- 과거의 나에게 조언하기
- 최고로 슬픈 노래 짓기
- 다른 사람 머리 땋아주기
- 레이먼드 카버의 성당 Raymond Carver's cathedral 그리기

우리는 얼마든지 위와 같은 일을 할 수 있다. 그런데 레이먼드 카버가 누구냐고? 그는 시각장애인과 함께 두툼한 종이에 성당을 그린다는 내용의 단편을 쓴 작가이다. 위 목록은 미란다 줄라이 Miranda July와 하렐 플레처 Harrell Fletcher라는 두 미술가의 '당신을 더 사랑하는 법 프로젝트(www.learningto-loveyoumore.com)'에 올라와 있는 항목이다. 이 항목은 총 70가지로 이와 같은 유사 예술 행위와 심리 과제를 담고 있다. 줄라이와 플레처가 이를 웹사이트에 올린 것은 자신들의 경험을 대중과 나누기 위해서이다.

그들은 몇 년 동안 예술가로서 다른 누군가의 지시를 따랐을 때 가장 즐겁고 깊이 있었던 경험을 생각해냈다. 이 경험을 통해 그들은 독창적이고자 하는 욕망을 버리고 다른 사람의 생각을 따름으로써 정말로 마음에 드는 독창적인 작품을 창조할 수 있다는 교훈을 얻었다. 그리고 웹에 다른 사람들의 결과물을 올리도록 하는 멋진 방법을 생각해냈다. 2009년 10월부터 샌프란시스코 모던아트박물관(www.sfmoma.org)에서 이 프로젝트를 계속하고 있다.

정말 창조적인 일을 하고 싶다면 자신만의 시간을 가질 필요가 있다. 자신의 직업이나 경쟁자 혹은 외부에서 부과한 일에 성공하려고 애쓰기보다 자기

생각이 이끄는 대로 따라가는 여유를 찾는 게 중요하다.

아인슈타인은 퇴학 후 자신이 좋아하는 것만 골라 독립적으로 공부했다. 대학에 다니는 동안 좋아하는 강의만 골라 듣고 설정한 방향대로 공부하고, 대학을 졸업하고 나서는 2년간 실업 상태를 전전하며 지적인 설렘을 쌓아가는 시기를 가졌다. 그는 상대적으로 일이 고되지 않은 특허청에서 일하며 상대성 이론을 정립했다.

좋은 세상은 자신의 특별한 일에서 의미를 발견하는 세상이다. 아름다움과 창조가 있는 세상이 좋은 세상이다.

의미를 찾아서

18세기 철학자 데이비드 흄 David Hume, 1711~1776은 뭔가를 하기 위한 이유가 우리 행위에 영향을 미치려면 욕망이나 감정과 관련되어야 한다고 생각했다. 만약 흄이 옳다면 '나는 무엇을 해야만 하는가?'라는 질문보다는 '나는 무엇을 하기를 원하는가?'를 먼저 물어야 한다.

인생은 각자가 경험과 방향을 정하는 여행이다. 그 여행의 행선지는 바로 지구라는 이 별이고, 여행 기간은 각자 다르지만 시작과 끝이 있다는 점에서 모두가 똑같은 조건을 지니고 있다. 그 시간을 어떻게 보내는가는 각자의 선택이다. 폴 발레리는 "생각 대로 살지 않으면 사는 대로 생각하게 된다."고 했다. 과거에 꿈을 꾸고 이를 위해 노력했다면 어느 정도 그 꿈에 가깝게 살고 있을 것이고, 아니라면 그냥 '살아졌을' 것이다. 그리고 '어쩌다 보니' 지금의 삶을 사는 것이다(김수영, 2013).

아래 표에서 당신이 가장 중요하게 생각하고 있는 가치 10가지를 뽑아보자. 10개를 고르고 나면 순위를 매겨보자.

표 12.2 가치 순위

개 념	순 위	개 념	순 위
가족		용기	
갈등 해결		용서	
개인적 성정		우정	
건강		위험추구	
겸손		유머/재미	
경청		윤리	
공정성		인기	
관용/너그러움		일과 삶의 조화	
기업가 정신		자기 단련	
꾸준한 배움		자아 이미지	
꾸준함		자아실현	
능력		적응성	
대화		존경	
독립적인 삶		주의	
리더십		지혜	
명확성		직업의 안정	
배려		직업적 성장	
보상		진실성	
부		진취성	
불확실성 수용		참을성	
비전		창조성	
사회참여		책임감	
성취		최고가 되는 것	
솔직함/열린 태도		코칭/멘토링	
신뢰		탁월함	
안정		통제	
야망		팀워크	
연민/동정심		행복	
열정/긍정적 태도		헌신	

우리는 나에게 가장 중요한 것이 무엇인지를 알고, 이를 실행할 계획을 세워야 한다. 그렇게 하기 위한 방법으로 피터 드러커 Peter Ferdinand Drucker가 가장 효과적인 목표 설정 기법이라고 칭송한 SMART 기법을 소개한다.

여기서 SMART의 S는 Specific의 첫 글자로 목표를 구체적이며 합리적으로 짜라는 의미다. 따라서 목표를 설정할 때는 '여행을 많이 해야겠다.'보다는 '내일로 티켓을 끊어 일주일 동안 전국을 여행하겠다.'라고 하는 것이 좋다.

두 번째 M은 Measurable에서 나온 것으로, 측정 가능한 목표를 뜻한다. '올겨울에는 날씬해지겠다.'라는 목표보다 '2kg 감량'이라는 목표가 측정 가능한 목표이다.

세 번째 A는 Attainable, 달성 가능한 목표이다. '책을 많이 읽어야겠다.'보다는 '친구와 책을 일주일에 한 권씩 읽고 토론하겠다.'라는 것이 자신을 독려할 수 있는 좋은 목표다.

네 번째 R은 Result-based로, 결과 지향을 일컫는다. '친구들보다 앞선 유아교육 전문가가 되겠다.'라는 목표보다는 '손유희와 풍선아트를 배우고 응급처치법을 익히겠다.'가 좋은 목표다. 열심히 노력해도 가시적 결과가 없다면 큰 성취감을 느끼기 어렵기에 결과가 명확한 목표를 세우는 것이 중요하다.

마지막으로 T는 Time-bound로, 마감 시한을 설정해야 한다는 것이다. '될 때까지'보다는 '방학 동안'이라는 시간 설정이 필요하다. 그렇다고 너무 급하게 무언가를 하려고 하면 마음만 조급해지고 스트레스를 받는다. 사람이 새로운 습관에 길들기까지 걸리는 시간은 21일이라고 하니 습관을 바탕으로 목표를 달성할 수 있도록 3개월이라는 시간을 잡아보면 어떨까? 꿈을 날짜와 함께 적어놓으면 목표가 되고, 목표를 잘게 나누면 계획이 되며, 계획을 실행에 옮기면 꿈은 현실이 된다.

"이 세상에 변화하지 않는 것은 아무것도 없다. 변화하지 않는다는 것만 빼고는 There is nothing permanent except change."

기원전 6세기 말의 그리스 철학자 헤라클레이토스 Heraclitus가 한 말이다. 그리고 나도 변할 것이다, 더 행복하게……

참고
문헌

강상경(2013). 패널데이타분석: 전통분석방법과 잠재성장모형의 비교. 제4차 한국아동패널국제학술대회집, 25-59. 대한상공회의소 국제회의장. (2013. 11. 1).

강현식, 박지영(2009). 세계 1등을 키워낸 그 어머니들의 자녀교육 심리. 서울: 대교출판.

교육과학기술부(2008). 유아 세계시민교육 활동자료.

교육과학기술부(2012). 세계 여러 나라. 5세 누리과정 교사용 지도서.

교육과학기술부(2013). 세계 여러 나라. 4세 누리과정 교사용 지도서.

국립중앙도서관(2007). 도서관연구소. 지금 도서관에는 Vol. 8.

국립중앙도서관(2008). 도서관연구소. 웹진 13.

금지헌, 손찬희, 채수은, 강성국(2012). 중학생의 학교생활적응과 가정 및 개인 관련 변인 간의 관계. 제2회 한국아동·청소년패널조사학술대회발표집, 130-146. 서울대학교 호암교수회관.

김갑성(2006). 한국의 다문화가정의 아동교육 현황. 서울대학교 교육대학원 석사 학위논문.

김경희, 안소영, 한지숙(2013). 유아교육기관에서의 아동권리 경험에 대한 아동의 인식연구. 아동과 권리, 1(2), 175-204.

김광혁, 유미애(2012). 가족배경이 아동의 건강에 영향을 미치는 과정 분석: 방임의 매개효과를 중심으로. 제2회 한국아동·청소년패널조사학술대회발표집, 3-25. 서울대학교 호암교수회관.

김민화, 남명자, 고태순, 정지나(2010). 그림책을 활용한 다문화가정 지원 프로그램이 아동의 언어, 사회성, 자아개념 발달과 가정환경에 미치는 영향. 어린이문학교육연구, 11(1), 67-84.

김민화, 신혜은(2008). 다문화가정 취학 전 유아 한국어 교육 지원을 위한 기초 연구. 아동학회지, 29, 2, 155-176.

김세원, 김선숙(2012). 지역사회 사회경제적 불평등이 아동 건강에 미치는 영향. 한국아동복지학, 39, 127-150.

김수경(2007). 공공도서관 독서교실 운영 방안-부산지역 공공도서관을 중심으로. 한국비블리아학회지, 18(1), 61-93.

김수영(2013). 드림 레시피. 서울: 웅진지식하우스.

김영석(2007). 영국 공공도서관의 어린이 · 청소년 독서 프로그램 활동 운영 사례 연구. 한국비블리아회지, 18(1), 5-22.

김영주(2008). 전래동화 스토리텔링을 활용한 한국어교육 방안 - 다문화 및 재외동포 가정 아동을 대상으로. 새국어교육, 80, 97-124.

김은하(2009). 영국의 독서교육: 책읽기에 열광하는 아이들. 교원출판.

김은하(2010). '책수리마수리', 독서교육 프로그램 개발 네트워크의 한 사례. 제4회 국립어린이청소년도서관 국제심포지엄 발표.

김은향, 이자명(2013). 학교폭력 리질리언스 모형탐색-학교폭력 피해학생의 적응 촉진 요인을 중심으로. 제3회 한국아동 · 청소년패널조사학술대회발표집, 3-25.

김정원, 남규, 이정아(2010). 유아 다문화교육프로그램. 공동체.

김정환, 남현우, 염시창, 임진영(2012). 교직 적성 · 인성 검사 도구 개발 연구. 교육부.

김정희(2010). 스토리텔링으로 보는 컨텐츠 기획. 서울: 한국외국어대학교출판부.

김중호(2003). 한국의 귀화성씨: 성씨로 본 우리민족의 구성. 서울: 지식산업사.

김진수(2007). 프랑스의 언어정책. 부산외국어대학교출판부.

김현숙(2013). 지속된 학교폭력 피해경험이 청소년의 신체발달, 사회정서발달, 인지발달에 미치는 영향. 청소년복지연구, 15(2), 121-143.

남미영(2005). 공부가 즐거워지는 습관, 아침독서 10분. 서울: 21세기북스.

류재수(1985). 우리나라 어린이 도서일러스트레이션의 현황 및 근본문제-그림책일러스트레이션을 중심으로. 디자인, 5월호, 38-44.

마츠오카 쿄코, 히로세 츠네코(박종진 역, 2008). 어린이 · 책 · 사람 그 만남을 위해. 부모자녀독서지역문고 전국연락회 제16회 전국교류집회 기념 대담. 느티나무도서관재단.

박경철(2013). 문명의 배꼽, 그리스. 리더스북.

박성숙(2010). 꼴찌도 행복한 교실. 서울: 21세기북스.

박성연(2006). 아동발달. 교문사.

박소희(2009). 지역도서관네트워크를 위한 제언. 제46회 전국도서관 대회 자료집. 한국어린이도서관협회.

박은자(2008). 공공도서관과 청소년 서비스. 아세아문화사.

박지선, 황금숙(2011). 프랑스의 독서문화 진흥정책에 관한 연구. 프랑스학연구, 57, 285-315.

백원근(2011. 1. 11.). 출판문화 30년을 말하다. 출판독서문화 30년. http://news. kyobobooks 에서 2010년 1월 11일 인출.

백창화(2009). 어린이도서관 장서개발에 대한 제안. 제46회 전국도서관 대회 자료집. 한국
  어린이도서관협회.

보건복지부(2009). 전국아동학대현황보고서.

보건복지부(2012). 학교폭력실태조사서. 서울: 청소년폭력예방재단.

서문희(2012). 다문화가족 어머니의 자녀양육 실태와 기대. 육아정책포럼, 30, 5/6, 6-16.

서문희, 양미선, 조혜주, 정은미(2011). 다문화가족 자녀 양육 및 지원 실태와 요구. 육아
  정책연구소 연구보고 2011-13.

성열관(2010). 핀란드 교육 성공, 그 사회적 조건. 핀란드 교육혁명. 한국교육연구네트워크
  총서기획팀 엮음. 서울: 살림터

신성욱(2010). 뇌가 좋은 아이. KBS 특집 다큐멘터리-읽기혁명. 서울: 마더북스.

안찬수(2012). 핀란드의 독서운동과 독서교육에 대한 자료. http://transpoet.textcube.com
  에서 2012년 1월 30일 인출.

양병헌(2009). 미국의 리터러시 코칭. 대교출판.

욤비 토나, 박진숙(2013). 내 이름은 욤비-대한민국에서 난민으로 살아가기. 이후.

원희목(2008).

윤정옥(2009). 미국의 지역사회 대중독서운동에 관한 연구-The Big Read를 중심으로.
  한국도서관·정조학회지, 40(2), 311-333.

이광복(2004). 독일의 문학교육-학습목표와 읽기교재 중심의 역사적 고찰. 독일언어문학,
  26, 133-150.

이부영(2010). '신' 신사유람. 핀란드 교육혁명. 한국교육연구네트워크 총서기획팀 엮음.
  서울: 살림터.

이송은(2009). 어린이 담당 사서를 위한 스토리텔링 운영 매뉴얼 개발. 어린이문학교육연
  구, 10(2), 149-175.

이숙현(2010). 제4회 국립어린이청소년도서관 국제심포지엄 개회 및 환영사.

이승훈(2012). 영도의 시쓰기. 푸른사상.

이재분, 박균열, 김갑성, 강선미, 김숙이(2010). 다문화가족 자녀의 결혼이민 부모 출신국
  언어 습득을 위한 교육 지원 사례 연구. 한국여성정책원·한국교육개발원.

이재연, 안동현, 황옥경 (2007). 아동과 권리. 창지사.

이종각(2012). 교육사회학. 태영출판사.

이현(2005). 기적의 도서관 학습법. 서울: 화니북스.

장명림(2009). 유아 한국문화 정체성 교육 프로그램. 교육과학기술부.

정보연(2013). 행복을 미루지 않기를 바람. 푸른숲.

정종진(2012). 학교폭력 상담-이론과 실제 편. 서울: 학지사.

정혜경(2005). 한국과 미국 공공도서관의 취학 전 어린이를 위한 《이야기 들려주기》 프로그램에 관한 비교 연구. 명지대 대학원 석사학위 청구논문.

조미미(2010). 한국의 다문화 가정을 위한 도서관 서비스 현황과 과제. 제4회 국립어린이청소년도서관 국제심포지엄 발표.

조은숙(2006). 한국의 그림책 발전. 어린이 문학교육 연구, 7(2), 113-151.

책읽는사회문화재단(2010). 어깨동무 책동무 매뉴얼. 책읽는사회문화재단.

천종호(2013). 아니야, 우리가 미안하다. 우리학교.

청소년예방재단(2013). 학교폭력실태조사서. 서울: 청소년폭력예방재단.

최호근(2009). 독일의 역사교육. 대교출판.

하야시 히로시(2005). 아침독서 10분이 기적을 만든다. 한상수 역, 청어람미디어.

한광희(2006). 중학교 독서 교육 활성화를 위한 요구 분석. 고려대학교 교육대학원 석사학위청구논문.

한국교육개발원(2010). 다문화가정 부모와 유아를 위한 이중언어 학습지원 프로그램 자료집: 베트남편.

한국교육개발원(2010). 다문화가정 부모와 유아를 위한 이중언어 학습지원 프로그램 자료집: 중국편.

한병철(2012). 피로사회. 김태환 역. 문학과지성사. (원본발간일 2010).

행정안전부(2011). 2011년 지방자치단체 외국인주민 현황 조사.

허순영(2010. 9. 25). 개인전화 인터뷰.

허은주, 유현정, 이수진, 안영화, 배석영(2010). 현대교육사회학. 양서원.

황금숙, 김수경(2008). 공공도서관 독서교실 프로그램 운영을 위한 매뉴얼 개발 연구. 한국문헌정보학회지, 42(1), 233-251.

황선정(2005). 영국 빅토리아 시기의 어린이책 삽화에 나타난 시대성. 이화여자대학교 미술사학과 석사학위청구논문.

Ackerman, D. (2006). 뇌의 문화지도. 김승욱 역. 작가정신. (원제 *An Alchemy of Mind.*, 원본발간일 2004).

Ainsworth, M. D. S. & Bell, S. M. (1970). Attachment, exploration, and separation: Illustrated by the behavior of one-year-olds in a strange situation. *Child Development, 41*, 49-67.

Ainsworth, M. D. S., Blehar, M. C., Waters, E., & Wall, S. (1978). *Patterns of Attachment: A Psychological Study of the Strange Situation*. Hillsdale, NJ: Erlbaum.

Allport, G. W. (1961). *Pattern and Growth in Personality*. New York: Holt.

Amstrong, J. (2013). 인생학교: 돈. 정미우 역. 쌤앤파커스. (원제 *How to Worry Less about Money*. 원본발간일 2012).

Appignanesi, R. & Garratt, C. (1995). *Postmodernism.*. Cambridge: Icon Books.

Arnheim, R. (1969, 2004). *Visual Thinking. Berkeley*: University of California.

Ayer, A. J. (1952). *Language, Truth, and Logic*. 2nd Ed. New York: Dover Publication.

Bachelard, G. (1958, 1992). *The Poetic Space*. Boston: Beacon Press.

Baron-Cohen, S. (2002). The Extreme Male Brain Theory of Autism. *Trends in Cognitive Psychology, 6,* 248-254.

Barthes, R. (1964). Rhetoric of Image. Communication, 4. du Sueil, Paris.

Belsky, J. (2013). Why should early experience shape later development? Differential susceptibility to environmental influences. 제4차 한국아동패널국제학술대회집, 1-21. 대한상공회의소 국제회의장. (2013. 11. 1.).

Bering, J. M., Hernandez Blasi, C, & Bjorklund, D. F. (2005). The Development of 'Afterlife' Beliefs in Religiously and Secularly Schooled children. *British Journal of Developmental Psychology, 23*(4), 587-607.

Bergson, H. (1993). 사유와 운동: 형이상학 입문. 이광래 역, 문예. (원제 La Pensee et le mouvant. 원본발간일 1938).

Berkeley, G. (2010). *A New Theory of Vision and Other Selected Philosophical Writings*. Nabu Press.

Bien, T. (2012). 붓다 테라피: 웰빙을 위한 행동심리학. 송명희 역. 지와 사랑. (원제 *The Buddha's Way of Happiness*. 원본발간일 2010).

Bloom, P. (2006). 데카르트의 아기. 곽미경 역. 소소. (원제 *Descartes' Baby*. 원본발간일 2004).

Bondy, L. W. (1981). *Miniature Books*. London:Sheppard Press.

Boorstin, D. (2004). 이미지와 환상. 정태철 역. 사계절. (원제 *Image: A Guide to Pseudo-Events in America*. 원본발간일 1960).

Bormans, L. (2012). 세상 모든 행복. 노지양 역. 흐름. (원제 *Geluk. The World Book of Happiness*. 원본발간일 2010).

Bowlby, J. (1969). *Attachment.* Attachment and Loss: Vol. 1. Loss. New York: Basic Books.

Brown, D. E. (1991). *Human Universals.* New York: McGraw-Hill.

Brown, S. & Vaughan, C. (2009). 플레이 즐거움의 발견. 윤미나 역. 흐름출판. (원제 *Play: How It Shapes the Brown, Opens the Imagination, and Invigorates the Soul.* 원본발간일 2009).

Bruner, J. S., Oliver, R. R., & Greenfield, P. M. (1966). *Studies in Cognitive Growth.* New York·London·Sydney: John Wiley & Sons.

Caspi, A, sugden, k., Moffitt, T.E., Taylor, A. et al. (2003). Influence of Life Stress on Depression: Moderation in the 5-HTT Gene. Science, 301, 386-389.

Chelton, M. K(2000). *Excellence in Library Services to Young Adults.* 3rd ed. Chicago: ALA.

Cooley, C. H. (1902). *Human Nature and Social Order.* New York: Scribner.

Cootes, R. J. (1972). *The Middle Ages.* (2nd Ed.). Longman UK.

Costello, P. R. (2012). Gift-giving, waiting, and walking: the (non-) reciprocal, (im-)possible apprenticeship of frog and toad. In P. R. Costello(ed), *Philosophy in Children's Literature.* Plymouth: Lexington Books.

Cozolino, L. (2008). *The Healthy Aging Brain: Sustaining Attachment, Sustaining Wisdom.* W Norton and Company.

Cullinun, (1995). 책읽어주는 엄마가 자녀를 성공시킨다. 최진 역. 대교출판.

Damasio, A. R. (1994). *Descartes' Errors: Emotion, Reasoning, and the Human Brain.* New York: Grosset/Putnam.

Darwin, C. (1871, 2002). *The Descent of Man and Selection in relation to Sex.* Princeton University Press.

DeLoache, J. S. (2004). Becoming symbol-minded. *Trends in Cognitive Science, 8*(2), 66-70.

Derrida, J. (1978). *Writing and Difference.* London: Routledge & Kegan Paul.

Descartes, R. (1996). *Meditations on First Philosophy.* Cambridge: Cambridge University Press.

Diamond, J. (1992). *The Third Chimpanzee: The Evolution and Future of the Human Animal.* New York: HarperCollins Publisher.

Dissanayake, E. (1998). Koma and Melamid discover Pleistocene taste. *Philosophy and Literature*, 22, 486-496.

Donaldson, M. (1980). *Children's Mind*. Glasgow, UK: Fontana Press.

Fantz, R. L. (1965). Ontogeny of perception. In A. M. Schrier, H. F. Harlow, & F. Stollnitz (Eds.), *Behaviour of Nonhuman Primates*. New York: Academic Press. Pp. 365-474.

Fischer, S. R. (2001). *A History of Writing*. London: Reaktion Books.

Flintoff, J. P. (2013). 인생학교: 세상. 작은 실천으로 세상을 바꾸는 법. 정미우 역. 쌤앤파커스. (원제 *How to Change the World*. 원본 발간일 2012).

Fontana, D. (2010). *The New Secret Language of Symbols*. London: Duncan Baird Publishers.

Gadamar, H-G. (1975). *Truth and Method*. London: Sheed & Ward Ltd.

Gazzaniga, M. S. (1992). *Nature's Mind: The Biological Roots of Thinking, Emotion, Sexuality, Language, and Intelligence*. New York: Basic Books.

Gazzaniga, M. S. (1998). *The Mind's Past*. Berkeley: University of California.

Geary, D. C. (1998). *Male, Female: the Evolution of Human Sex Differences*. Washington, D.C.: American Psychological Association.

Gewirth, A. (1978). *Reason and Morality*. University of Chicago Press.

Gopnik, A. (1993). Mindblindness. Unpublished manuscript. Department of Psychology. University of California, Berkeley.

Gopnik, A. (2009). *The Philosophical Baby*. New York: Picador.

Grigoriadis, V. (2005). Smooth Operator, New York, January 17, 2005.

Grodal, T. K. (1994). Cognition, Emotion and Visual Fiction. Copenhagen: University of Copenhagen. Department of Film and Media Studies.

Hardy, A. (1960). Was man more aquatic in the past? *New Scientist, 17*(March), 642-5.

Harra, C. (2013). 일체감이 주는 행복. 이덕임 역. 서울: 지와 사랑. (원제 *Wholeliness*. 원본발간일 2012).

Harris, J. R. (2000). Socialization, personality development, and the child's environments: Comment on Vandell (2000). *Developmental Psychology*, 36, 711-723.

Harris, J. R. (2009). *The Nature Assumption: Why Children Turn Out the Way They Do*. New York: Free Press.

Heffernan, M. (2011). *Wilful Blindness: Why We Ignore the Obvious at Our Peril*. London·New York·Sydney·Toronto: Simon & Schuster

Hitsch, G. J. & Hortacsu, A. (2009). Mating and sorting in online dating. *Americal Economic Review*, 10(1), 130-163.

Hofling, C. K., Brotman, E., et al.(1996). An experimental study in nurse- physician relationships. *Journal of Nervous and Mental Disiese, 143*(2), 171-180.

Hoggard. L. (2006). 행복: 영국 BBC 다큐멘터리. 이경아 역. 예담. (원제 *How to Be Happy*. BBC. 원본발간일 2005).

Hornby, N. (2000). *Introduction. Speaking with the Angel*. New York: Penguin.

Jackson, D. (2006). 인류는 어떻게 아이를 키웠을까? 오은숙 역. 뿌리와이파리. (원제 *Baby Wisdom: The World's Best-Kept Secrets for the First Year of Parenting*. 원본발간일 2002).

James, W. (1890). *Principles of Psychology*. New York: Holt.

Kahneman, D. (2011). *Think Fast and Slow*. UK: Allen Lane.

Kinnell, M. (2002). Early texts used by children. In P. Hunt (Ed.) *International Champion Encyclopedia of Children's Literature*. London: Routledge.

Klein, S. B. (1996). *Learning: Principles and applications*. 3rd Ed. McGraw- Hills International.

Ko, S. & Lee, S. E. (2013). The effects of picture-book shared reading training for immigrant mothers of young children: an exploratory study. *Asia- Pacific Journal of Research in Early Childhood Education, 7*(2), 29-46.

Komar, B., Melamid, A., & Wypijewski, J. (1997). Painting by Numbers: Komar and Melamid's Scientific Guide to Art. New York: Free Press.

Kramer, E. M. (2011). Preface. In S. M. Croucher, & D. Cronn-Mills (Eds.), *Religious Misperceptions: The Case of Muslims and Christians in France and Britain*. Cresskill, NJ: Hampton.

Kress, G.(2003). *Literacy in the New Media Age*. London: Routledge.

Kronberg, C., Heintze, I., & Mehlkop, G.(2010). The interplay of moral norms and instrumental incentives in crime causation. *Criminology, 48*(1), 259-294.

Krznaric, R. (2013). 인생학교: 일. 정지현 역. 쎔앤파커스. (원제 *How to Find Fulfilling Work*. 원본발간일 2012).

Laporte, L. F. & Zihlman, A. (1983). Plates, climates, and hominid evolution. *South African Journal of Science*, 79, 96-110.

Leibniz, G. W. *New essays on human understanding*. 1768/1996, 2권, 1장, 111쪽.

Lewis, M. & Brooks-Gunn, J. (1979). *Social Cognition and the Acquisition of Self*. New York: Plenum Press.

Light, P. & McEwen, F. (1987). Drawing as messages: the effect of a communication game upon production of view-specific drawings. *British Journal of Developmental Psychology, 5*(4), 217-225.

Lovejoy, C. O. (1981). The origin of man. *Science, 211*, 341-50.

Maccoby, E. E. & Jacklin, J. A. (1987). *The Psychology of Sex Differences*. Stanford, Calif: Stanford University Press.

MacIntyre, A. (1913, 2010). *A Short History of Education*. Toronto: Clark. Reprinted in Memphis: General Books.

MacIntyre, A. (2007). *After Virtue: A study in Moral Theory(3rd ed.)*. Indiana: University of Notre Dame Press.

Maxwell, J. C. (2012). 사람은 무엇으로 성장하는가? 김고명 역. 비즈니스북스. (원제 *The 15th Invaluable Laws of Growth*. 원본발간일 2012).

McCain, T. A., Chilberg, J., & Wakshlag, J. (1977). The effect of camera angle on source credibility and attraction. *Journal of Broadcasting, 21*, 35-46.

Mead, G. H. (1934). *Mind, Self, and Society: From the Standpoint of a Social Behaviour*. Chicago: University of Chicago Press.

Meyer-Levy, J. & Peracchio, L.A. (1992). Getting an advertising: The effect of camera angle on product evaluation. *Journal of Marketing Research, 29*, 454-461.

Milgram, S. (1974). *Obedience to Authority*. New York: Harper Perennial.

Mills, C. (2012). Slave morality in the rainbow fish. In P. R. Costello(ed), *Philosophy in Children's Literature*. Plymouth: Lexington Books.

Mitchell, B. & Robinson, F. C. (2001). *A Guide to Old English*. Blackwell. (6th Ed.). London; Blackwell.

Moxley, R. (1982). *Writing and Reading in Early Childhood: A Functional Approach*. Educational Technology Publication.

Murray, H. A. (1953). Outline of a conception of personality. In H. A. Murray and C. Kluckhohn (eds), *Personality in Nature, Society and Culture*. New York: Knopf.

Napier, A. Y. & Whitaker, C. A. (2012). 가족을 위로한다. 남순현·원은주 역. 21세기북스. (원제 *The Family Crucible*. 원본발간일 1978).

Nikolajeva, M. (2005). *Aesthetic Approaches to Children's Literature: An Introduction*. Lanham·Toronto·Oxford: The Scarecrow Press.

Nikolayeva, M. & Scorr, C. (2011). 그림책을 보는 눈: 그림책의 분석과 비평. 서정숙, 고선주, 송정, 오연주, 이송은, 강순미 역. 마루벌. (원제 *How Picture Books Work*. 원본발간일 2001).

Nikolayeva, M. (2012). 어린이 문학에 나타난 힘과 목소리, 주체성. 고선주, 구은혜, 권미경, 나선희, 송정 역. 교문사. (원제 *Power, Voice and Subjectivity in Literature for Young Readers*. 원본발간일 2010).

Nisbett, R. E. (2010). 인텔리전스. 설선혜 역. 김영사. (원제 *Intelligence and How to Get it*. 원본발간일 2009).

Panksepp, J., Siviy, S. M., & Normansell, L. A. (1985). Brain Opioid and social emotions. In M. Riete & T. Field(eds), *The Psychology of Attachment and Separation*. New York: Academic Press.

Perry, P. (2013). 인생학교: 정신. 온전한 정신으로 사는 법. 쌤앤파커스. (원제 *How to Stay Sane*. 원본발간일 2010년).

Piaget, J. (1950). *The Psychology of Intelligence*. New York: Routledge & Kegan Paul.

Piaget, J., & Inhelder, B. (1956). *The Child Conception of Space*. London: Routledge & Kegan Paul.

Pierroutsakos, S. L., DeLoache, J. S., Gound, M., & Bernard, E. N.(2005). Very young children are insensitive to picture- but not object-orientation. *Developmental Science*, 8(4), 326-332.

Pinker, S. (2004). *The Blank Slate*. 김한영 역. 사이언스 북스. (원본발간일 2002년).

PISA. (2003). Programme for International Student Assessment. OECD.

PISA. (2006). Programme for International Student Assessment. OECD.

Pittenger, D. (2005). Cautionary comments regarding the Myers.BriggsType Indicator. Consulting Psychology *Journal: Practice and Research, 57*(3), 214.

Rawls, J. (1978). A Theory of Justice. Oxford: Oxford University Press.

Repacholi, B. M. & Gopnik, A. (1997). Early reasoning about desire: Evidence from 14- and 18-month-olds. *Developmental Psychology, 33*, 12-21.

Ridley, M. (2003). *The Agile Gen: How Nature Turns on Nurture.* London: Perennial.

Roberts, E. E. (2011). How Picture Books Build Better Brains in Children. 2011 International Conference on Children's Literature & Education. Korean Society of Children's Literature and Education.

Robinson, K. (2010). 엘리먼트. 승영조 역. 승산. (원제 *The Element.* 원본발간일 2009년).

Ronnberg, A. & Martin, K. (2010). *The Book of Symbols: Reflections on Archetypal Images.* Cologne: Taschen.

Rudmin, F. W. (2003). Critical history of the acculturation psychology of assimilation, separation, integration and marginalization. *Review of General Psychology,* 7(1). 3-37.

Sam, D. L., & Berry, J. W. (2010). Acculturation: When individuals and groups of different cultural backgrounds meet. *Perspectives on Psychological Sciences,* 5(4), 472-481.

Sarrag, A.(2010). Inspiring Young Readers: The Role of Libraries in Promoting Reading for Pleasure. The 4th International Symposium on Library Services for Children and Young Adults. National Library for Children and Young Adults in South Korea.

Schemandt-Besserat, D. (1992). *Before Writing II, A Catalogue of Near Eastern Tokens.* Austin: University of Texas Press.

Schickedanz, A. J. (2012). *Much More than the ABCs: the early phrases of reading and writing. Washington,* DC: National Association for the Education.

Seligman, M. E. P.(2006). 마틴 셀리그만의 긍정심리학. 김인자 역. (원제 *Ahthentic Happiness.* 원본발간일 2002).

Shlain, L. (2005). 지나 사피엔스. 강수아 역. 들녘. (원제 *Sex, Time and Power.* 원본발간일 2003).

Simmons, R. & Burt, C. H.(2011). Learning to be bad: Adverse social conditions, social schemas and crime. *Criminology, 49*(2), 553-598.

Singer, P. (1981). *The Expanding Circle: Ethics and Sociology*. New York: Farrars, Straus & Giroux.

Slater, L. (2005). 스키너의 심리상자 열기. 조증열 역. 에코의서재. (원제 *Opening Skinner's Box: Great Psychological Experiments of the Twentieth Century*. 원본 발간일 2004).

Stevenson, C. L. (1937). The emotive meaning of ethical terms. In C. L. Stevenson, *Facts and Values*. Yale University.

Sylva, K., Melhuish, E., Sammons, P., Siraj-Blatchford, I., & Taggart, B.(2004). Effective Provision of Pre-school Education (EPPE) Project: Final Report. London: DfES.

Terman L. (1916). *The measurement for Intelligence*. Huston: Houghton Mifflin Company.

Thwaite, M. (1972). *From Primer to Pleasure in Reading*(2nd Ed). The Library Association. London.

Trevathan, W. (2011). *Human Birth: An Evolutionary Perspective*. New York: Aldine de Gruyter.

Uehlein, S. (2010). Reading in Germany: A Sturdy Network of Volunteers and Partners. The 4th International Symposium on Library Services for Children and Young Adults. National Library for Children and Young Adults in South Korea.

Vaillant, G. E. (2010). 행복의 조건. 이덕남 역. 프런티어. (원제 *Aging Well*. 원본발간 일 2002년).

von Hirschhausen, E. (2010). 행복은 혼자오지 않는다. (원제 *Grück Kommt Selten Allein*. 원본발간일 2009).

Vygotsky, L. & Kozulin, A. (1986). *Thought and Language*. Boston. MIT.

Watkins, T. (2005). Space, history and culture: the settings of children's literature. In P. Hunt(ed.), *Understanding Children's Literature*. London: Routledge.

Weiner, E. (2008). The Geography of Bliss. New York: Twelve.

Wilson, E. (1984). Biophilia. Cambridge: Harvard University Press.

West, T. G. (2011). 글자로만 생각하는 사람, 이미지로 창조하는 사람. 김성훈 역. 한국물 가정보. (원제 *In the Mind's Eye*. 원본발간일 2009).

Wilson, E. (1984). Biophilia. Cambridge: Harvard University Press.

Wilkström, H. & Svensson, R. (2010). When does self-control matter? The interaction between morality and self-control in crime causation. *European Journal of Criminology*, 7, 395-410.

Wolf, M. (2009). 책 읽는 뇌. 이희수 역. 살림. (원제 *Proust and the Squid*. 원본발간일 2007).

Wright, R. (2000). *NonZero: The logic of human destiny*. New York: Pantheon.

■ 본문에 언급된 그림책 목록

김미란 글, 최미란 그림(2008). 저승사자에게 잡혀간 호랑이. 사계절.

김희경, Chmielewska, I(2010). 마음의 집. 창비.

권문희(2005). 줄줄이 꿴 호랑이. 사계절.

권윤덕(2005). 고양이는 나만 따라 해. 창비.

배현주(2006). 설빔: 여자아이 고운 옷. 사계절.

이억배(1995). 솔이의 추석 이야기. 길벗.

이호백(2000). 도대체 그 동안 무슨 일이 일어났을까? 재미마주.

정은희(2007). 헤어드레서 민지. 상그라픽.

채인선(1999). 아기오리 열두 마리는 너무 많아! 길벗.

다다 히로시(1981). RINGO GA DOSUN. 정근 역(1996). 사과가 쿵! 보물선.

사이토 타카코(2003). Nacchaukamoyo. 안미연 역(2006). 콧구멍을 후비면. 애플비.

야규 마치코(1997). Iededa Buhi Buhi. 고향옥 역(1999). 집 나가자 꿀꿀꿀. 웅진주니어.

에우게니 M. 라쵸프 그림. 이영준 역(2002). 장갑. 한림출판사.

이와카와 나오키 & 키하라 치하루(2000). Chigai 쩨 Yutakasa Ni. 김선숙 역(2006). 좀 다를 뿐이야. 미래아이.

하야시 아키코. 이영준 역(2007). 달님 안녕. 한림출판사.

후세 야스코(2005). Chigautte Sutekidane. 김향금 역(2007). 달라서 좋아요! 대교출판.

Baker, J.(1988). Where the Forest Meet the Sea. 박희라 역(2005). 숲과 바다가 만나는 곳. 킨더랜드.

Baker, J.(1991). Window. 킨더랜드(2004). 창문을 열면. 킨더랜드.

Baker, J.(2003). 나의 하얀 비둘기. 킨더랜드.

Banks, K. & Hallensleben, G. (2007). Fox. Farrar, Straus and Giroux: New York. 허은실 역(2009). 아가야, 천천히 천천히. 뜨인돌어린이.

Bauer, M. D. & Church, K. J. (2009). How Do I Love You. 신형건 역(2009). 사랑해 모두모두 사랑해. 보물창고.

Bedford, D. & Pedler, C. (2008). Little Bear's Big Jumper. Magi publications. 이상희 역(2008). 언제까지나 최고로 좋은 내 동생. 뜨인돌어린이.

Blackwood, M. & Wild, M. (2009). Harry & Hopper. Scholastic. 천미나 역(2010). 이젠 안녕. 책과콩나무.

Briggs, R. (1994). The Bear. Random House: London. 박상희 역(1995). 곰. 비룡소.

Briggs, R. (1977). Fungus the Bogeyman. Hamish Hamilton: London. 조세현 역(2004). 괴물딱지 곰팡씨. 비룡소.

Brown, M. W. & Hurd, C. (1947). Harper & Row Publishers. 이연선 역(1996). 잘자요, 달님. 시공사.

Browne, A. (1983). Gorilla. New York: Knopf. 장은수 역(2008). 고릴라. 비룡소.

Browne, A. (1985). Willy the Champ. 허은미 역(2003). 윌리와 악당 벌렁코. 웅진 주니어.

Browne, A.(1987). Piggybook. Random House. 허은미 역(2001). 돼지책. 웅진주니어.

Browne, A.(1989). The Tunnel. Walker Books. Julia MacRae Books. 장미란 역(2002). 터널. 논장.

Browne, A. (1992). Zoo. Red Fox. 장미란 역(2002). 동물원. 논장.

Browne, A. (2004). Into the Forest. Walker Books. 허은미 역(2004). 숲 속으로. 베틀북.

Browne, A. (2005). My Mum. Random House. 허은미 역(2005). 우리 엄마. 웅진주니어.

Buchholz, Q. (1997). Carl Hanser Verlag Munchen Wien. 이옥용 역(2005). 그림 속으로 떠난 여행. 보물창고.

Bunting, E. & Rand, T. (2009). The Memory Sting. 신혜은 역(2009). 기억의 끈. 사계절.

Brunhoff, J. (1931). The Story of Babar. Librairie Hachette: Paris. 장미경 역(1993). 코끼리 왕 바바. 시공사.

Burningham, J. (1963). Borika. Jonathan Cape: London. 이진수 역(1996). 깃털 없는 기러기 보르카. 비룡소.

Burningham, J. (1970). Mr. Gmpy's Outing. Jonathan Cape: London. 이주령 역(1996). 검피 아저씨의 뱃놀이. 시공사.

Burningham, J. (1987). John Patrick Norman McHenessy, the Boy Who Always Late. Red Fox. 박상희 역(1996). 지각대장 존. 비룡소.

Burningham, J. (1989). Oi! Get Off Our Train. Jonathan Cape: London. 박상희 역(1996). 야! 우리 기차에서 내려. 비룡소.

Burningham, J. (1994). Courtney. Jonathan Cape Children's Books. 고승희 역 (1997). 내 친구 커트니. 비룡소.

Burningham, J. (1996). Cloudland. Jonathan Cape Children's Books. 고승희 역 (1997). 구름나라. 비룡소.

Burton, V. L. (1937). Choo Choo. Houghton Mufflin Co. 홍미연 역(1993). 말괄량이 기관차 치치. 시공사.

Carle, E.(1975, 1984). The Mixed-up Chameleon. 이현주 역(1989). 뒤죽박죽 카멜레온. 보림. 오정환 역(1995). 뒤죽박죽 카멜레온. 몬테소리 코리아. (2010). 뒤죽박죽 카멜레온. 더큰.

Carle, E. (1969) The Very Hungry Caterpillar. Philomel Books: New York. 배고픈 애벌레.

Child, R. (2000). I Will Not Ever Never Eat a Tomato. 조은수 역(2001). 난 토마토 절대 안 먹어. 국민서관.

Child, R. (2002). Who's afraid of the Big Bad Book? Hodder Children's Books. 이지영 역(2008). 무시무시한 동화책으로 들어가 볼래? 한국삐아제.

Cole, B. (1986). Princess Smartypants. Hamish Hamilton Children's Books. 노은정 역(2005). 내 멋대로 공주. 비룡소.

Cottin, M. & Faria, R. (2006). El libro negro de los colores. 유 아가다 역(2008). 눈을 감고 느끼는 색깔 여행. 고래이야기.

Demi(2004). The Hungry Coat. 유정화 역(2007). 배고픈 외투. 비룡소.

Dekelper, I. & Ruyer, F. (2003). Les Deyx Freres et auters contes. Hemma Editions Belgique. 임왕준 역(2003). 강아지 형제 이야기. 배동바지.

Desmoinaux, C. (1999). Rosa vent maigrir! Hachette Livre. 유정림 역(2000). 암소 로자의 살빼기 작전. 사계절.

Dicamillo, K. & Ering, T. B. (2003). The Tale of Despereaux. Candlewick Press: MA. 김경미 역(2004). 생쥐 기사 데스페로. 비룡소.

DiTerlizzi, T. & Howitt, M. (2003). The Spider and the Fly. Simon &Schuster Books for Young Readers. 장경렬 역(2004). 거미와 파리. 열린어린이.

Donaldson, J. & Scheffler, A. (1999). The Gruffalo. MacMillan: London. 박향주 (2007). 괴물 그루팔로. 킨더랜드.

Gag, W. (1928). Millions of Cats. Coward-McCann, Inc. 강무환 역(1994). 백만 마리 고양이. 시공사.

Gravett, E. (2005). Wolves. Macmillan. 송순섭 역(2007). 늑대에 관한 새로운 이야기. 한국몬테소리.

Gravett, E. (2007). Little Mouse's Big Book of Fear. Macmillan. 이정주 역(2007). 겁쟁이 꼬마 생쥐 덜덜이. 작가정신.

Gray, M. (2007). The Adventures of the Dish and the Spoon. Red Fox. 김향금 역 (2008). 두근두근 아슬아슬 디시와 스푼의 모험 이야기. 서울교육.

Guiberson, B. & Lloyd, M. (1991). Cactus Hotel. Henry Holt. 이명희 역(1995). 선인 장 호텔. 마루벌.

Gutman, A. & Hallensleben, G. (1999). Gaspard à Venise. Hachette Livre. 이경혜 역(2001). 베니스로 간 가스파르. 비룡소.

Holzwarth, W. & Werner, W. (1993). Vom kleinen Maulwurf, der wissen wollte, wer ihm auf Kopf gemacht hat. Peter Hammer Verlag, Wuppertal. 사계절 (1993). 누가 내 머리에 똥 쌌어? 사계절.

Janosch, H. C. (1970). A trip to Panama. 강민숙(2002). 아름다운 파나마는 어디에 있나 요? 여명.

Jansson, T. (2010). Finn Family Moomintroll's. Kodasha Ltd: Tokyo. 서하나 역 (2010). 무민의 단짝 친구. 작가정신.

Jansson, T. (2010). Moomintroll's Treasure. Kodasha Ltd: Tokyo. 서하나 역(2010). 무민의 특별한 보물. 작가정신.

Jobling, C. (2001). Frankenstein's Cat. Hodder Children's Books.

Joly, F. & Capdevila, R. (1991). Un bébé? Quelle drôle d'idée! 최정수 역(2002). 동생 이라고? 난 싫어! 문학동네 어린이.

Jonas, A. (1983). Round Trip. 이지현 역(2003). 기묘한 왕복 여행. 아이세움.

Joose, B. M. & Lavallee, B. (1991). Mama, Do you love me? Brenda Rae Eno. 햇살 과 나무꾼 역(2006). 엄마, 나 사랑해? 벨 이마주.

Joose, B. M. & Lavallee, B. (2005). Papa, Do you love me? Chronicie Books LLC.. 햇살과 나무꾼 역(2006). 아빠, 나 사랑해? 벨 이마주.

Keats, E. J. (1962). The Snowy Day. Viking. 김소희 역(1995). 눈오는 날. 비룡소.

Keats, E. J. (1964). Whistle for Willie. Viking. 김희순 역(1999). 휘바람을 불어요. 시공사.

Keats, E. J. (1970). Hi, Cat. Viking. 공경희 역(2003). 고양이 놀이 할래? 중앙 M&B. 신지선 역(2009). 고양이 소동. 비룡소.

Keats, E. J. (1998). Goggles! Viking. 정성원 역(2005). 피터의 안경. 비룡소.

Leeman, B. (2005). The Red Book. Houghton Mifflin Company. (2005). 나의 빨간 책. 아이즐북스.

Lioni, L. (1967). Frederick. Great Britain: Abelard-Schuman. 이영희 역(1980). 잠잠이. 분도출판사. 최순희 역(1999). 프레드릭. 시공주니어.

Lioni, L. (1968). Swimmy. 이명희 역(1997). 으뜸헤엄이. 마루벌.

Lioni, L. (1975). Pezzettino. 이미림 역(1978). 작은 조각. 분도출판사.

조만남(1990). 작은 조각 페체티노. 성한출판사.

Lioni, L. (1969). Alexander and the Wind-up Mouse. 이명희 역(1999). 새앙쥐와 태엽쥐. 마루벌.

Lioni, L. (1968). The Biggest House in the World. Random Hose: New York. 김영무 역(1979). 세상에서 제일 큰 집. 분도출판사.

이명희 역(2003). 세상에서 가장 큰 집. 마루벌.

Lioni, L. (1964). Tico and the Golden Wings. Random House: New York. 김영무 역. 티코와 황금 날개. 분도출판사.

이명희 역(2004). 티코와 황금 날개. 마루벌.

Lobel, A. (1970) Frog and Toad are Friends. 엄혜숙 역(1996). 개구리와 두꺼비는 친구. 사계절.

Lioni, L. (1991). Mattew's Dream. 김서정 역(2004). 그리미의 꿈. 마루벌.

Mcbratney, S. & Jeram, A. (1994). Guess How Much I Love You. Walker Books: London. 김서정 역(1996). 내가 아빠를 얼마나 사랑하는지 아세요? 베틀·북.

McCarty, P. (2002). Hondo & Fabian. Henry Holt and Company. 장미란 역(2003). 누가 더 즐거웠을까? 바다이야기.

Muth, J. J. (2005). Zen Shorts. 에서 이현정 역(2006). 달을 줄 걸 그랬어. 달리.

Nelson, K. & Levine, E. (2008). Henry's Freedom Box: A True Story from the Underground Railroad. 김향이 역(2008). 헨리의 자유 상자. 뜨인돌 어린이.

Pfister, M. (1992). The Rainbow Fish. 공경희 역(1994). 무지개 물고기. 시공주니어.

Priceman, M. (2005). Hot Air. Atheneum Books for Young Readers. 임미경 역(2009). 동물들은 왜 열기구를 탔을까? 랜덤하우스코리아.

Raschka, C. & Juster, N. (2005). The Hello, Goodbye Window. Hyperion Books for Children. 유혜자 역(2006). 안녕 빠이빠이 창문. 한국삐아제.

Rohmann, E. (2002). My Friend Rabbit. 이상희 역(2003). 내 친구 깡총이. 바다출판사.

Rossett-Shustak, B. & Church, K. J. (2005). I Love You Through and Through. 신형건 역(2006). 사랑해 사랑해 사랑해. 보물창고.

Scieszka, J. (1989). The True Story of the 3 Little Pigs. Puffin Books. 황의방 역(2008). 늑대가 들려주는 아기돼지 삼형제 이야기. 보림.

Scieszka, J. & Johnson, S. (1991). The Frog Prince, Continued. Puffin Books. 엄혜숙 역(1996). 개구리 왕자, 그 뒷 이야기. 보림.

Scieszka, J. & Smith, L. (1992). The Stinky Cheese Man and Other Fairy Stupid Tales. Viking. 이상희 역(2010). 냄새 고약한 치즈맨과 멍청한 이야기. 담푸스.

Seeger, L. V. (2008). First the Egg. Raring Brook/Neal Porter. 북극곰 역(2008). 무엇이 무엇이 먼저일까? 미래아이.

Sendak, M. (1963). Where the Wild Things Are. Harper Collins Publisher. 강무홍 역(1997). 괴물들이 사는 나라. 시공사.

Sendak, M. (1970). In the Kitchen. 강무홍 역(1994). 깊은 밤 부엌에서. 시공사.

Silverstein, S. (1964). The Giving Tree. 김영무 역. 아낌없이 주는 나무. 분도출판사.
이다미 역(1989). 아낌없이 주는 나무. 덕유출판사.
오하림 역(1990). 무엇이든 주는 나무. 성한출판사.

Shanahan, L. & Quay, E. (2002). Bear and Chook. Hodder Headline Australia. 창작집단 바리 역(2002). 뭐가 되고 싶니? 중앙출판사.

Shannan, D. (1999). No, David! 안돼, 데이빗. 지경사.

Shulevitz, U. (2008). I How I Learn Geography. Farrar, Straus and Giroux: New York. 김영선 역(2008). 내가 만난 꿈의 지도. 국민서관.

Slobodkina, E. (1940). Caps For Sale. 박향주 역(1999). 모자 사세요. 시공주니어.

Stead, E. E. & Stead, P. C. (2011). A Sick Day for Amos McGee. Roaring Brook Press. 유병수 역(2011). 아모스 할아버지가 아픈 날. 별천지.

Steig, W. (1969). Sylverster and the Magic Pebble. 이상경 역(1994). 당나귀 실베스터와 요술 조약돌. 다산기획.
박향주 역(2003). 실베스터와 요술 조약돌. 한국프뢰벨.

Steig, W. (1976). The Amazing Bone. 조은수 역(1995). 멋진 뼈다귀. 비룡소.

Steig, W. (1982). Doctor De Soto. 치과의사 드소토 선생님. 조은수 역(1995). 비룡소.

Steig, W. (1985). Solomon the Rusty Nail. Farrar, Straus & Giroux, LLC. 박향주 역(2000). 녹슨 못이 된 솔로몬. 시공주니어.

Taback, S. (1999). Joseph Had a Little overcoat. 김정희 역(2000). 요셉의 낡은 오버코트가. 베틀북.

Tidholm, A. (1993). knacka På! Alfabeta Borkförlag AB: Stockholm. 사계절 역(1993). 두드려 보아요! 사계절.

Trondin, L. (1999). Monstrueux Bazar. Guy Delcourt Productions. 김미선 역(2000). 못 말리는 종이괴물. 아이세움.

Ungerer, T. (1958). Crictor. 장미란 역(1996). 크릭터. 시공사.

Ungere, T. (2000). Die Blaue Wolke. 이현정 역(2001). 꼬마 구름 파랑이. 비룡소.

Ungere, T. (1961). Die Drei Rauber. 양희전 역(1995). 세 강도. 시공사.

Ungere, T. (1971). Le g'eant de Z'eralda. l'ecole des loisirs. 김경연 역(1996). 제랄다와 거인. 비룡소.

Wiesner, D. (1988). Free Fall. Harper Collins Publisher. 이지유 해설(2007). 자유낙하. 미래아이.

Weisner, D. (1991). Tuesday. Clarion Books. 이상한 화요일(2002). 비룡소.

Weisner, D. (2001). The Three Pigs. Clarion Books. 이옥용 역(2002). 아기 돼지 세 마리. 마루벌.

Wiesner, D. (1999). Sector 7. 구름공항(2002). 중앙출판사.

Wiesner, D. (2006). Flotsam. 시간 상자(2007). 베틀북.

Wildsmith, B. (1969). The Miller, the Boy and the Donkey. Oxford University Press. 조은수 역(1996). 팔려가는 당나귀. 비룡소.

Wildsmith, B. (1985). Give a Dog a Bone. Oxford University press. 박숙희 역(1996). 개에게 뼈다귀를 주세요. 비룡소.

Wildsmith, B. (1986). Goat' Trail. Alfred A. Knopf: New York. 김정하 역(1996). 산양을 따라 갔어요. 비룡소.

Willems, M. (2006). Don't Let the Pigeon Drive. 정회성 역(2009). 비둘기에게 운전은 시키지 마세요. 살림.

■ 비디오 목록

레오 리오니의 동물 우화 5편(1996). 베네딕도미디어.

Buchholz, Q. (1997). Carl Hanser Verlag Munchen Wien. 이옥용 역(2005). 그림 속으로 떠난 여행. 보물창고.

찾아보기

저자 소개

• 고선주

숭의여자대학교 교수

공저 세계 그림책의 역사(2008)

역서 그림책을 보는 눈(2011)
　　　어린이 문학에 나타난 힘과 목소리, 주체성(2012)

행복한 사회를 만드는
EDUCATION FOR A HAPPY SOCIETY

2014년 3월 25일 초판 인쇄
2014년 4월 1일 초판 발행

지은이 고선주
펴낸이 류제동
펴낸곳 ㈜교 문 사

전무이사 양계성 ㅣ 편집부장 모은영 ㅣ 책임편집 이정화 ㅣ 본문디자인 디자인이투이 ㅣ 표지디자인 신나리
제작 김선형 ㅣ 홍보 김미선 ㅣ 영업 이진석·정용섭·송기윤
출력 현대미디어 ㅣ 인쇄 동화인쇄 ㅣ 제본 서울제본

주소 413-756 경기도 파주시 교하읍 문발리 출판문화정보산업단지 536-2
전화 031-955-6111(代) ㅣ 팩스 031-955-0955
등록 1960. 10. 28. 제406-2006-000035호
홈페이지 www.kyomunsa.co.kr ㅣ E-mail webmaster@kyomunsa.co.kr

ISBN 978-89-363-1390-6 (93370)
값 18,000원